A LEGITIMAÇÃO DA CONCILIAÇÃO JUSLABORAL PELA TEORIA DO AGIR COMUNICATIVO

JUSTIÇA HUMANIZADA E CIDADANIA EXERCITADA

AUTORIA
LAURO STANKIEWICZ

LTr®

A LEGITIMAÇÃO DA CONCILIAÇÃO JUSLABORAL PELA TEORIA DO AGIR COMUNICATIVO

JUSTIÇA HUMANIZADA E CIDADANIA EXERCITADA

2024

LTr Editora Ltda

Rua Jaguaribe, 571
CEP 01224-003
São Paulo, SP — Brasil
Fone (11) 2167-1101
www.ltr.com.br
Março, 2024

Produção Gráfica e Editoração Eletrônica: PIETRA DIAGRAMAÇÃO
Projeto de capa: DANILO REBELLO
Impressão: LOG & PRINT GRÁFICA E LOGÍSTICA

Versão impressa— LTr 6439.7 — ISBN - 978-65-5883-291-1
Versão digital— LTr 9910.6 — ISBN - 978-65-5883-292-8

Dados Internacionais de Catalogação na Publicação (CIP)
(Câmara Brasileira do Livro, SP, Brasil)

Stankiewicz, Lauro
A legitimação da conciliação juslaboral pela teoria do agir comunicativo: justiça humanizada e cidadania exercitada/Lauro Stankiewicz. - São Paulo : Ltr Editora, 2012.

Bibliografia.
ISBN 978-65-5883-291-1

1. Cidadania 2. Conciliação (Direito do trabalho) 3. Direito do trabalho I. Título.

24-195303 CDU-34:331(81)

Índice para catálogo sistemático:

1. Brasil: Direito do trabalho 34:331(81)
Eliane de Freitas Leite - Bibliotecária - CRB 8/8415

Agradecendo a DEUS pela utilidade da existência; dedico este trabalho à minha esposa, Elisabete, aos meus filhos, Michele e Lauro Henrique, às netinhas Laura e Lívia, pela compreensão e incentivo durante todos momentos de minha atividade, subtraídos da convivência familiar. Ao meu irmão, Nivaldo Stankiewicz, pelo incondicionado companheirismo.

TRIBUTO A MEUS PAIS

A meu pai, Pedro Paulo Stankiewicz [in memoriam], a despeito da precoce desvinculação material, pelo legado da honra e do respeito ao próximo, e à minha mãe, Clara Glus Stankiewicz, pela incansável e redobrada dedicação, em razão do duplo papel desempenhado, apresento a mais profunda gratidão e consideração.

SUMÁRIO

PREFÁCIO

Célio Horst Waldraff[1]

O bom acordo é uma sentença escolhida pelas partes. A boa sentença é um acordo imposto pelo Juízo.

As formas de solução pacífica de conflitos crescem atualmente de importância no meio jurídico e jurisdicional e vêm gerando profundas reflexões no ambiente acadêmico. A autocomposição impõe uma modificação cultural a partir da dinâmica pacificadora. As técnicas necessárias para a inserção dessas novidades devem ser alvo de um exame profundo e científico e devem se pautar por uma principiologia própria, centrada nos Princípios da Razoabilidade, da Autonomia da Vontade e da Pacificação Social.

As vantagens da autocomposição bem-sucedida com a materialização do consenso consistem na minoração dos custos para os envolvidos e para o Estado, além de propiciar ganhos em matéria de pacificação. Essa pacificação completa frequentemente não é alcançada pela tutela jurisdicional no sentido mais estrito.

Atualmente, não obstante o tipo de processo e de partes integrantes, cresce o incentivo em direção à solução consensual por diversos mecanismos, tais como a mediação, a conciliação e a arbitragem. O grande vetor nessa direção é duplo: os custos social e econômico do processo e o da sua demora para a solução. As virtudes dessas formas de solução, a par de, frequentemente, resolverem a questão dos custos e da demora, também facilitam o cumprimento da obrigação assumida inclusive por seu imperativo ético, além de oferecer uma sensação muito mais plena de justiça.

---

(1) Pós-Doutorado pela Università degli Studi di Firenze, Itália. Mestrado e Doutorado pela UFPR. Mestrado pela Universidad Internacional de Andalucía, Espanha. Professor de Direito Processual do Trabalho da UFPR. Presidente do Tribunal do Trabalho do Paraná.

Assim, propõe-se o desafio de substituir esse modelo de Justiça que prioriza o conflito e a sua solução unilateral, situação que, inclusive, prejudica o próprio acesso à Justiça. As virtudes em termos de simplificação de procedimentos, além dos custos do processo já evidenciados acima, facilitam o caminho a ser percorrido pelas partes para solucionar seus problemas jurídicos.

Além disso, o resultado em termos de sensação de justiça parece muito mais pleno quando as próprias partes encontram a solução para o seu conflito. Ao contrário, a solução imposta por um terceiro, ainda que representando o Estado, declara uma das partes vencedora e outra vencida no processo, o que não tem grandes chances de conseguir a pacificação com justiça. Frequentemente, as causas mais profundas e decorrentes de um ambiente social desequilibrado com suas peculiaridades e especificidades sequer são enfrentadas pela solução jurisdicional.

Por outro lado, é certo que a caminhada em direção a uma mudança cultural e o oferecimento de modelos mais adequados para a solução conciliatória ainda está começando.

No campo trabalhista, exemplo disso é a ênfase restrita que o legislador deu à conciliação, referida no texto originário da CLT, em seu art. 764, de 1943. Esse dispositivo prevê que os processos judiciais estão sempre sujeitos à conciliação e que cabe ao juízo adotar bons ofícios e persuasão para a solução conciliatória dos conflitos.

Em seguida, veio a Resolução n. 125 de 2010, do CNJ, que estimula a capacitação e o treinamento de magistrados e servidores para os métodos de solução consensual dos litígios. Também prevê que a conciliação passa a ser critério de promoção dos juízes e de avaliação estatística de desempenho.

Já em outro extremo da cronologia sobre esse tema, vem o CPC de 2015 com um longo capítulo próprio a respeito da conciliação. A partir do art. 165, do CPC, são fixados parâmetros muito mais esmerados, como a criação dos Centros Judiciários de Solução Consensual de Conflitos, de Câmaras de Mediação e Conciliação e estímulo a mecanismos extrajudiciais, inclusive por meio de termos de ajustamento de conduta.

Em seguida são indicados os Princípios Informativos da Conciliação, tais como os já referidos acima, enfatizando especialmente os Princípios da Confidencialidade e da Autonomia da Vontade. Além disso, propõe a aplicação de técnicas negociais a fim de propiciar a conciliação e abre a possibilidade de os tribunais valerem-se de conciliadores voluntários.

O ciclo se fecha com a Lei n. 13.140, também de 2015, que trata da conciliação no âmbito da Administração Pública.

A obra que nos chega às mãos é a consagração não apenas de uma grande caminhada de reflexão acadêmica e transcendental que o autor atinge no ápice de sua profícua carreira de magistrado da Justiça do Trabalho. Vai muito mais além, para ser o retrato de corpo inteiro de toda uma existência produtiva dedicada à pacificação social por meio do Direito do Trabalho.

O autor Lauro Stankiewicz é natural de Mallet, no Paraná, cidade gêmea da minha cidade natal Porto União da Vitória. Gosto dessas referências geográficas, já que o homem é fruto de seu meio, o que equivale a dizer, em primeiro lugar, do seu meio geográfico. Essa cidade, pequena em população e extensão, é enorme no campo das emotividades, assim como tendem a ser as aldeias.

Vem a calhar que eu repita o nome originário de minha cidade, dividida no início do século XX pelo acordo que demarcou definitivamente as fronteiras de nossos estados do Paraná e Santa Catarina. A solução para a chamada Questão do Contestado, que abrangia também a Mallet do Lauro — que não é sinônimo da Guerra do Contestado, senão pela identidade geográfica —, implicou dividir quase pelo meio, tanto a terra que era litigada por Paraná e Santa Catarina, como também cortou pelo meio a principal cidade de então.

A solução da Questão do Contestado merece destaque em uma obra sobre a conciliação trabalhista. Essa solução foi fruto da engenharia cartográfica de seu principal intermediário, o então Presidente da República, o mineiro Wenceslau Braz. "Mineira e salomonicamente", convenceu-se as partes a aceitarem uma solução claramente intermediária dividindo toda a área contestada quase que pela metade.

Curiosa e simbolicamente, a cidade teve as suas fronteiras demarcadas pela unificadora linha do trem e dividiu também o seu nome de Porto União da Vitória para as duas cidades irmãs, Porto União, que ficou com Santa Catarina, e União da Vitória, que passou para o lado paranaense.

Atribui-se a Tolstói a afirmação: "*descreva a sua aldeia para descrever o mundo todo*".

É em um ambiente restrito pelas conexões sociais mais qualificadas em razão da escassez massificadora dos convívios que o indivíduo consegue evoluir. Aprende pela possibilidade permanente de comparação com o próximo ("sempre mais próximo", nas aldeias — com o perdão do péssimo trocadilho, que considero necessário para essa descrição). Aprende, como disse, a se individuar pelo contato completo com outros indivíduos.

Assim, o nosso autor começou uma trajetória que o fez circular pelo Paraná, por Santa Catarina e por todo o nosso Brasil, como cultor do Direito do Trabalho. Foi estudante fora de sua cidade natal, advogado e, por fim, Juiz, fora de seu Paraná também natal.

É Magistrado do Trabalho, hoje titular da Vara do Trabalho de Canoinhas, cidade de médio porte, todavia integrante da mesma microrregião que acaba por abranger, ainda que por vizinhança, a sua Mallet natal e a minha Porto União da Vitória.

Para nativos e visitantes de todas essas áreas, tanto a geografia quanto as paisagens não são tão diferenciadas.

As escassas araucárias que pontuam as áreas rurais são fruto de uma floresta luxuriosa nascida possivelmente na pré-história e que serviu com o pinhão os nossos povos originários. Era entremeada por trechos de erva-mate, a *Ilex Paraguaiensis*, que marcou uma das fases de bonança econômica da região: a Era do Mate no início do século XX, que foi seguida pela Era da Madeira, de meados desse mesmo século.

É também a região do leito principal da bacia do Rio Iguaçu que, pela imensidão de suas águas, inspira os habitantes das margens de todos os seus rios integrantes dessa hidrografia a arroubos de grandiosidade e altivez.

O somatório das tonalidades do verde profícuo com o frio de uma das regiões mais geladas de nosso país e a umidade da Bacia do Iguaçu contaminam a identidade atávica dos seus moradores, fortalecendo-os pelo convívio com as inexorabilidades da natureza.

É esse o ponto de partida da Odisseia pessoal de nosso autor, cujo ponto de chegada provisório é o escrito que ora é prefaciado. Constitui-se na versão editorial de sua tese de doutorado pela Universidade Tuiuti do Paraná, na área multidisciplinar de concentração de Comunicações e Linguagem.

O temário está na interface de sua atuação jurídica, judicial e acadêmica e situa-se no ambiente da conciliação trabalhista, sob a perspectiva da Ação Comunicativa do gigante da atual fase da História da Filosofia, Jürgen Habermas.

Lauro, agora avô e já na completa maturidade de sua atividade profissional, inicia a fase mais importante da caminhada da vida, em que o indivíduo se volta às reflexões transcendentais, elevando a altitude da velocidade de cruzeiro da aeronáutica da vida.

É nesse momento da vida que a altitude das experiências permite e propõe uma perspectiva panorâmica de todo o caminho traçado e ainda por traçar.

Nesse sentido, não é por acaso que o autor se propõe a escrever sobre a conciliação à luz da Ação Comunicativa, que não deixa de ser a consagração de um processo de aplicação da jurisdição.

A propósito da solução conciliatória, o nosso autor cita um caso prático que vivenciou, em que se mostrou imprescindível a necessidade do diálogo pessoal e direto.

O autor da ação compareceu acompanhado de seu advogado, ao contrário do réu, que, por carência econômica, estava sozinho. A conversa entabulada entre as partes por intermediação do Juízo demonstrou que havia uma desavença pessoal e que o que o reclamante pretendia não era a condenação do reclamado, mas um simples pedido de desculpas. Quando isso aconteceu e quando o reclamado formulou o pedido de perdão e o reclamante o aceitou, a razão do processo desapareceu.

Todavia, permanecia a questão dos honorários do advogado do reclamante, os quais não poderiam ser pagos integralmente pelo reclamado, dada a sua situação econômica muito difícil.

Para solucionar esse aspecto, os honorários devidos foram parcelados e o reclamante e o reclamado concordaram em se revezar, pagando, cada um, parte das parcelas devidas.

Nessa mesma linha, mas com uma manifestação de agressividade, Márcio Túlio Viana relata o caso em que, em uma ação trabalhista, diante da proposta de acordo, o empregador estava disposto a pagar uma dada quantia ao empregado proporcional a 70% do valor do pedido. A reação inesperada e agressiva do empregado, todavia, foi de furiosa rejeição, afirmando exaltado que "não iria receber dinheiro algum, pois não estava ali para isso".

Nesse contexto é óbvio que o processo era apenas o pretexto para ver o antigo explorador em uma posição de subserviência, humilhado, condenado e arrependido.

Fica clara a importância da subjetividade que pode ser de tal ordem que muitos estão dispostos a ingressar na terra dos sonhos da neurose, negando-se ao áspero mundo real.

Vale a lição de Bobbio de que a linguagem dos direitos tem uma função prática, já que reforça os movimentos de reivindicações para a satisfação de carências morais e materiais. Todavia, essa linguagem, quando não materializada, pode tornar-se enganadora ao diferenciar o direito pretendido do direito concretamente protegido.

O tratamento dado pela jurisdição, ao contrário, deve diferenciar-se pela atenção, empatia, imparcialidade, cortesia e integração e se basear no relacionamento interpessoal marcado pelo altruísmo e resiliência.

Para resumir todo o pensamento de Habermas em uma fórmula resumida, o autor conecta-a à noção de democracia deliberativa, vinculada a dois ideais típicos dessa obra: a emancipação e a esperança na racionalidade da linguagem comunicativa.

Um aspecto chave decorre da mudança tecnológica causada na forma de conversa e proximidade física dos participantes da audiência. Fala-se aqui da afetação radical pela mudança do campo visual no "*layout*" presencial para o audiovisual e digital causada pela presença de múltiplos monitores.

A razão comunicativa se manifesta no procedimento argumentativo, ou seja, em um discurso. Todavia, para que essa estrutura discursiva se manifeste, o requisito mais básico é o da intersubjetividade, ou seja, a interação entre as partes na mesma situação de fato.

A lógica interna dessa ação comunicativa presume que um dos sujeitos faz o seu discurso com a pretensão de validade para os seus argumentos que poderá ser questionada pelos demais sujeitos, segundo os critérios de verdade e de justiça.

Nesse contexto de Ação Comunicativa, a conciliação é validada se é confirmada por uma espécie de "aprovação coletiva", satisfazendo necessidades econômicas e subjetivas. Dessa forma, atende-se não só à carência material reivindicada, no sentido quantitativo, mas, também, a expectativa de ser bem atendido em um espaço público de poder, no sentido qualitativo. Assim, a palavra manifestada encontrou ressonância e eco no espaço da cidadania, que se remodela dinamicamente de acordo com o estágio de evolução da sociedade.

Afirma-se, no clichê de Aristóteles, que o ser humano é um animal político, para ir além e afirmar a supremacia da sociedade sobre o indivíduo, uma vez que esse indivíduo isolado não consegue se realizar plenamente que não seja em sociedade.

Nessa linha, na verdade, o ser humano que não vive em sociedade ou é uma besta, por ser incompleto, ou é um deus, por ser plenipotente.

Além disso, nesse sentido, o maior de todos os benfeitores é o criador do Estado, como manifestação conciliatória, já que é nesse nível que o seu humano pode ser pleno e perfeito. Mas, o ser humano, quando perfeito, no espaço social e estatal, é o melhor dos animais e, ao contrário, quando isolado e separado do Estado e da sociedade, é a pior das bestas.

Ao contrário dessa forma correlata de enfocar a sociabilidade, temos a concepção de Hobbes que se manifesta em duas de suas mais conhecidas citações: "*homo homini lupus*" (o homem é o lobo do homem) e "*bellum ominium*" (guerra de todos contra todos).

Ou seja, no estado de natureza, a agressividade intersubjetiva é a regra que deve ser, de alguma forma, superada pelo convívio social.

De qualquer forma, nesse estado de natureza, a utilidade é a medida do direito, ou seja, o homem, antes da constituição da sociedade, é levado por suas paixões e conquistará de forma descomprometida as comodidades da vida, segundo o critério do prazer pessoal.

Ou seja, o altruísmo não seria natural. Ao contrário, natural é o egoísmo, inclinação usual do gênero humano caracterizado por "um perpétuo e irrequieto desejo de poder e mais poder".

Na sequência, para o nosso autor, os estudiosos do início do século XIX procuraram justificativas para o estabelecimento e continuidade da ordem social. Já os pensadores do final desse século XIX dedicaram-se a reconhecer o conflito como aspecto integrante e universal da sociedade.

Exemplo disso é Charles Darwin que elabora a sua Teoria da Seleção Natural das Espécies, explicando a sobrevivência do mais adaptado (e não do mais forte) em situações conflitivas. Nelas, o vencedor no conflito perpetuará sua bagagem genética pela reprodução após a vitória no processo seletivo.

Esses conflitos, mas também a cooperação, podem ser temporários ou contínuos, agudos ou integrativos, conscientes ou inconscientes. É também possível iniciar com uma relação conflituosa e terminar numa relação cooperativa, e vice-versa.

Segundo essa perspectiva, o conflito, como base da vida social, implicará no funcionamento de mecanismos de integração, transformação e manutenção.

O conflito potencial ou materializado concretamente em um litígio decorre de expectativas, valores e interesses contrariados, e compreender a lógica geral dos conflitos sociais é essencial para solucioná-los.

Segundo o Agir Comunicativo, para Axel Honneth, os conflitos sociais podem remontar à violação das normas implícitas do reconhecimento multilateral. Derivam de uma experiência de desconsideração social, de uma ofensa à identidade individual ou coletiva. Nesses casos é possível instaurar uma conduta de solução que possa reconstituir um relacionamento aperfeiçoado, de apreço recíproco. Esse procedimento percebe que nas colisões pelo reconhecimento há uma força moral que estimula os movimentos sociais.

Os conflitos surgem pelo desrespeito e pela reconstituição que podem ocorrer em três esferas: o amor que gera a autoconfiança, o direito que gera o autorrespeito e a solidariedade que gera a autoestima.

A tensão moral não tem a mesma intensidade em todas formas e o amor, especialmente considerado como a forma mais elementar de reconhecimento, não leva ao conflito social já que essas relações de afeto ficam contidas na relação mais próxima e não têm interesse público.

Muito embora não deixe de ser uma percepção preliminar e rudimentar, a luta social é uma situação prática em que as experiências individuais de desrespeito são recebidas como manifestações cruciais típicas de todo o grupo integrado e que podem influir como princípios de atuação de todo o grupo.

Essa interdependência também se manifesta nas relações entre duas ou mais pessoas, mas de forma que é preciso que haja a consciência de que o gesto de uma das partes e daquilo que produz em si mesmo, simultaneamente, gera um comportamento de resposta diretamente correspondente e proporcional.

Como exemplo disso, conceito básico para o marxismo é o de *luta de classes* que se sobrepõe para denunciar as desigualdades socioeconômicas contra a falsa ideia de igualdade política e jurídica proclamada pelo capital.

Para Marx, aqueles direitos de liberdade e igualdade formal, que são naturalizados pelo liberalismo, não sobrevivem diante das desigualdades causadas pelas relações de produção que fazem originar as classes sociais em conflito.

De um lado temos os proletários cuja única propriedade é a própria força de trabalho oferecida em troca de salário. De outro lado temos os "capitalistas" que detêm a propriedade privada dos meios de produção. Os detentores do capital remuneram de forma insuficiente o trabalho e se apropriam de uma parcela sob a forma de mais-valia. A classe proletária e a classe burguesa em conflito convivem com desigualdades insuperáveis de conflito e exploração.

Essas contradições decorrem de interesses inconciliáveis entre o capital que deseja manter os meios de produção e a exploração do trabalho alheio com salários insuficientes, no limiar da sobrevivência. Os trabalhadores, por sua vez, estão em princípio dispostos a vender a sua força de trabalho para ganhar o sustento. Todavia, só existem os proletários e vice-versa porque alguém lucra com a remuneração injusta do trabalho.

Para Marx, a história da humanidade é a disputa dessas classes, muito embora esse conflito eventualmente não se manifeste de forma colidente ou até em guerra declarada.

Embora exaltada com intensidade, muitas vezes a cidadania apenas remete-se ao direito de votar e ser votado, ao contrário da dinâmica que envolve o desafio diário de sua concretização em todos os setores.

Exemplo disso é a chamada democracia grega que abrangia apenas os homens livres, excluindo os escravos, estrangeiros e mulheres.

Na sequência, o que se chama de direitos sociais de segunda geração referem-se a uma fase posterior, na qual há conquistas sociais, econômicas e creditícias. São conquistadas a partir do início do século XX pelas lutas do movimento sindical e dos trabalhadores, convertendo-se em direitos ao trabalho, saúde, educação, aposentadoria, seguro-desemprego. Geram o acesso a meios de vida e bem-estar social para tornar reais direitos formais.

Nesse contexto, há uma certa tensão entre os chamados direitos de primeira geração, que compõem o conceito de cidadania (liberdade e igualdade).

Há agora a tensão interna entre os diversos direitos que compõem o conceito de cidadania (liberdade x igualdade), mais ligados a aspectos civis e políticos e exigem um Estado mínimo.

Já os direitos de segunda geração, ao contrário, necessitam da presença forte do Estado para a sua materialização.

Nessa escalada, surgem, na segunda metade do século XX, os direitos de terceira geração, em que são titulares não os indivíduos, mas grupos humanos, tais como o povo, a nação, coletividades de toda natureza ou a própria humanidade.

O senso de coletividade depende de elementos aglutinadores, ligados, para os antigos, ao pertencimento à cidade e para os modernos à não subordinação, sem negar que a cidadania plena decorre do equilíbrio entre o público e o privado.

A "cidadania para si", demonstra-se no "civismo", com três traços principais: (i) na inteligibilidade pelo cidadão do mundo político; (ii) na empatia, como capacidade de se colocar no lugar dos outros, para compreender seus interesses e justificações; e (iii) no reconhecimento das relações entre os indivíduos no espaço público.

Para Habermas, a dignidade da pessoa e sua correlação com a cidadania liga-se à simetria nas relações humanas, de forma que a sua intangibilidade resulta de relações interpessoais com recíproca consideração e respeito. Apenas no espaço público da comunidade da linguagem, o ser natural transforma-se em indivíduo dotado de racionalidade.

Assim, a dignidade deve ser compreendida sob o ponto de vista das relações em sociedade e comunicativas dado o aspecto da co-humanidade de cada indivíduo (*Mitmenschlichkeit des Individuums*).

Já para Peter Häberle, a consideração e o reconhecimento recíproco da dignidade, espaço comum que deve se definir como uma "ponte dogmática" para conectar os indivíduos.

Nesse contexto, a cidadania no sentido de engajamento e pertencimento torna obsoleta a noção clássica de jurisdição, especialmente na realidade brasileira, marcada pela profunda desigualdade social, que deve ser combatida pela atuação rearticulada. Assim, a jurisdição deve deixar de lado a sua chamada inércia para converter-se em poder de ação transformadora.

O conceito clássico de cidadania é problemático e baseado nas experiências anglo-saxãs de Estado-nação, ao passo que em outros países, tais como França e Alemanha, ela não evoluiu dessa forma.

Por essa forma de definir a cidadania, os direitos políticos concedidos, por exemplo, às mulheres e aos trabalhadores apresentam-se como frutos de uma evolução natural e não necessariamente da sua definição mais ampla e originária.

Nesse sentido, basta observar que os sindicatos somente encontram o seu espaço legitimado pela legalidade estatal depois de muitas lutas. Como retrato disso serve o direito a voto amplo para todos os indivíduos que também foi alcançado depois de muitos embates.

Em síntese, segundo esse ponto de vista, haveria razões para crer que os direitos civis acabam levando a direitos políticos e, em seguida, a direitos sociais como frutos de uma evolução gradual e natural.

Por sua vez, a globalização afronta o conceito clássico de cidadania exercida no espaço do Estado-nação. Como formas de novas manifestações, temos, por exemplo, a cidadania europeia propiciada pela ascensão da União Europeia. Essa esfera reconhece direitos de viajar e trabalhar que subordinam os Estados-nação. Também se reconhece o direito dos cidadãos europeus de reivindicar, em face desses Estados-nação, direitos perante uma corte regional que se sobrepõe.

Com base nisso, pode-se pensar cosmopolitamente na ampliação do *status* da cidadania a instâncias mais amplas e até globais, embora ainda se esteja longe desse ideal.

Por outro lado, na modalidade comportamental, a cidadania define-se em termos jurídicos, na voluntariedade e participação. Permite a prática fortalecida e efetiva da defesa dos direitos subjetivos, com a participação real em atos públicos na condição de titular de uma identidade inalienável e exclusiva, tornada única no processo de socialização.

O conflito se manifesta na composição de três elementos: a relação intersubjetiva, o problema concreto e a trama ou processo. Na relação intersubjetiva, envolvem-se duas ou mais pessoas, cada qual com sua individualidade, valores, emoções, crenças e percepções da realidade, sendo necessário permitir uma forma aberta de manifestação dessa subjetividade para compreendê-la.

No problema concreto, o conflito apresenta-se em sua razão objetiva, material e até física, pelas suas condições estruturais, necessidades e interesses em conflito.

Na trama ou no processo surge o palco onde essas contradições se manifestam.

Esse conflito apresenta-se em três níveis ou fases: (i) a latência, (ii) a realidade ou a atualidade; e (iii) o modo de apresentação.

Em vista dessas perspectivas e da sutil diferença de como os motivos aparecem, pode-se extrair uma exteriorização da insatisfação e de seus motivos objetivos e subjetivos, que podem prevalecer alternadamente, situação que deve ser valorizada pelo intermediário e eventual árbitro.

Em tudo isso, o ato telepresencial contemporâneo minimiza a espacialidade pública, já que dispensa a chancela escrita, tomando a feição de um ato processual incompleto.

Independe se essas alterações decorrem de um imperativo tecnológico ou apenas da vontade humana de adotar novidades técnicas. A verdade é que a supressão do registro físico, a disposição de telas e o direcionamento a elas tomam toda a atenção.

Há uma modificação no comportamento semelhante àquele que havia na época da escravidão, no qual a essência da cidadania se dava pela assinatura e pelos atos escritos. Esses trabalhadores, sem saber utilizar os códigos escritos, eram capazes de ampla atividade produtiva, em profissões em que era indispensável o domínio de códigos numéricos. Mas, assim, acabavam exercendo profissões e atividades refinadas, tais como chapeleiros, vendedores, impressores etc., que demandavam o conhecimento das letras.

Com isso, tinham conhecimento que, afinal, o ato que lhes oferecia a liberdade era um documento formal recheado de intensões, a Carta de Alforria. Ou seja, um amontoado de letras sobrepostas ao papel, pelo qual o letramento igualava-se à liberdade. A Carta de Alforria concedia a liberdade pela escrita. Portanto, a aspiração máxima decorria de um simples papel sobre o qual se adicionavam letras e o letramento se igualava à liberdade.

Há um paralelo parcial nesse aspecto e guardadas as devidas proporções, na questão do vínculo de emprego, que materializa o caráter emancipatório por intermédio do trabalho digno, concretizado pelo registro escrito da CTPS.

O contrário também se manifesta, quando o empregado não materializa sua contrariedade pela forma escrita da ação trabalhista, temeroso de perder o emprego, fonte de sua renda e canal dessa forma moderna de libertação.

A possibilidade de expressar seu eventual descontentamento no processo e na audiência, ainda que apenas depois do fim do contrato de trabalho, representa a liberdade. Aqui consegue o trabalhador, em igualdade de condições, ver respeitadas a sua conduta e a sua vontade. Pode então manifestar-se, peticionar, contestar, formular requerimentos, aceitar ou recusar propostas. Em tudo isso, a materialização escrita dessas prerrogativas na ata da audiência escrita e assinada concretiza formal e materialmente essa emancipação.

A mesma sensação de libertação surge no empregador que se desembaraça do inconveniente da ação e de uma decisão imposta por um terceiro, estranho ao ambiente de trabalho. Na disposição consensual, assume um compromisso espontâneo e livre de pagar o que entendeu devido e constitui a manifestação da justiça das partes.

Respeitam-se então as duas partes e suas razões respectivas, nada havendo de recriminação ou desaprovação pelo ato condenatório de um Estado com seu ato de autoridade.

Todos esses aspectos perdem o seu fulgor quando a oralidade deixa de ser integralmente manifestada por escrito no registro documental, já que os atos da audiência ficam apenas eletronicamente consignados. A elaboração de uma ata restrita e sem assinatura enfraquece a legitimidade emocional e relacional da conduta procedimentalizada.

O texto escrito está vinculado a um texto dito, transferindo a oralidade em outra materialidade e presença: a escrita. Todavia, essa nova manifestação de subjetividade retirada de sua condição primitiva de espaço-tempo, quando transformada em grafia, sobrevive gerando novos significados que superam as contingências da vida, dos limites antigos desse espaço e desse tempo.

Assim, a escrita serve para registrar antigas imagens, do mesmo modo que outras formas de registro são produzidas a partir também da oralidade. A grafia não é a simples possibilidade de transformar uma mensagem em texto. Acaba por ter sua própria estória, com uma cronologia específica, vinculada à própria história dos personagens nela envolvidos. Cria, ela própria, a sua estória com significado próprio em relação ao significado da vida, tornando-se também fundamental.

A inovação tecnológica utilizada de forma rápida gera uma nova realidade, que causou em princípio muita expectativa, mas, em seguida, frustração, já que abandonou o contato direto do olho-no-olho, afetando a intercomunicação entre elas.

Toda essa expectativa e a fase de adaptação foram se superando porque, se de um lado afetava a compreensão, de outro lado, esmerava o acesso à justiça pela superação da distância, deixando apenas a incerteza com a qualidade do sinal de acesso.

Passando a ser desnecessária a movimentação das pessoas, facilitou o aproveitamento do tempo e a diminuição dos custos para as partes e para o aparelho jurisdicional, causando, todavia, audiências mais demoradas e cansativas no caso de falha do sinal telemático.

Os problemas com o sinal acabaram por gerar maior tolerância no magistrado, obrigado a ser menos impaciente com as possibilidades reduzidas dos pronunciamentos das partes, para não dificultar o acesso às garantias constitucionais do processo. As dificuldades e a paciência necessária atingiram as tentativas de entendimento entre os protagonistas.

O agir complacente do conciliador torna-se essencial para estimular a espontaneidade dos atores. As partes, atuando de qualquer lugar possível (de casa, do local de trabalho, dos caminhos da vida), rompem com o formalismo. Produziu-se maior abertura na compreensão das propostas e das dúvidas sobre o processo em razão do ambiente imediato mais familiar.

Assim, apresentam necessários maiores e mais esmerados esforços para a conciliação, cuja ética deriva de "*conciliatione*" e significa a harmonização dos interesses em conflito no litígio pela intermediação do conciliador.

Além disso, deve-se pensar nas dificuldades do juízo diante de uma proposta conciliatória que deve ser homologada, em que medida e com que extensão e amplitude.

Não se trata daquelas hipóteses em que o interesse público é claramente relegado, como nos casos fraudulentos de liberação do FGTS, quando a recusa na homologação é claramente imperativa.

Todavia, pode o juízo recusar a homologação de um acordo que expressa a livre manifestação da vontade, mas implica em renúncia excessiva de direitos por uma das partes?

Não poucos afirmariam que essa recusa, conforme a fase processual, especialmente durante o conhecimento, em que tudo está em questão e o abrir mão de direitos é mais amplo, não é possível. Todavia, no caso de já proferida uma sentença em fase de recurso, pode o magistrado recusar a homologação.

De qualquer forma, a dimensão da discricionariedade da jurisdição no caso da amplitude da homologação não está delimitada e definida na lei.

A literalidade dos textos legais incidentes indica que a conciliação deve ser insistentemente tentada, muito embora isso não possa ser pretexto para tentá-la a qualquer custo a ponto de desvirtuá-la.

Ou seja, o acordo forçado a qualquer custo ou decorrente do mero temor reverencial impede que as partes manifestem suas próprias histórias e concretizem suas próprias emoções pela falta de placidez necessária. Sentindo-se forçadas ao acordo decorrente de simples insistência coercitiva, não se consegue a justa e pacífica eliminação do conflito.

É necessário esclarecer o que significa a expressão "sistemas ou meios alternativos de solução de conflitos", que configurariam mecanismos de democratização do acesso à justiça sob novo enfoque. Trata-se da manifestação do que Mauro Cappelletti chamou de Terceira Onda do Acesso à Justiça, pelo uso alternativo de formas de solução dos litígios por mecanismos pacificadores.

Constituem-se em modelos totalmente inovatórios opostos às formas usuais de solução de conflitos por meios adjudicatórios e retributivos, que são lentos, custosos e geradores de novos conflitos.

Ao contrário, essas formas alternativas geram soluções pacificadoras reforçando e mantendo a coesão social, já que buscam lograr a pacificação e a equidade.

Os mecanismos meramente retributivos decorrentes da simples manifestação das pretensões em juízo mostram-se ineficientes, já que não conduzem à pacificação. Essa reparação financeira nada mais é que uma forma de silêncio a respeito da verdadeira insatisfação apresentada com formalismo e com a intermediação de um advogado.

Nesses casos, o conflito é resolvido apenas de forma parcial, mantendo os litigantes em conflito e a insatisfação social sobrevive.

Ainda que consideradas as dificuldades cotidianas da atividade judicial, pelo elevado número de processos, a paciência e a atenção manifestadas pelo Judiciário devem retratar a disposição estatal de procurar a verdadeira pacificação. Com isso, supera-se a percepção de que a jurisdição apenas tenta livrar-se de mais um processo com respostas apressadas e sem a necessária ponderação.

Por esse caminho, a solução dos conflitos vai se efetivar com a participação completa dos litigantes e se pronuncia sob a forma de empatia, significando a capacidade de colocar-se no lugar da outra parte e de sentir o que o outro sente.

A própria sentença revela-se secundária, já que é o alvo mediato da atuação da jurisdição no processo trabalhista, porque, para a sociedade, a pacificação é mais importante que a simples solução formal da lide. Implica apenas em manter a insatisfação das partes, já que sacrificadas em nome de um Direito formalista e de pretensões daqueles que se sentem magoados e insatisfeitos.

Nesse ambiente da conciliação, tudo deve principiar da forma mais simples possível pelo gesto que concretiza o máximo da comunicação afetuosa sem palavras: o sorriso.

Dessa forma, a recepção inicial se manifesta com o semblante compatível, ou seja, pelo sorriso da autoridade judicial cuja função é demonstrar o adequado acolhimento.

Essa expressão facial, daquele que atua em nome da instituição pública, sinaliza a abertura do diálogo e o início de uma interação construtiva demonstrando envolvimento e atenção.

Como consequência disso tudo, ainda que a solução não seja conciliatória, a caminhada tenderá a ser cooperativa, nos melhores termos do Princípio da Cooperação extraído do art. 6º, do CPC, que preconiza que as partes devem colaborar entre si para que se alcance, no tempo razoável, uma solução justa e efetiva.

Ou seja, o Agir Comunicativo dos participantes do drama processual, mesmo no caso de frustração do intento conciliatório, contribuirá para o caminho harmônico durante toda a trama procedimental.

São reflexões dessa natureza que a obra de Lauro Stankiewicz propicia.

1- INTRODUÇÃO

"Não devemos permitir que alguém saia da nossa presença sem se sentir melhor e mais feliz."
Madre Teresa de Calcutá

A impactante sensibilidade, retratada na epigrafada enunciação, aprofunda-se na preocupação com o sentimento, constituindo a ferramenta adequada para estabelecer a conexão das consciências individuais que se sustenta na reciprocidade.

O destacado intersubjetivismo, pelo nível de comprometimento, encontra ressonância no modelo em que Habermas[2] propõe o deslocamento da carga de legitimação democrática dos corações dos cidadãos para os procedimentos de deliberação e decisão[3], porquanto essa forma de atuação implica na modernização da sociedade que se encontra na capacidade de realizar consensos racionais por meio de argumentativos processos.

A aplicabilidade prática desse patamar evolutivo de conscientização na conciliação laboral, em defluência da observação participante[4],

(2) Jürgen Habermas é escritor, filósofo, sociólogo e um dos principais representantes da segunda geração da Escola de Frankfurt. Nasceu na cidade de Düsseldorf, na Alemanha, em 1929, formando-se em 1954 e tornando-se assistente de Adorno durante cinco anos. Lecionou filosofia e sociologia em Heildeberg e na Universidade de Frankfurt de 1964 até 1971, voltando mais tarde, em 1983. Também foi professor na New York School for Social Research (Nova York) e mais tarde, em 1972, dirigiu o Instituto Max Planck (perto de Munique). Em 1994, se aposentou, passando a dar palestras e a se dedicar à publicação de livros. PENA, Felipe *et al.* (Org.). *1000 perguntas sobre teoria da comunicação.* Rio de Janeiro: LTC, 2012, p. 91.

(3) Ao propor um modelo de democracia procedimental que desloca a carga de racionalidade e de legitimidade da expressão homogênea e síncrona da vontade geral para o respeito dos procedimentos de deliberação que precedem as decisões, Habermas tenta adaptar seu sistema às realidades de uma sociedade complexa sem cair na utopia de um povo unido e de uma nação indivisa. DUPEYRIX, Alexandre. *Compreender Habermas.* São Paulo: Edições Loyola, 2012, p. 132.

(4) A observação participante se distingue de uma observação comum, na medida em que pressupõe essa integração do investigador ao grupo, à comunidade ou à sociedade que pretende estudar, não

pela experiência angariada em mais de três décadas de dedicação à judicatura, firmou a convicção de que a obtenção da avença legitimada encontra-se respaldada na humanização[5] da justiça e cidadania exercitada, basilar sustentação que se revela na irrestrita liberdade procedimental.

Atuando cotidianamente, neste contexto, portanto, vivenciando a dinâmica dos litígios, a atenta dedicação aguçou a percepção e o apuramento da suscetibilidade, para melhor compreender o ser humano nas suas relações sociais, pois o magistrado, dotado dessa disposição especial[6], refina o exercício da judicatura, suplantando as imperfeições do conservador sistema jurisdicional, para assimilar e, de alguma forma, minimizar, neutralizar ou extirpar as angústias dos litigantes.

Para a implementação das proposições, valoriza-se a racionalidade, com fundamento ético e moral nos princípios humanos que visam a realização pessoal, concebendo que a acessibilidade viabiliza-se por meio dos aspectos físico e arquitetônico, mas, em sua plenitude, perfectibiliza-se pela facilidade[7] de contato e no condizente acolhimento, em que a gentileza transcende os bons modos e a amabilidade.

---

como simples observador externo aos acontecimentos, mas neles tomando parte ativa. A observação participante foi criada nas ciências sociais pela antropologia, principalmente pela escola funcionalista. Partia do princípio de que, para conhecer as sociedades "arcaicas", era preciso que o cientista deixasse seu gabinete de estudos e se deslocasse para os grupos que deseja estudar, permanecendo pelo tempo necessário integrado ao modo de vida que neles se desenvolvia. [...] O que se pode dizer é que, como as demais técnicas de pesquisa, os resultados dependem do treino do investigador e das teorias nas quais se apoia, e não apenas do método em si. Hoje, a observação participante implica um convívio estreito com a comunidade estudada, não supondo, entretanto, plena identificação do investigador com o objeto estudado. COSTA, Maria Cristina Castilho. *Sociologia*: introdução à ciência da sociedade. 3. ed. São Paulo: Moderna, 2005, p. 343.

(5) Humanizar a justiça é agir como ser "humano" no exercício da prestação jurisdicional, é saber fazer justiça e não apenas aplicar mecanicamente a Lei ao caso concreto. É saber democratizar o acesso à Justiça transpondo as barreiras do tradicional sistema jurisdicional. MORAES, Monica Rodrigues Campos. *Jurisdição da paz*: a nova justiça humanizada do século XXI. São Paulo: LTr, 2012, p. 57.

(6) Destituído de sensibilidade no exercício de suas funções, o magistrado será como o velho capelão do presídio, no romance de Victor Hugo; será alguém que já não sente crepitar em seu coração aquela chama tão necessária para fazê-lo compreender as angústias humanas e também para fazê-lo sentir-se humano. TEIXEIRA FILHO, Manoel Antonio. *Manual da audiência na justiça do trabalho*. 2. ed. São Paulo: LTr, 2017, p. 32.

(7) [...] Mas uma coisa é proclamar esse direito, outra é desfrutá-lo efetivamente. A linguagem dos direitos tem indubitavelmente uma grande função prática, que é emprestar uma força particular às reivindicações dos movimentos que demandam para si e para os outros a satisfação de novos carecimentos materiais e morais; mas ela se torna enganadora se obscurecer ou ocultar a diferença entre

Consistindo isso na adoção do tratamento diferenciado pela atenção, empatia, imparcialidade, cortesia(8) e integração, leva-se a efeito a forma de atendimento remodelada pela hodierna sensibilização social, baseada no relacionamento interpessoal caracterizado por altruísmo e resiliência.

Fundamentado o livre acesso(9) nas condutas comunicacional e comportamental, ancora-se na disposição da autoridade judiciária que, com dedicação e empenho, estimula a negociação para proporcionar a conversão da discursiva vontade em decisão consolidada no respeito, consideração e plena inclusão, vez que essa qualificação postural encaminha ao adequado solvimento do litígio(10), que tramita no espaço público de poder.

---

o direito reivindicado e o direito reconhecido e protegido. BOBBIO, Norberto. *A era dos direitos*. Rio de Janeiro: Campus, 1992, p. 10.

(8) O exercício dos poderes ínsitos à magistratura deve ser realizado sem que isso implique a instauração de um terrorismo institucional, que só faz comprometer o prestígio do Poder Judiciário e espezinhar a dignidade da pessoa, vítima de destempero judicial. Ademais, atitudes de prepotência dos magistrados são incompatíveis com a excelsitude do cargo, com a serenidade que se exige dos seus ocupantes, e com os princípios da convivência democrática. TEIXEIRA FILHO, Manoel Antonio. *Manual da audiência na justiça do trabalho*. 2. ed. São Paulo: LTr, 2017, p. 27.

(9) Vale saber que, segundo Mauro Cappelletti (1988), a primeira onda de acesso à Justiça teve início em 1965 e seu enfoque foi no alcance da prestação jurisdicional de forma gratuita, na assistência aos vulneráveis economicamente, a qual, ainda que de uma forma não muito satisfatória, aqui no Brasil já se iniciou, através da implantação dos Juizados Especiais e da Defensoria Pública, a chamada Assistência Judiciária. A segunda onda teve como foco o estímulo e a proteção dos interesses difusos e coletivos em detrimento do individualismo que se desenhava, a qual no Brasil se verificou através do surgimento de importantes ações assecuratórias destes direitos, tais como: a ação popular, a ação civil pública e ação coletiva para a defesa dos consumidores e de outros seguimentos da sociedade. E finalmente a terceira onda que teve como objetivo maior a efetiva democratização e facilitação do acesso à Justiça através da modernização do próprio processo civil, com enfoque maior na adoção de formas alternativas de resolução de conflitos, em busca de alcançar a pacificação social através do incentivo à utilização dos equivalentes jurisdicionais, em detrimento do sistema tradicional contencioso altamente burocrático, dispendioso e formalista, sem todavia desprezá-lo. MORAES, Monica Rodrigues Campos. *Jurisdição da paz*: a nova justiça humanizada do século XXI. São Paulo: LTr, 2012, p. 19-20.

(10) [...] humanizar a justiça e implementar uma *Jurisdição da paz*, visa resgatar de uma vez por todas a imagem do Poder Judiciário, sua hegemonia e credibilidade, dando uma esperança a todos de conseguir debelar essa crise do processo através da sistematização e efetiva utilização de mecanismos alternativos de acesso à Justiça, de meios pacificadores de litígios que têm como maior objetivo facilitar o acesso à Justiça, tornar a prestação jurisdicional mais célere, democrática e, acima de tudo, mais humanizada e menos mecanizada. MORAES, Monica Rodrigues Campos. *Jurisdição da paz*: a nova justiça humanizada do século XXI. São Paulo: LTr, 2012, p. 80.

Nesta linha de raciocínio, constitui objeto de análise a ação comunicativa[11] para, pela factibilidade do movimento dialético teoria e prática, compreender o conflito e por meio da linguagem racional validar o consenso trabalhista, já que a chancela encontra-se na participação que elabora a decisão, embasada na razão. Como a validação encontra-se estruturada no entendimento que se processa na livre manifestação dos litigantes, ou seja, consubstancia-se na democracia deliberativa procedimental, são detalhadas as pressuposições indispensáveis para a consecução.

Em consonância com essa intenção, aborda-se, no primeiro capítulo, a sociabilidade humana para entender a dinâmica organizacional e o fato ensejador da demanda, pois o conveniente direcionamento não pode deixar de considerar a intrínseca motivação, para repelir os efeitos nefastos da divergência mal resolvida e resguardar a inclusiva cidadania, que se evidencia na irrestrita participação.

Por tal conotação, constituindo a interação a essência da interlocução, que se materializa na aproximação dos envolvidos, verifica-se se esta não foi afetada pela modificação do campo visual porque o processo judicial eletrônico, em decorrência do avanço tecnológico, aumentou a quantidade de monitores e com isso alterou a configuração do local em que são realizadas as audiências e as tratativas consensuais.

Em razão da nova aparência do ambiente, procura-se detectar até que ponto foi prejudicada a conversação, avaliando, também, o sentimento dos litigantes quanto à supressão da subscrição, vez que o registro palpável da manifestação de vontade, em virtude da simbologia, reveste o momento público de diferentes sensações, tanto que comumente remanesce a lembrança da referida ritualização.

Sendo reiterada a ocorrência dessa reivindicação, com a intenção de inibir a insatisfação, mencionam-se as maneiras de compatibilização da tecnologia com a cultura do artefato, atendendo as partes que demonstram o desejo de assinar e esboçam o interesse na cópia do comprovante que assenta a autocomposição, avaliando-se, por conexão, as implicações

(11) Se fosse necessário resumir a obra da Habermas numa única fórmula, sustentaríamos a de democracia deliberativa. Nessa expressão, concentram-se e fundem-se, com efeito, dois motivos tipicamente harbemasianos: o ideal de emancipação e a esperança fundada na racionalidade da linguagem. DUPEYRIX, Alexandre. *Compreender Habermas*. São Paulo: Edições Loyola, 2012, p. 131.

das sessões telepresenciais na comunicação em que são processadas as negociações que redundam na pactuação.

A adequada forma de atuação consolida a participação ativa e oportuniza a exteriorização do sentimento, pois o subjetivismo, além da cultura que valoriza o prisma formal, explicita e identifica a oculta motivação da demanda que, transcendendo a pretensão monetária, deriva de subjacentes motivos provocadores de grande contrariedade psicológica, advindos de uma vivência de desrespeito social que, atingindo a identidade pessoal ou coletiva, suscita a ação que busca restaurar apenas as relações de reconhecimento.(12)

Como a encoberta justificação não se revela de imediato, por depender da oportunidade para ser expressada, imprescindível se apresenta o diálogo. Essa indispensabilidade dialógica ficou demonstrada num caso concreto em que duas pessoas compareceram à audiência, estando, na ocasião, o autor acompanhado de advogado e o réu sem esse respaldo. Indagados sobre a possibilidade de acordo, o reclamante pediu um valor exorbitante para aquela condição em que a carência transparecia.

Constatada a peculiaridade da situação, sem se limitar aos aspectos processuais, foi buscada a causa do conflito, ficando esclarecido pelo vindicante que não pretendia a pecuniária reparação e que somente exerceu o direito público subjetivo porque se sentiu ofendido pelo vindicado, num desentendimento que tiveram, deixando evidenciado, assim, também, na expressão facial que ansiava somente pelo pedido de perdão.

Diante do que foi afirmado, o empregador admitiu a desavença e pediu desculpas dizendo que acabou ofendendo o obreiro porque estava nervoso por outras circunstâncias e que publicamente reconhecia que o mesmo era um excelente colaborador, pois, além do liame profissional, tinha a admiração e eram amigos de longa data.

Depois dessa afetuosa declaração, ambos se abraçaram e sorridentes restabeleceram a velha amizade, asseverando o autor que desistia da ação ajuizada; momento em que foram interpelados pela questão dos honorários advocatícios. Apesar do valor apresentado ser baixo, o demandante aduziu que não tinha condições de arcar com a pequena

(12) HONNETH, Axel. *Luta por reconhecimento*: a gramática moral dos conflitos sociais. Tradução de Luiz Repa. Apresentação de Marcos Nobre. 2. ed. São Paulo: Editora 34, 2009, p. 18.

importância, oportunidade em que o demandado prontificou-se a dividir o encargo e de forma parcelada, em meses alternados, adimplir a sua parte no assumido compromisso[13].

O litígio foi desta maneira equacionado porque se proporcionou a ampla liberdade de manifestação, que trouxe à tona o que estava guardado no âmago dos envolvidos, vez que essa motivação não constava na petição que formalizou a insatisfação. Assim, concebendo que o conflito[14] tem múltiplas origens e considerando que a luta social implica em desgaste, que ultrapassa o âmbito pessoal, mostra-se primordial que a divergência seja resolvida o mais rápido e da melhor maneira possível.

Dentro deste propósito, centrando-se nas divergências entre trabalho e capital, em virtude de que a legislação laboral prioriza a resolução da demanda, sem a intervenção decisiva de terceiros, enfoca-se, no segundo tópico, a conceituação e a importância da conciliação.

Em função dessa caracterização, destaca-se que a concretização deve levar em conta a noção de justiça, assimilada pelo senso comum, com a adoção de alguns procedimentos que possibilitam o atingimento da avença revestida pela humanizada conduta do juiz[15] que age na

---

(13) Disponível em: cnj.jusbrasil.com.br.

(14) Os conflitos sociais foram estudados sob diferentes perspectivas nas ciências sociais. A sociologia da Ordem, da qual Durkheim é um dos grandes representantes, via no conflito a expressão de uma anomia, ou seja, de um estado patológico da vida social. Os teóricos marxistas, percebendo na sociedade o antagonismo de interesses e a desigualdade na distribuição de bens e poder, consideraram o conflito como elemento integrante da vida social responsável por seu processo de transformação. CASTILHO, Maria Cristina Costa. *Sociologia*: introdução à ciência da sociedade. 3. ed. São Paulo: Moderna, 2005, p. 388.

(15) O juiz do futuro terá que ser [...] juiz filósofo, quaisquer que sejam as correntes de opinião que adote; juiz culto, aonde quer que vá buscar as excelências do seu saber; juiz que se extasie diante de uma flor e se comova diante de uma criança; juiz que se apiede, vendo as lágrimas de um pai ou duma mãe; juiz que traga em si e consigo aquele tesouro da humildade diante das imposturas da vida, suas ironias e suas perversidades, lembrando sempre da velha sentença – homem sou e nada do que é humano reputo alheio a mim; juiz que se sublime, se comova, lendo um poema ou ouvindo a voz da Natureza nos cantos dos pássaros, na ternura de um canto de ninar; juiz-pai e pai-juiz; [...] juiz que tenha na alma a divina centelha da caridade, entendida como amor ao próximo; juiz que repita a promessa do Cristo: 'Bem-aventurados os que têm fome e sede de justiça, porque eles serão fartos'; juiz como aquele que a ingratidão da História não lhe guardou o nome, que disse: 'Não se retarda de um minuto a alegria do réu que chora'; juiz que seja um justo com misericórdia. Justiça e bondade deverão andar manas e mistas, de mãos dadas; justiça didática que ensine ao homem extraviado o caminho certo e reto duma vida justa, fecunda e harmoniosa. ROSA, Eliézer. *A voz da toga*. 2. ed. Rio de Janeiro: Barrister's Editora Ltda, p. 78.

condição de facilitador, como "[...] um homem pensante, partícipe da experiência de sua época, utilizador constante da lógica do razoável, para a obtenção de uma solução mais justa ao caso concreto, num desapego crescente à lógica formal"(16).Em virtude disso, a viabilização da conciliação por meio da locução orientada ao entendimento(17) constitui um desafio que pressupõe a utilização do apropriado paradigma, já que a inobservância pode facilmente transformar o procedimento interacional em informacional, afetando a indispensável interação para o consenso, porque este depende, basicamente, da interlocução.

Constituindo o instrumento para o atingimento de um importante objetivo, examina-se, no terceiro segmento, a adequação do modelo comunicacional discorrendo sobre a interação voltada ao acordo, que se operacionaliza pela linguagem(18), concebida como uma atividade humana que se desenvolve na representação da vida social e cuja encenação resulta de múltiplos componentes.

Em derivação dessa configuração, por não se limitar ao mero conhecimento do vocabulário e das regras gramaticais, abrange, além da palavra, a manifestação não verbal, o gesto, a postura, o semblante e a conduta visual; comportamentos que são especificadamente tratados porque subsidiam ou podem ser o discurso, que tem o sentido de manifestação utilizada com determinada finalidade.

Por esta acepção, apresenta-se relevante discernir as formas e os impactos da retórica e da argumentação, para, respectivamente, obstar a influência do bem falar que se desvia do entendimento e desvelar os raciocínios falaciosos que deturpam a referida pretensão. Desta forma, os variados aspectos são minuciosamente examinados para restaurar o mútuo reconhecimento que necessita ser restabelecido, com a devida valoração das razões que provocaram o conflito.

---

(16) Discurso proferido pelo desembargador José Maurício Pinto de Almeida. *Revista Jurídica do Diretório Acadêmico Clotário Portugal da Faculdade de Direito de Curitiba*, ano 4 - número 3 - 1984, Juruá Editora: Curitiba - Paraná, p. 121.

(17) DUPEYRIX, Alexandre. *Compreender Habermas*. Tradução de Edson Bini. São Paulo: Edições Loyola, 2012, p. 47.

(18) CHARAUDEAU, Patrick. *Linguagem e discurso*: modos de organização. Coordenação da equipe de tradução Angela M. S. Corrêa & Ida Lúcia Machado. São Paulo: Contexto, 2016, p. 7.

Pelo adverso contexto, na quarta seção, avaliam-se os procedimentos que neutralizam as sutilezas dos atos de fala desvirtuados, procurando escoimar a avença do desequilíbrio e manipulação, abordando os elementos estruturais da teoria do agir comunicativo[19], os quais geram o racional consenso, possibilitando a discursiva argumentação, desenvolvida na mutualidade, conforme exige a modernidade social.

Sendo a dialética alicerçada nos elementos da ação comunicativa, operacionaliza-se pela condição de fala ideal, mundo da vida, racionalidade e pretensões de validade, fundamentos especificamente apresentados porque deles se extrai a metodologia que reveste de embasamento teórico a solvência das lides trabalhistas, por indicar que deriva da discussão, marcada pela participação e livre manifestação.

Efetivadas as doutrinárias pressuposições, a conciliação fica validada porque decorre da "deliberação de todos"[20], sinalizando, desta forma, que as facetas necessidade econômica e subjetividade foram contempladas atendendo, não só a carência material, mas, também, a expectativa de ser bem atendido no espaço público de poder, local em que a palavra encontrou ressonância, repercutindo na cidadania, cujo significado vem sendo remodelado de acordo com a evolução da sociedade.

Em conformidade com essa ponderação, concretiza-se a incidência prática da ação comunicativa pela conduta procedimental direcionada ao entendimento, respaldado na racionalidade e plena liberdade argumentativa em que a dignidade dos envolvidos é levada em conta como: "[...] um valor espiritual e moral inerente à pessoa, que se manifesta singularmente na autodeterminação consciente e responsável da própria

---

(19) A razão comunicativa se revela em um procedimento argumentativo, o que equivale a dizer, em um discurso. Mas, para que uma estrutura discursiva se verifique, é necessária a intersubjetividade, uma interação entre interlocutores que se encontram em uma mesma situação e que estabeleçam um diálogo entre si. A lógica interna que regula este processo interativo é a da ação comunicativa. Em uma ação comunicativa, um sujeito traz em seu discurso, uma pretensão de validade de seus argumentos que pode ser questionada pelos outros participantes do jogo comunicativo. A ideia é a de que na argumentação existe um acordo sobre a verdade e a justiça. Por exemplo: as relações sociais são dialogicamente administradas e fundadas na ideia de consenso. Os atores comunicativos são autônomos, conscientes e responsáveis por seus atos; são, enfim, seres despertos. HABERMAS, Jürgen. *O discurso filosófico da modernidade*, p. 291. FREITAG, Barbara. *A teoria crítica – ontem e hoje*, p. 59/60, *apud* MONTEIRO, Cláudia Servilha. *Teoria da argumentação jurídica e nova retórica*. 2. ed. Rio de Janeiro: Editora Lumen Juris, p. 167.

(20) DUPEYRIX, Alexandre. *Compreender Habermas*. Tradução Edson Bini. São Paulo: Editora Loyola, 2012, p. 158.

vida e que traz consigo a pretensão ao respeito por parte das demais pessoas [...]"[21].

Contemplando esse arsenal doutrinal, a ampla possibilidade de falar e bem ouvir instaura o consenso, pelo respeitoso diálogo[22] entre os participantes, legitimando e humanizando a justiça que soluciona a lide pelas perspectivas manifesta e subjacente, porque a apreciação, em sua plenitude, reverte-se na duradoura pacificação social, que se fortalece na redefinida cidadania.

---

(21) MORAIS, Alexandre de. *Direito constitucional.* 16. ed. São Paulo: Atlas, 2004, p. 52

(22) A alavanca que nos conduzirá a uma sociedade mais pacífica, fraterna, solidária e humana não será nenhuma grande variável, como a luta de classes, o embate republicano dos partidos políticos ou a globalização da economia – por mais ativos e relevantes que estes possam ser. A força transformadora será a ressonância do diálogo empático entre as pessoas e os seus grupos. SANTOS, Alexandre Henrique. *O poder de uma boa conversa*: comunicação e empatia para líderes, gestores, coaches, educadores, pais e demais facilitadores. Petrópolis, RJ: Vozes, 2017.

2 - A SOCIABILIDADE HUMANA, A BUSCA POR RECONHECIMENTO E A CIDADANIA

2.1. A sociabilidade humana

Constituindo a essência do ser, a sociabilidade envolve a convivência humana que se mostra corriqueira em situações normais tornando-se, no entanto, perceptível e realçada quando acontece uma situação de dependência entre as pessoas, nas mais variadas circunstâncias.

Transparece essa condição, por exemplo, na desagradável experiência de permanecer trancado, durante muito tempo, num elevador, no momento em que uma conhecida voz faz cessar o pânico e a desesperança dizendo, calmamente, que o socorro virá em breve e que tudo está sob controle.

A inadequada percepção ocorre porque, estando no convívio social desde o nascimento, não se dá conta da importância deste para a plena realização, já que a interação, independentemente do grau de intensidade, integra o cotidiano e por esse motivo passa sem ser percebida. Quando, porém, há o involuntário isolamento, em decorrência de um infortúnio, desperta-se para a triste realidade da solidão, vez que o afastamento forçado não se apresenta desejável.

Por tais contingências, o ser humano, nascendo e vivendo em sociedade, caracteriza-se como uma criatura extremamente social, um animal político. Essa convicção, entretanto, constitui objeto de questionamento vez que há entendimentos apregoando que o homem não se acha dotado dessa tendência, mas, ao contrário, a sua natureza agressiva faz gerar o permanente atrito com os semelhantes, necessitando, a desconformidade e o excesso, a coibição por um severo poder político.

Em decorrência dessas percepções, a questão foi tratada por diferentes teorias(23) que se sustentam nas distintas significações. Pela visão contratualista, existiu uma fase pré-social na qual os homens evoluíram para a criação da sociedade, por livre decisão entre eles. A etapa pré-social, para Jean-Jacques Rousseau, foi assinalada pela bondade original humana que restou corrompida pela vida em comum, almejada, no princípio, como modalidade mútua de cooperação que, na esfera individual, não seria possível.

Em sentido diferente, Thomas Hobbes(24) entendia que o homem é o lobo do próprio homem, porque tem na índole a feição de um ser antissocial, tanto que o estágio pré-social foi marcado pela luta dos homens entre si, pela natural maldade humana. Isso provocou a busca da paz alicerçada na limitação da liberdade individual, pela autoridade de uma entidade coletiva.

Na compreensão Naturalista, a sociedade representa a última fase da evolução da realidade, regulada por leis inflexíveis, determinismo universal. Para Herbert Spencer, o avanço em direção da sociedade seria o da matéria em fases de agregação cada vez mais sofisticadas; enquanto, para Georg Wilhelm Friedrich Hegel, o Estado constitui a última etapa da evolução dialética do Espírito Universal. Essa concepção embasou os totalitarismos do século XX.

---

(23) MARTINS FILHO, Ives Gandra da Silva. *Manual esquemático de filosofia*. 2. ed. São Paulo: LTr, 1993, p. 179.

(24) "O homem é o lobo do homem" é uma das frases mais repetidas por aqueles que se referem a Hobbes. Essa máxima aparece na obra *Sobre o Cidadão*, coroada por uma outra, menos citada, mas igualmente importante: "guerra de todos contra todos". Ambas são fundamentais como síntese do que Hobbes pensa a respeito do *estado natural* em que vivem os homens. O estado de natureza é o modo de ser que caracterizaria o homem antes do seu ingresso no *estado social*. No estado de natureza, "a utilidade é a medida do direito". Isso significa que, levado por suas paixões, o homem precisa conquistar o bem, ou seja, as comodidades da vida, aquilo que resulta em prazer. O altruísmo não seria, portanto, natural. Natural seria o egoísmo, inclinação geral do gênero humano, constituído por "um perpétuo e irrequieto desejo de poder e mais poder [...]". HOBBES, Thomas de Malmesbury. *Leviatã ou matéria, forma e poder de um estado eclesiástico e civil*. Tradução de João Paulo Monteiro e Maria Beatriz Nizza da Silva. São Paulo: Editora Nova Cultural Ltda, 2004, p. 13.

A intelecção Jusnaturalista fundamenta-se na assertiva de Aristóteles[25], 384-322 a.C., manifestada na constatação de que o homem é, naturalmente, dotado do instinto social, vez que:

> Por conseguinte, é evidente que o Estado é uma criação da natureza e que o homem é, por natureza, um animal político. [...] A prova de que o Estado é uma criação da natureza e tem prioridade sobre o indivíduo é que o indivíduo, quando isolado, não é autossuficiente; no entanto, ele o é como parte relacionada com o conjunto. Mas aquele que for incapaz de viver em sociedade, ou que não tiver necessidade disso por ser autossuficiente, será uma besta ou [...] não uma parte do Estado. Um instinto social é implantado pela natureza em todos os homens, e aquele que primeiro fundou o Estado foi o maior dos benfeitores. Isso porque o homem, quando perfeito, é o melhor dos animais; porém quando apartado da lei e da justiça, é o pior de todos; [...].

Na mesma linha dessa sustentação, Santo Tomás de Aquino, 1225-1274, afirma que somente em três episódios o homem viveria na solidão:

a) caso de natureza excelsa, isto é, o do indivíduo dotado de natureza divina, carismática, vivendo em comunhão com a própria divindade, como Jesus em seu retiro no deserto; b) caso da natureza doentia, vale dizer, o do indivíduo atingido por anomalias físicas ou mentais [...] as quais criam uma barreira entre ele e seus semelhantes; c) caso da má sorte no qual o indivíduo ver-se-ia privado do convívio social em razão do destino, por exemplo, num naufrágio, na queda de uma aeronave. Robinson Crusoé ilustra bem esta última hipótese.[26]

Assim, a sociedade constitui uma realidade que não emana da livre pactuação entre os homens, mas da natural instituição. Exigindo a coletividade, a conservação da dinâmica própria da pessoa e o agir de acordo com a racionalidade e liberdade[27], a convivência harmoniosa

---

(25) ARISTÓTELES. *Política.* Coleção os Pensadores. Tradução de Therezinha Monteiro Deutsch e Baby Abrão. São Paulo: Nova Cultural, 2000, p. 146/147.

(26) NOVÍSSIMO Dicionário Jurídico. São Paulo: Brasiliense, 1991, v. 3, p. 1081.

(27) CHARBONNEAU, Paul-Eugéne. *Curso de filosofia.* Lógica e metodologia. São Paulo: EPU, 1986, p. 125.

suscita o desafio apresentando-se, por causa disso, apropriada a visão jusnaturalista.

Prevalecendo a convicção da aludida teoria, torna-se pertinente consignar que, mesmo muitos anos após ao que atestou Aristóteles, a inclusão social, como pressuposto indispensável à existência, foi ratificada por John Locke(28) na seguinte asserção: "Deus fez do homem uma criatura tal que lhe não seria conveniente ficar só, e por isso instilou-lhe fortes sentimentos de necessidade, conveniência e inclinação para a vida em sociedade, provendo-o igualmente de entendimento e linguagem para que dela desfrutasse [...]".

Esta é a inclinação da própria natureza porque o ser humano não consegue prover a sua subsistência, durante a infância e após o nascimento. Dessa forma, necessita, paulatinamente, adaptar-se ao modo de ser da sociedade, agindo de acordo com os valores desta, num processo assimilativo, denominado socialização, na qual a linguagem reforça essa tendência, pela necessidade de comunicação. Sendo a reunião estável de seres humanos, distingue-se do agregado, qualidade típica dos despojados de racionalidade.

Por essa condição, a sociedade(29) apresenta-se dinâmica e mutável, na maioria das vezes evolutiva, pois, como fruto da cultura, vai se aperfeiçoando, pela experiência em busca da melhor convivência, obviamente, superando erros, retrocessos e a degeneração, mas modificando-se constantemente, na procura de novos modos de vida, em decorrência de diferentes peculiaridades, consistentes em:

> Há quem a defina como o AGRUPAMENTO DE CARÁTER DURADOURO, DOTADA DE UM ESPAÇO TERRITORIAL, definição esta que peca pela acidentalidade, ao incluir o elemento territorial, já porque pode haver sociedades desprovidas de base física, por exemplo, os nômades ou aquelas

---

(28) LOCKE, John. *Segundo tratado sobre o governo*. Tradução de Alex Martins. São Paulo: Martin Claret, 2002, p. 65.

(29) A antropologia harbemasiana apoia-se numa ideia simples e forte: a individuação passa por um processo de socialização. O ser humano somente pode construir sua identidade preso numa rede de relações com outras pessoas que solicitem o despertar de sua consciência, o obriguem a responder por seus atos, a reconhecer o campo de sua responsabilidade, a perceber no outro num jogo de espelho perpétuo os efeitos que produz sobre ele. DUPEYRIX, Alexandre. *Compreender Habermas*. São Paulo: Edições Loyola, 2012, p. 147.

> que perdem, temporariamente, seu território. Régis Jolivet define a sociedade como a UNIÃO MORAL ESTÁVEL, SOB UMA ÚNICA AUTORIDADE, DE VÁRIAS PESSOAS, FÍSICAS OU MORAIS, QUE TENDEM A UM FIM COMUM (Curso de Filosofia, São Paulo, Agir, 13ª edição, 1979, p. 408). Parece-nos bastante plausível tal conceito, originário de um filósofo eminente, pois nele não se inclui nenhum elemento acidental da sociedade, ressaltada, apenas, a sua ESSÊNCIA. Outra definição importante é a do jurista e filósofo italiano Giorgio Del Vecchio: "complexo de relações pelo qual vários indivíduos convivem e trabalham conjuntamente, de modo a formarem uma nova e superior unidade" (Lições de Filosofia do Direito, Coimbra, 2ª edição, 1951, p. 329). Nesta definição, fica salientado o elemento "relações", no sentido de que a vida em sociedade pressupõe um relacionamento que os sociólogos denominam, sugestivamente, INTERAÇÃO, definida esta como a ação que se exerce mutuamente entre duas pessoas. Ação recíproca, enfim. Na expressão "convivem e trabalham conjuntamente", fica evidenciada a PERMANÊNCIA, A ESTABILIDADE, o desejo de todos de VIVER PERMANENTEMENTE em sociedade (*AFFECTIO SOCIETATIS*).[30] (destaques no original)

Apesar das diferentes configurações, a compreensão da sociedade converge para o fundamento da permanência, já que somente a perenidade permite a consecução dos fins porque a civilização atua de forma crítica e transformadora, modificando-se incessantemente.

Por essa contextualização, não se questiona a propensão social do ser humano e a constatação vem se sustentando no tempo e permanece repercutindo, tanto que estudos recentes ratificam isso aduzindo:

> Afirmamos que a sociologia se caracteriza por uma determinada abordagem da realidade e não por um campo do saber delimitado pelos limites precisos de seu objeto. Isso em razão da generalidade própria dos fenômenos sociais e do caráter sociocultural de todo comportamento humano.

---

(30) NOVÍSSIMO Dicionário Jurídico, Acquaviva. São Paulo: Brasiliense, 1991, v. 3, p. 1082-1083.

Sendo o homem essencialmente social, tudo que lhe diz respeito compartilha igualmente dessa natureza.(31)

Em função dessa conjuntura, considerando a necessidade de organização, porque as relações intersubjetivas apresentam-se vulneráveis aos desentendimentos, o direito, como "princípio de adequação do homem à vida social"(32), assume o papel regulador do convívio pois: "no atual estágio dos conhecimentos científicos sobre direito, predomina o entendimento no sentido de que não há sociedade sem direito"(33).

Nesta simbiose entre o coletivo e a faculdade individual de agir, aparecendo a inadequação da conduta, pela dificuldade de resguardar "o equilíbrio entre o pessoal e o social"(34), surgem as divergências que precisam ser dirimidas sob a luz de uma nova visão que está impondo a mudança procedimental já que:

> o capitalismo vive hoje, no século XXI, uma profunda reestruturação que está exigindo dos cidadãos, dos governos e das nações uma revisão completa não só de conceitos como dos mecanismos de funcionamento da sociedade, uma análise de todos os aspectos que a compõe – sistema produtivo, relações de trabalho, exercício do poder, cidadania, ciência e tecnologia, direitos e deveres, classes sociais e assim por diante. Essa reestruturação torna mais necessário ainda desenvolver a capacidade de entender os acontecimentos e planejar nossas ações. A complexidade do mundo exige uma compreensão mais profunda de nossa posição e de nossos objetivos. [...] Enfim, é hora de repensar os padrões, as regularidades que ordenam a vida social e hierarquizá-los. Nesse contexto, a ciência da sociedade ganha nova importância e se confronta com novos desafios.(35)

---

(31) COSTA, Maria Cristina Castilho. *Sociologia*: introdução à ciência da sociedade. 3. ed. São Paulo: Moderna, 2005, p. 324.

(32) PEREIRA, Caio Mário da Silva. *Instituições de direito civil; teoria geral de direito civil*. 5. ed. 3ª tiragem. Rio de Janeiro: Forense, 1980, p. 18.

(33) CINTRA, Antonio Carlos de Araújo; GRINOVER, Ada Pellegrini; DINAMARCO, Cândido R. *Teoria geral do processo*. São Paulo: Revista dos Tribunais, 1981, p. 3.

(34) CHARBONNEAU, Paul-Eugéne. *Curso de filosofia*. Lógica e metodologia. São Paulo: EPU, 1986, p. 120.

(35) COSTA, Maria Cristina Castilho. *Sociologia*: introdução à ciência da sociedade. 3. ed. São Paulo: Moderna, 2005, p. 21 e 22.

Pinçando dessa conscientização o exercício do poder e a cidadania, surge o embasamento no sentido de que os conflitos sociais que afloram necessitam ser adequadamente solvidos. Significando isso a devida valoração e consideração do sentimento que transcende o resultado da demanda, vincula-se à qualidade do atendimento que direciona a atenção para os anseios, incluindo a oculta motivação que não se mostra perceptível no superficial contato.

O subjetivismo, assim, embora de maneira circunstancial, não raras vezes, atua como causa independente do que pode ser financeiramente reparado, tendo o condão de impulsionar e fazer permanecer a insatisfação que, além das imprevisíveis consequências, afeta a pacífica convivência que a sociabilidade procura como forma de integração.

2.2. Os conflitos sociais e a busca por reconhecimento

Sem olvidar que o vocábulo conflito(36) tem uma ampla conotação porque pode significar contenda individual ou impasse internacional entre países, abrangendo tudo que acontece dentro dos extremos, a sociologia dedica a atenção para os embates sociais.

Procurando encontrar a motivação, afirma que o desejo ardente pelo poder e riqueza, as diferenças sociais e o propósito de galgar certas posições induzem à constituição de distintos grupos sociais que, movidos pelos mesmos interesses, passam a lutar pelos coincidentes objetivos.

Quando outros segmentos demonstram oposição e resistência às pretensões, surge o litígio e essa condição suscita a análise, por

---

(36) Enquanto os sociólogos do início do século XIX procuraram entender os elementos responsáveis pela continuidade da vida social, os sociólogos do final desse século se dedicaram a pesquisar o conflito como aspecto integrante e universal da sociedade. Ao elaborar sua teoria da seleção natural das espécies, Charles Darwin já elegera a competição como o elemento explicativo da ordem social existente na natureza. Segundo essa teoria, em todas as espécies a competição e o conflito teriam a função de selecionar os seres mais aptos, perpetuando sua bagagem genética através da reprodução. Os conflitos, assim como as formas de cooperação, podem ser temporários ou contínuos. Podem ser também predominantemente agudos, ou ao contrário, acentuadamente integrativos; podem ser conscientes ou inconscientes. É possível iniciar uma relação conflituosa e terminar numa relação cooperativa. De igual maneira, é possível que se inicie uma relação integrada que termine de forma conflituada. Hoje em dia há teóricos que estudam a possibilidade de ser o conflito, e não a integração, a base da vida social, responsável por seus mecanismos de transformação e manutenção. [...]. COSTA, Maria Cristina Castilho. *Sociologia*: introdução à ciência da sociedade. 3. ed. São Paulo: Moderna, 2005, p. 388.

diferentes correntes doutrinárias, as quais destacam as múltiplas causas aduzindo que:

> As teorias do conflito investigam a importância dessas estruturas sociais na sociedade, as quais produzem tensões e rivalidade crônicas que eventualmente eclodem em violência. Algumas teorias, como o marxismo, posicionam os conflitos de classe estruturados no centro da sociedade como a dinâmica que impulsiona a mudança social. Vale lembrar o argumento de Simmel aqui, a saber, que ainda que as classes sociais estejam em conflito, também estão imersas em relações de dependência mútua. No capitalismo, os trabalhadores dependem dos capitalistas que lhes oferecem empregos e a renda necessária para sua sobrevivência. Já os capitalistas precisam dos trabalhadores para poderem fornecer os produtos e serviços que lhes rendem lucros. Que fique bem claro que nem todas as teorias do conflito são marxistas. Diversos estudos sobre o conflito foram mais influenciados pelas ideias de Max Weber, para quem havia conflitos muito mais amplos no horizonte, motivados por outros elementos além de classes.(37)

A falta de entendimento, que se encontra latente ou exteriorizada numa demanda, pode decorrer de expectativas, valores e interesses contrariados. Desta maneira, compreender e identificar a lógica dos conflitos sociais apresenta-se importante para a adequada solução, porque nem sempre o que se acha visível constitui o âmago da insatisfação, pois, para Honneth(38), "[...] os conflitos sociais podem remontar à infração das regras implícitas do reconhecimento recíproco [...]".

Por este ponto de vista doutrinário, importam os conflitos que derivam da experiência de desconsideração social, de uma ofensa à identidade individual ou coletiva, com possibilidade de instaurar uma ação que procura restabelecer o relacionamento de apreço recíproco ou mais aperfeiçoado, por conceber que nas lutas por reconhecimento há uma força moral que impele desenvolvimentos sociais.

---

(37) GIDDENS, Anthony; SUTTON, Philip W. *Conceitos essenciais da sociologia*. Traduzido por Claudia Freire. 2. ed. São Paulo: Editora Unesp, 2017, p. 312-313.

(38) HONNETH, Axel. *Luta por reconhecimento*: a gramática moral dos conflitos sociais. Tradução de Luiz Repa. São Paulo: Editora 34, 2009, p. 253.

Sendo esta a condição que permeia as sociedades, fica suscetível ao surgimento de desentendimentos. Direcionando a questão ao âmbito juslaboral, a solução das desavenças constitui um desafio porque não fica restrita somente ao clima de tensionamento permanente entre trabalho e capital[(44)], já que traz em seu bojo outros elementos que devem ser identificados e considerados porque, para Honneth, isso foi tratado de forma diferente por alguns pensadores[(45)], tanto que:

> Marx, porém, nunca entendeu sistematicamente a luta de classes, que constituiu não obstante uma peça central de sua própria teoria, como uma forma de conflito moralmente motivada, através da qual se podem distinguir analiticamente os diversos aspectos da ampliação de relações de reconhecimento; por isso não lhe foi possível durante a vida ancorar as finalidades normativas do próprio projeto no mesmo

---

(44) MARX, Karl. *O capital*: crítica da economia política. Tradução de Reginaldo Sant'Anna. 32. ed. Civilização Brasileira, 2017, p. 629.

(45) Outro conceito basilar do marxismo é o de classes sociais, que Marx desenvolve na busca por denunciar as desigualdades sociais contra a falsa ideia de igualdade política e jurídica proclamada pelos liberais. Para ele, os inalienáveis direitos de liberdade e justiça considerados naturais pelo liberalismo, não resistem às evidências das desigualdades sociais promovidas pelas "relações de produção". Dessa divisão se originam as classes sociais: os "proletários" – trabalhadores despossuídos dos "meios de produção", que vendem sua força de trabalho em troca de salário – e os "capitalistas", que, possuindo meios de produção sob a forma legal de propriedade privada, "apropriam-se" do produto do trabalho de seus operários em troca de salário do qual eles dependem para sobreviver. As classes sociais formadas no capitalismo – burgueses e proletários – estabelecem intransponíveis desigualdades entre os homens e relações que são, antes de tudo, de antagonismo e exploração. A oposição e o antagonismo derivam de interesses inconciliáveis entre as classes – o capitalista desejando preservar seu direito à propriedade dos meios de produção e dos produtos e à máxima exploração do trabalho do operário, pagando baixos salários ou ampliando a jornada de trabalho. O trabalhador, por sua vez, luta contra a exploração, reivindicando menor jornada de trabalho, melhores salários e participação nos lucros que se acumulam com a venda daquilo que ele produziu. Por outro lado, apesar das oposições, as classes sociais são também complementares e interdependentes, pois uma só existe em função da outra. Só existem proprietários porque há uma massa de despossuídos cuja única propriedade é sua força de trabalho, dispostos a vendê-la para assegurar sua sobrevivência. De igual maneira, só existem proletários porque há alguém que lucra com seu assalariamento. Para Marx, a história humana é a história da luta de classes, da disputa constante por interesses que se opõem, embora essa oposição nem sempre se manifeste socialmente sob a forma de conflito ou guerra declarada. As divergências e antagonismos das classes estão subjacentes a toda relação social, nos mais diversos níveis da sociedade, em todos os tempos, desde o surgimento da sociedade. COSTA, Maria Cristina Castilho. *Sociologia*: introdução à ciência da sociedade. 3. ed. São Paulo: Moderna, 2005, p. 114/115.

processo social que ele tinha constantemente em vista com a categoria de 'luta de classes'.[46]

Em tal conotação, o conflito tem na sua composição três elementos: relação interpessoal, problema objetivo e trama ou processo.[47] Na relação interpessoal há o envolvimento de duas pessoas, cada qual com seus valores, sentimentos, expectativas, crenças e percepções, sendo, por isso, necessária a permissão de espaço para a compreensão da característica interpessoal.

No problema objetivo, a discórdia fundamenta-se na razão objetiva, material, concreta. A materialidade retrata as condições estruturais, necessidades ou interesses contrariados. Na trama ou processo manifestam-se as contradições entre o dissenso na relação interpessoal e as estruturas, as necessidades ou os interesses contrariados.

Para Rummel[48], o conflito apresenta-se em três fases ou níveis, distinguindo: a) o latente; b) o real ou atual (disputa); bem como c) o modo como se exterioriza, o processo. Em razão de tais especificações e da tênue separação dos motivos, pode-se fazer a ilação no sentido de que na exteriorização da insatisfação há a motivação objetiva e subjetiva, com prevalências alternadas, devendo essa condição ser valorada pelo julgador.

A implementação dessa conduta depende da humanística[49] vocação e psicológica sensibilidade para captar o subjetivismo que se encontra

---

(46) HONNETH, Axel. *Luta por reconhecimento*: a gramática moral dos conflitos sociais. Tradução de Luiz Repa. São Paulo: Editora 34, 2009, p. 239.

(47) VASCONCELOS, Carlos Eduardo de. *Mediação de conflitos e práticas restaurativas*. 6. ed. Rio de Janeiro: Forense; São Paulo: MÉTODO, 2018, p. 5.

(48) RUMMEL, Rudolf J. *Understanding conflict and war*. New York: John Wiley and Sons, 1976, v. II, p 235-239, *apud* SERPA, Maria de Nazareth. *Mediação, uma solução judiciosa para conflitos*. Belo Horizonte: Del Rey, 2017.

(49) A filosofia, chamada Idealismo Transcendental, do jusnaturalista Immanuel Kant, com prevalência à adoção de um "novo" conceito de justiça aquele idealizado por ele no século XVIII, que é o de uma justiça em que o juiz, para julgar, deverá se pautar na humanização, adentrando o íntimo da relação jurídica para decidir objetivando também o desenvolvimento moral e social das pessoas ali envolvidas, e não unicamente à solução da controvérsia a partir da mera subsunção. Pois, *data venia*, entendemos ser o conceito aristotélico de justiça, que ainda fundamenta e alicerça nosso moderno ordenamento jurídico, totalmente inadequado à nossa realidade atual que é cediço, nos apresenta situações bastante conflitantes com o que os textos legais buscam proteger. MORAES, Monica Rodrigues Campos. *Jurisdição da paz*: a nova justiça humanizada do século XXI. São Paulo: LTr, 2012, p. 17/18.

nas entrelinhas do dissenso porque em torno dele orbitam outras causas que, embora não tendo pertinência com a reparação financeira, também repercutem socialmente. Ocorrendo isso no cotidiano forense, com certa frequência, a implícita motivação necessita ser detectada e levada em conta para o integral solvimento do litígio.

Obviamente que o afloramento do que se acha escondido e reprimido na alma humana fica facilitado na conversação atenciosa que, se apropriadamente conduzida, gera espontaneidade e confiança, ambiente em que começam a surgir indicativos de que o aspecto pecuniário da demanda não constitui a essência do litígio. Essa condição transparece quando o empregador, procurando o acordo, chega a propor a importância muito próxima do valor atribuído à causa e o empregado não aceita ou fica reticente.

A recusa não deve causar surpresa nem ser censurada, mas utilizada como oportunidade que desencadeia a procura pelo esclarecimento do que verdadeiramente acontece entre os litigantes, pois, mostrando-se o magistrado decepcionado, inibe a justificativa e a elucidação da não aceitação, dificultando a continuidade da negociação, tanto que Márcio Túlio Viana, em aula ministrada no Programa de Pós-Graduação em Direito da Pontifícia Universidade Católica de Minas Gerais, consigna essa constatação:

> Certo dia, na Justiça do Trabalho, aberta a audiência, a empresa ofereceu montante que alcançava aproximadamente 70% (setenta por cento) do que o trabalhador havia pleiteado na petição inicial. Frente à negativa do autor, a empresa optou por tornar o acordo mais atraente chegando a oferecer 90% (noventa por cento) do valor dos pedidos. Foi quando o magistrado interveio e questionou, impressionado, por qual razão o autor não queria aceitar a proposta de acordo. Naquele momento, o autor se levantou enfurecido e saiu da sala dizendo que não aceitaria dinheiro nenhum do réu, afinal não estava ali para isso. Evidencia-se que a prioridade do autor não se relacionava ao recebimento do montante pleiteado. Tal e qual no episódio narrado, "pode acontecer, por exemplo, que a indenização que o autor pede seja apenas um pretexto e nem ele o perceba muito bem: o que o seu

coração quer é trazer o réu àquele ambiente, para que se veja condenado, humilhado e arrependido".[50]

Pelo que foi aludido, sendo a questão tratada somente no plano material, a insatisfação permanece palpitando no subjetivismo e isso faz com que a discórdia deixe de ser adequadamente solucionada, pois o sentimento que se encontra no âmago da pessoa não foi apreciado, valorizado e reconhecido, permanecendo, em razão disso, o sofrimento que afeta grande parte das conciliações, conforme registra a embasada perquirição:

> Há alguns anos, na Escola Judicial do TRT da 3ª Região, a psicóloga Judith de Albuquerque observou, pela análise de dezenas de audiências, como um simples pedido de horas extras pode conter graves motivações subjetivas. As questões entre as partes chegam ao juiz 'travestidas de lide trabalhistas, quando, na verdade, são relacionadas a afetos intensos, de outra ordem'. Consequentemente, pode acontecer que as horas extras e as indenizações pretendidas na petição inicial ocultem outros interesses do trabalhador, como por exemplo, vingar-se, fazer um desabafo, sentir-se em patamar de igualdade perante o antigo empregador ou ainda ser finalmente reconhecido por ele. Outras vezes, a tese defensiva não deixa transparecer que mais importante do que não pagar, o empregador, naquele caso, quer mesmo é preservar a sua imagem ou ainda retaliar. Ações trabalhistas com caráter prioritariamente psicológico são ajuizadas diariamente. A conscientização acerca da existência desse tipo de demanda é relevante, afinal, quando os magistrados passarem a identificá-lo, terão melhores condições de auxiliar as partes no intento conciliatório.[51]

O desagrado gerado por razões psicológicas permanece contido, às vezes, durante muito tempo, emergindo somente quando finda o vínculo empregatício, oportunidade em que o empregado, deixando de depender economicamente do empregador, perde o medo de reivindicar e de manifestar suas insatisfações.

---

(50) CASPAR, Rafael Chiari. *Conciliação trabalhista*: quando o "sim" ao acordo é o "não" à justiça. Belo Horizonte: Conhecimento Editora, 2021, p. 121 e 122.

(51) CASPAR, Rafael Chiari. *Conciliação trabalhista*: quando o "sim" ao acordo é o "não" à justiça. Belo Horizonte: Conhecimento Editora, 2021, p. 122 e 123.

Essa perturbadora condição, além de degenerar a relação empregatícia, afeta outros valores que precisam ser resgatados pela compatível avaliação, no momento da conciliação, porquanto, deixando de ser observada a condizente apreciação, o consenso não se concretiza plenamente porque "se a consequência da organização capitalista da sociedade é a destruição das relações de reconhecimento mediadas pelo trabalho, então o conflito histórico que principia por esse motivo tem de ser concebido, como uma luta por reconhecimento; [...]"[(52)].

Provida de efeito, a percepção da encoberta justificação muda a maneira de entender e analisar as demandas, pois reconhece, inclui e avalia as razões que extrapolam o aspecto explícito dos interesses em litígio, amoldando-se à percuciente afirmação:

> Essa ampliação da visão decorre para Marx somente do propósito metodológico de expor em seus estudos históricos, de modo narrativo, o curso fático daquele processo histórico que ele havia investigado em sua análise econômica apenas da perspectiva, de certa maneira funcionalista, da imposição das relações capitalistas; daí a exposição ter de considerar agora, na realidade social, tudo o que exerce no processo real do conflito uma influência sobre a maneira como os grupos cindidos vêm a conhecer sua respectiva situação e como se comportam politicamente em razão disso.[(53)]

Pela destacada importância da subjetividade, Dale Carnegie[(54)] chega a ser incisivo, aduzindo que: "certas autoridades declaram que muitas vezes algumas pessoas tornam-se doentes para encontrar na terra dos sonhos da insanidade a consideração que lhes fora negada no áspero mundo das realidades".

---

(52) HONNETH, Axel. *Luta por reconhecimento*: a gramática moral dos conflitos sociais. São Paulo: Editora 34, 2009, p. 232.

(53) HONNETH, Axel. *Luta por reconhecimento*: a gramática moral dos conflitos sociais. São Paulo: Editora 34, 2009, p. 237.

(54) CARNEGIE, Dale. *Como fazer amigos e influenciar pessoas*. Tradução de Fernando Tude de Souza; revista por José Antonio Arantes de acordo com a edição americana de 1981 aumentada por Dorothy Carnegie. 51. ed. São Paulo: Companhia Editora Nacional, 2003, p. 66.

Assim, a falta de reconhecimento[55] e o desrespeito eclodem de maneira natural, quando as próprias partes se envolvem na solução da demanda, de forma espontânea e efetiva, porque exteriorizam a oculta motivação, facilitando e direcionando o entendimento que se concretiza na sua plenitude, já que obstáculos invisíveis deixam de ofuscar a conciliação.

Para isso, no entanto, indispensável apresenta-se a facilitação e a oportunidade do diálogo, por parte do conciliador, para que os participantes possam interagir e revelar o que se encontra no bojo da divergência, vez que valorizar o sentimento e proporcionar a respeitosa comunicação gera a sensação de bom e envolvente atendimento pelo agente público, propiciando, desta maneira, o exercício da cidadania que, pelas modernas exigências da sociedade, vem sendo remodelada.

2.3. A cidadania em conotação ressignificada

Embora seja rotineiramente propalado, o termo cidadania ainda remete ao sentido restrito do direito de votar e ser votado; entretanto, em função da dinâmica social, a expressão tem a conotação de um desafio diário. A retrospectiva histórica demonstra que isso aconteceu, tanto que apenas os homens livres e nascidos nas cidades gregas eram considerados cidadãos, o que representava a menor parte da população.

Em Roma adotava-se o mesmo procedimento, sendo os estrangeiros, os comerciantes, os escravos e as mulheres despojados desta condição. Nesta situação, ser cidadão era privilégio de poucos, portanto, excludente na Grécia e restritivo em Roma, assumindo, historicamente, diversas formas pelos contextos culturais diferentes.

Como decorrência dessa constatação, o conceito de cidadania enquanto direito a ter direitos, consoante Liszt Vieira[56], comporta várias

---

(55) Há uma lei da conduta humana de máxima importância. Se obedecermos a esta lei, quase nunca teremos preocupações. De fato tal, tal lei, sendo seguida, nos trará inúmeros amigos e constante felicidade. Mas, assim que a violarmos, teremos logo de enfrentar uma série de infinitos transtornos. A lei é a seguinte: *Fazer sempre a outra pessoa sentir-se importante.* John Dewey, [...] afirma que o desejo de ser importante é a mais profunda solicitação da natureza humana; e William James assegura que: "O mais profundo princípio na natureza humana é o desejo de ser apreciado". CARNEGIE, Dale. *Como fazer amigos e influenciar pessoas.* São Paulo: Companhia Editora Nacional, 2003, p. 151.

(56) VIEIRA, Liszt. *Cidadania e globalização.* 13. ed. Rio de Janeiro: Record, 2016, p. 22 a 41.

interpretações e dentre estas tornou-se clássica a compreensão de T. H. Marshall que, apreciando o caso inglês e sem aspiração de universalidade, generalizou a ideia e seus elementos constitutivos.

A cidadania, assim, seria composta pelos direitos civis e políticos e direitos sociais, respectivamente, considerados de primeira e segunda geração. Os direitos civis, conquistados no século XVIII, correspondem aos individuais de liberdade, igualdade, propriedade, de ir e vir, à vida e segurança.

Os direitos políticos, alcançados no século XIX, referem-se à liberdade para associação e reunião, organização política e sindical, participação política, eleitoral e sufrágio universal, sendo também denominados direitos individuais exercidos coletivamente, que se incorporaram à tradição liberal.

Quanto aos direitos de segunda geração, aduz que os mesmos reportam-se às prerrogativas sociais, econômicas ou de crédito que foram conquistadas no século XX, em virtude das lutas do movimento operário e sindical, traduzindo-se em direitos: ao trabalho, saúde, educação, aposentadoria, seguro-desemprego; enfim, na garantia de acesso aos meios de vida e bem estar-estar social, tornando reais os direitos formais.

Adverte que há o tensionamento interno entre os diversos direitos que compõem o conceito de cidadania (liberdade x igualdade), porque, enquanto os direitos de primeira geração, civis e políticos, exigem, para a plena realização, um Estado mínimo, os de segunda geração, direitos sociais, demandam a presença forte do Estado para a concretização.

Deixando transparecer que essa condição não interferiu na escala evolutiva, consigna que, na segunda metade do século XX, surgiram os direitos de terceira geração, tendo estes como titular não o indivíduo, mas grupos humanos, no caso: o povo, a nação, as coletividades étnicas ou a própria humanidade.

Dizendo respeito à autodeterminação dos povos, ao desenvolvimento, à paz, ao meio ambiente e outros, voltam-se, portanto, aos "novos movimentos sociais" e que, atualmente, fala-se em direitos de quarta geração que têm vinculação com a bioética, para impedir a destruição da vida e regular a criação de novas formas de existência, pela engenharia genética, em laboratório.

Pelas diferentes visões da cidadania, aponta que o entendimento de Marshall submeteu-se a inúmeras críticas, desde as que excluíram os direitos sociais nela contidos, por não serem naturais e sim históricos, e pelos que classificaram a cidadania em passiva, a partir "de cima", via Estado, e ativa, vindo "de baixo", que emana de autônomas instituições locais.

Há, deste modo, uma cidadania conservadora, passiva e privada e outra revolucionária, ativa e pública, segundo Turner (1990). Assim, menciona que, para Cranston, os direitos naturais não teriam ligação com as coletividades nacionais, por desvincular a cidadania de nação, ficando, por esse motivo, restritos à liberdade, segurança e propriedade; ou seja, os direitos humanos deixariam de ter a regulamentação positiva por constituírem princípios universais, não sendo, deste modo, os direitos sociais reputados naturais, como considerou a Organização das Nações Unidas ao inseri-los no rol de direitos humanos.

Por outro aspecto, aponta que Turner acusou Marshall de evolucionista e etnocentrista e que M. Roche classificou o entendimento do referenciado como apolítico. Os dois, portanto, divergem da compreensão do caso inglês e repelem a inserção dos direitos civis no início, por entender que o Bill of Rights resulta de um processo político, que deriva da luta pelas liberdades individuais que antecede o reconhecimento dos direitos civis instaurados pela Revolução (Roche, 1987) e que, afora isso, Marshall teria ignorado a crítica à "cultura de súditos", pois o inglês seria mais súdito do que cidadão, bem como a opinião contrária ao imperialismo inglês, que desconsiderou os direitos civis nas colônias inglesas.

Nesta encadeação menciona que a religião foi importante para favorecer ou obstaculizar o desenvolvimento da cidadania, porquanto a versão calvinista do protestantismo fortaleceu o individualismo e favoreceu a cidadania, colocando destaque na sociedade e não no Estado, e que o protestantismo luterano, na Alemanha, diferiu do calvinismo holandês, sendo a religião escolhida pelo príncipe para o povo, tanto que Lutero reforça a obediência ao Estado, sendo o alemão primeiro alemão e depois cidadão, ao contrário do francês que é antes cidadão e posteriormente francês.

Pela linha agostiniana, de platônica inspiração, afirma que Lutero se afasta da política por considerar má a cidade dos homens, implicando isso na aceitação da autoridade e o forte senso de nacionalismo, enquanto a tradição católica trouxe a fraca consciência de identidade, com a proliferação de seitas, favorecendo as monarquias na sua luta contra o Sacro-Império, já que, no interregno compreendido entre os séculos XVI e XVIII, apoiou as monarquias absolutas católicas para, desta maneira, fazer oposição ao progresso da Reforma protestante, reforçando, assim, o Estado Central.

Prosseguindo na explanação, registra que Richard Morse discorda disso por entender que a tradição católica favoreceu o espírito público e a cidadania, aproximando-se da concepção cívica distinta do que se compreende, na modernidade, como civil, ou seja, condição em que o Estado assegura os direitos individuais, colocando-se, portanto, mais do ponto de vista deste do que do cidadão e que na atitude contemporânea parece prevalecer a busca de uma estratégia para combinar o civil, direitos individuais e o cívico, deveres para com o Estado, responsável pelo bem público.

Consoante o autor, essa combinação depende de um elemento aglutinador: o sentimento de comunidade, de identidade coletiva, que seria, nos antigos, pertencer a uma cidade, e nos modernos, a uma nação, já que a cidadania plena exige o equilíbrio entre o público e o privado. Nesse sentido de pertencimento apresenta a interessante abordagem proposta por Jean Leca contida no conceito de "cidadania para si", várias vezes mostrado sob o termo "civismo", que se estrutura em três traços principais.

O primeiro encontra-se na inteligibilidade do mundo político pelo cidadão; o segundo na empatia enquanto capacidade de colocar-se no lugar dos outros para apreender seus interesses e justificações; e o terceiro, na civilidade que se refere ao reconhecimento interindividual.

Esses elementos combinam-se de maneira instável e contraditória, ou complementar, deslocando-se em diferentes eixos, como sentimentos de pertencimento e engajamento que se operacionalizam na civilidade, ou seja, na atitude individual em que há a preocupação com o bem público, fazendo com que a cidadania possa cumprir "[...] um papel libertador e contribuir para a emancipação humana, abrindo 'novos espaços de liberdade' (Guattari, 1987, 1990), por onde ecoarão vozes de todos aqueles que, em nome da liberdade e igualdade, sempre foram silenciados"[57].

(57) VIEIRA, Liszt. *Cidadania e globalização.* 13. ed. Rio de Janeiro: Record, 2016, p. 41.

A viabilização desse papel libertador, contributivo para a emancipação humana, impõe que seja oportunizada a plena manifestação, consistente na fala, em adequadas condições, para, desta forma, fazer prosperar os direitos humanos e a dignidade, cuja materialização, pela voz, acontece no ambiente democrático, norteado pela empatia e civilidade, podendo, assim:

> reafirmar o direito pela plena realização do indivíduo, do cidadão, dos entes coletivos e de sua emancipação nos espaços definidos no interior da sociedade. Os conceitos de cidadania, democracia e direitos humanos estão intimamente ligados, um remete ao outro, seus conteúdos interpenetram-se: a cidadania não é constatável sem a realização dos Direitos Humanos, da mesma forma que os Direitos Humanos, não se concretizam sem o exercício da democracia.[58]

Essa interdependência entre dignidade e cidadania configura a confirmação do direito pela plena realização da pessoa. Isso significa que a conversão da abstração em concretização depende do comportamento humano do conciliador que, no espaço público de poder, lugar de definição identitária e de desenvolvimento cognitivo[59], precisa estimular o partilhamento dos conhecimentos e a troca dos argumentos, sem constrangimento, para permitir o enriquecimento dos pontos de vista e um alargamento das perspectivas, pois Jürgen Habermas considera a dignidade da pessoa e pela correlação à cidadania vinculadas:

> à simetria das relações humanas, de tal sorte que a sua *intangibilidade* (o grifo é do autor) resulta justamente das relações interpessoais marcadas pela recíproca consideração e respeito. Para além disso, Habermas lembra que apenas no âmbito do espaço público da comunidade da linguagem, o ser natural se torna indivíduo e pessoa dotada de racionalidade. Assim, como bem destaca Hasso Hofmann a dignidade necessariamente deve ser compreendida sob a perspectiva relacional e comunicativa, constituindo uma categoria da co-humanidade de cada indivíduo (*Mimenschlichkeit des Individuums),* de tal

(58) MELO, Milena Petters. Cidadania: subsídios teóricos para uma nova práxis. *In:* SILVA, Reinaldo Pereira e (Org.). *Direitos humanos como educação para a justiça.* São Paulo: LTr, 1998, p. 79.

(59) DUPEYRIX, Alexandre. *Compreender Habermas.* Tradução de Edson Bini. São Paulo: Edições Loyola, 2012, p. 150.

sorte que, na esteira da lição de Peter Haberle, a consideração e reconhecimento recíproco da dignidade no âmbito da comunidade pode ser definida como uma espécie de "ponte dogmática", ligando os indivíduos entre si.[60]

Concebida a dignidade e pela mútua ação à cidadania sob o prisma relacional e comunicativo, o atingimento desse propósito exige a adoção de procedimentos que possibilitam a transformação das palavras em ação e isso, na perspectiva harbemasiana, acontece quando:

> *a ação comunicativa* surge como uma interação dos sujeitos capazes de falar e agir, a partir de relações que se estabelecem para alcançar uma compreensão sobre a situação em que ocorre a interação, para tornar possível, em seguida, a elaboração de planos de ação com vistas a coordenar suas ações a partir do *entendimento* [...] No espaço público, os indivíduos e os grupos estão sim buscando realizar seus interesses. Sua realização, no entanto, tem como parâmetro a legitimidade, na medida em que o outro é visto como um sujeito igualmente portador de direitos.[61]

Pela coerência da hodierna tendência inclusiva, a consideração e o reconhecimento recíproco destacam-se na acessibilidade de forma abrangente, portanto, não restrita à facilitação física às dependências, mas no acolhimento pelo agente público.

A cidadania, assim, como sentimento de engajamento e pertencimento subordina-se a um novo enfoque, tanto que Rodrigo Goldschmid[62] fala que a clássica noção de jurisdição encontra-se desatualizada e suplantada pela realidade brasileira, marcada por profunda desigualdade social que poderá ser reduzida ou até mesmo superada pela efetiva atuação de um judiciário reconfigurado que, deixando de lado a consagrada inércia, convola-se em poder de transformadora ação.

---

(60) SARLET, Ingo Wolfgang. *Dignidade da pessoa humana e direitos fundamentais na Constituição Federal de 1988*. 3. ed. Porto Alegre: Livraria do Advogado Editora, 2004, p. 54-55.

(61) GASPARDO, Murilo (Org.). *Globalização e os fundamentos da cidadania*. São Paulo: Alameda, 2017, p. 133 e 135.

(62) GOLDSCHMIDT, Rodrigo. *Flexibilização dos direitos trabalhistas*: ações afirmativas da dignidade da pessoa humana como forma de resistência. São Paulo: LTr, 2009, p. 171.

Nessa nova concepção de jurisdição, em que são priorizadas as reais necessidades da população, menciona Cintra, Grinover e Dinamarco, dizendo que os referidos autores, consagrados pela doutrina do direito processual brasileiro, fazem uma leitura modernizante e potencializadora da Jurisdição, sustentada nos princípios da instrumentalidade e da efetividade do processo, asseverando:

> Diante disso, atentando-se à realidade brasileira, marcada por desigualdades sociais e por uma imensa maioria de pobres e excluídos, não se pode mais conceber instrumentos que contenham solenidades e formalismos exagerados, de linguagem técnica e de difícil compreensão. Tal ritualística apenas procrastina a solução do processo, além de se apresentar, por sua complexidade, muitas vezes ininteligível para a parte que procura, no Judiciário, a solução do seu problema. Logo, o princípio da instrumentalidade deseja um processo simples e ágil, que viabilize a aplicação do Direito de forma mais pronta e clara ao cidadão, pacificando as relações sociais, com realização de justiça social. De outra parte, de acordo com o princípio da efetividade, a Jurisdição só atinge seu objetivo se realiza, com presteza e adequação, a justiça ao caso concreto. [...] Necessita-se, nessa esteira de entendimento, de uma nova concepção de Jurisdição proativa, positiva, ágil e efetiva que exerça uma atividade transformadora, aproximando o Direito aos reais anseios e necessidades da sociedade. Não se quer com isso dizer que o Poder Judiciário possa agir sem quaisquer limites. Não é disso que se trata. O que se quer dizer é que a Jurisdição deve efetivamente cumprir a sua missão constitucional, que é aplicar, com justiça, o Direito ao caso concreto. Só que, para atingir esse objetivo, tendo em vista a injustiça social que marca nosso país, a Jurisdição tem de se libertar das amarras do formalismo, ainda exagerado, que as normas processuais impõem, para ficar mais próximo do povo e, aí então, promover as mudanças que este almeja e espera.[63]

(63) GOLDSCHMIDT, Rodrigo. *Flexibilização dos direitos trabalhistas*: ações afirmativas da dignidade da pessoa humana como forma de resistência. São Paulo: LTr, 2009, p. 171.

Em razão do que foi explanado, depreende-se que o atingimento dessa jurisdição transformadora depende da aproximação[(64)] e da simplificação do contato que se operacionalizam, inicialmente, pela comunicação sem palavras.

Essa forma de receptividade manifesta-se, primeiramente, num semblante compatível, ou seja, no condizente sorriso, o qual tem a função de demonstrar o adequado acolhimento, pois com esta expressão facial a autoridade judiciária, que atua em nome da instituição pública, sinaliza a abertura do diálogo e o início da interação, por indicar atenção e envolvimento, conforme mostram as pesquisas que redundaram na seguinte constatação:

> a maior parte dos estudos do rosto têm como objeto as configurações que revelam estados afetivos, pois o rosto é a fonte primária do afeto. Os seis afetos primários mais estudados são: raiva, tristeza, surpresa, alegria, medo e nojo. As expressões faciais podem ainda ser usadas como gestos reguladores, fornecendo suporte e controlando o fluxo da interação. [...] ainda que geralmente pensemos nos sorrisos como expressões de emoção, eles realmente têm muitas funções complexas. Brunner (1979) descobriu que os sorrisos servem como 'respostas de ouvinte' ou 'canais de retorno' na conversação; assinalam atenção e envolvimento tal como os acenos de cabeça.[(65)]

Nesta linha de pensamento, a acessibilidade entendida como "qualidade ou caráter acessível, que se pode chegar, de acesso fácil, no trato ou na obtenção"[(66)] condiciona a utilização do apropriado sorriso[(67)], por proporcionar a sensação de agradável disposição para receber, atentando

---

(64) Alfred Adler, famoso psicólogo vienense, escreveu um livro intitulado: *What Life Should Mean to You* (O que a vida deve significar para você). Nesse livro diz: "É o indivíduo que não está interessado no seu semelhante quem tem as maiores dificuldades na vida e causa os maiores males aos outros. É entre tais indivíduos que se verificam todos os fracassos humanos". CARNEGIE, Dale. *Como fazer amigos e influenciar pessoas*. 51. ed. São Paulo: Companhia Editora Nacional, 2003, p. 101.

(65) KNAPP, Mark L.; HALL, Judith A. *Comunicação não-verbal na interação humana*. Tradução Mary Amazonas Leite de Barros. São Paulo: JSN Editora, 1999, p. 27 e 263.

(66) FERREIRA, Aurélio Buarque de Holanda. *Novo dicionário da língua portuguesa*. Rio de Janeiro: Editora Nova Fronteira, 1981, p. 22.

(67) Seu sorriso é o mensageiro de suas boas intenções. Seu sorriso ilumina a vida de todo aquele que o vê. Para quem já viu uma dúzia de pessoas franzindo o sobrolho, abrindo uma carranca ou

para que seja esboçado de forma espontânea porque pode ser interpretado como não verdadeiro, já que o riso, em Bergson, volta-se à inteligência mostrando o direcionamento da vida no sentido da mecânica, sendo alguma coisa que a contraria e limita, constituindo-se num perfeito automatismo, por exemplo, o funcionário que atua como máquina.

Trata-se, assim, de um mecanismo que se insere na natureza, uma automática regulamentação da sociedade, por entender que o enfoque do riso, na filosofia, incorre no equívoco de ser julgado por aquilo que a sua superfície nos mostra, sendo traduzido como algo artificial e meramente protocolar, segundo aflora desta compreensão:

> Ora, o riso é simplesmente o efeito de um mecanismo montado em nós pela natureza ou, o que significa quase o mesmo, por um velho hábito da vida social. Dispara automaticamente, devolvendo a agressão na mesma moeda. Não se dá ao prazer de olhar o que toca. [...] Veríamos que o movimento de relaxamento ou de expansão é apenas prelúdio do riso, que o ridente imediatamente volta-se para si mesmo, afirma-se a si mesmo mais ou menos orgulhosamente e que tenderá a considerar a pessoa do outro como uma marionete cujos cordões manipula. Rapidamente poderíamos encontrar nessa presunção um pouco de egoísmo e, por trás desse egoísmo, algo de menos espontâneo e de mais amargo, não se sabe que pessimismo nascente que se afirma cada vez mais à medida que o ridente raciocina mais sobre o riso.[(68)]

A concepção filosófica do riso, para a implementação da cidadania, serve para orientar que precisa haver sinceridade no objetivo de bem receber as partes, pois a dissimulação não se sustenta por muito tempo, sendo também facilmente perceptível.

A falta de comprometimento ou o mero cumprimento do dever transparece no comportamento que se revela durante o equacionamento da demanda, mormente quando, dependendo da complexidade ou

---

voltando o rosto, seu sorriso é como um raio de sol passando por entre nuvens. CARNEGIE, Dale. *Como fazer amigos e influenciar pessoas*. 51. ed. São Paulo: Companhia Editora Nacional, 2003, p. 122.

(68) BERGSON, Henri. *O riso*: ensaio sobre o significado do cômico. Tradução e notas de Maria Adriana Camargo Cappello. Introdução de Débora Cristina Morato Pinto. São Paulo: Edipro, 2018, p. 122 e 123.

da dificuldade na negociação, a impaciência, o desagrado e até mesmo a indiferença com a solução do litígio tornam-se incontidos por parte do conciliador.

O enfoque muda quando a postura sorridente deixa transparecer o inequívoco envolvimento do magistrado que, facilitando a aproximação, demonstra a atitude inclusiva, fazendo com que a inibição seja superada e não prejudique o exercício da cidadania, pois a espontaneidade estimula o contato, enquanto o temor bloqueia a manifestação. Tanto que Dale Carnegie(69) ilustra isso, dizendo que a delicadeza e a relação de afeto prevalecem sobre a imposição e a intimidação, tornando desembaraçada a interação que se apresenta como abertura para a negociação, com a seguinte fabulação:

> Eles discutiam sobre qual dos dois era mais forte e o vento disse: 'Provarei que sou mais forte. Vê aquele velho que vem lá embaixo com capote? Aposto como posso fazer com que ele tire o capote mais depressa que você'. O sol recolheu-se atrás de uma nuvem e o vento soprou até quase se tornar um furacão, mas, quanto mais ele soprava, mais o velho segurava o capote junto de si. Finalmente, acalmou-se e foi embora; então o sol saiu de trás da nuvem e sorriu bondosamente para o velho. Imediatamente ele esfregou o rosto e tirou o capote. O sol disse então ao vento que a gentileza e a amizade eram sempre mais fortes que a fúria e a força.

Tendo essa significação, o sorriso e a gentileza constituem valioso indicativo facilitador e estimulador de que nas audiências, como lugar de discussões formais e informais, serão proporcionadas as condições para a formação da opinião e da vontade dos cidadãos.

O atendimento prestado nestas circunstâncias, pela coerência, possibilita a dedução de que o órgão público, além de ter resolvido o problema e dado a resposta ao que se apresentava financeiramente necessário, aspecto objetivo, respeitou também o que se encontra no íntimo da pessoa, no sentimento de dignidade e satisfação, faceta subjetiva, revestindo, assim,

---

(69) CARNEGIE, Dale. *Como fazer amigos e influenciar pessoas*. Tradução de Fernando Tude de Souza; revista por José Antonio Arantes de acordo com a edição americana de 1981, aumentada por Dorothy Carnegie. São Paulo: Companhia Editora Nacional, 2003, p. 205.

de completude, consubstanciando, pela interdependência, a idealizada condição de participação na decisão, vez que:

> temos por dignidade da pessoa humana a qualidade intrínseca e distintiva reconhecida em cada ser humano que o faz merecedor do mesmo respeito e consideração por parte do Estado e da comunidade, implicando, neste sentido, um complexo de direitos e deveres fundamentais que assegurem a pessoa tanto contra todo e qualquer ato de cunho degradante e desumano, como venham a lhe garantir as condições existenciais mínimas para uma vida saudável, além de propiciar e promover sua participação ativa e corresponsável nos destinos da própria existência e da vida em comunhão com os demais seres humanos.(70)

Implementadas essas condutas, na conciliação laboral, possibilita-se que o direito seja adequadamente exercitado, pois, para Habermas, a cidadania(71) exprime o ideal de libertação inserindo-o num panorama social em que os recursos comunicativos de ativos cidadãos tornam-se o meio principal dessa pretensão(72), sendo isso corroborado por Giddens(73), na eloquente afirmação:

---

(70) SARLET, Ingo Wolfgang. *Dignidade da pessoa humana e direitos fundamentais na Constituição Federal de 1988.* 3. ed. Porto Alegre: Livraria do Advogado, 2004, p. 59-60.

(71) A cidadania traduz o ideal de emancipação em termos claramente políticos e coloca-o em cena num quadro social e político em que os recursos comunicativos de cidadãos ativos tornam-se o veículo principal dessa emancipação. [...], definindo a cidadania em termos jurídicos, participativos e volitivos, em oposição a uma abordagem cultural e étnica que há muito tempo prevaleceu na Alemanha. DUPEYRIX, Alexandre. *Compreender Habermas.* São Paulo: Edições Loyola, 2012, p. 131/132.

(72) DUPEYRIX, Alexandre. *Compreender Habermas.* Tradução de Edson Bini. São Paulo: Edições Loyola, 2012, p. 131.

(73) GIDDENS, Anthony; SUTTON, Philip W. *Conceitos essenciais da sociologia.* Traduzido por Claudia Freire. 2. ed. São Paulo: Editora Unesp, 2017, p. 308 e 309. A concepção de cidadania de Marshall é problemática, pois se baseia na experiência de um Estado-nação, a Grã Bretanha. Na França, Alemanha e outros países, a cidadania não "evoluiu" da forma como ele descreve. Algumas pessoas acham que o enfoque dele nada mais é do que uma descrição POST HOC – foi isso que aconteceu –, e não genuinamente explicativa. Por que os direitos políticos foram concedidos às mulheres e à classe trabalhadora em um determinado momento histórico, por exemplo. Será que isso realmente foi apenas parte de uma "evolução" natural. Os sindicatos, por exemplo, tiveram de batalhar muito para uma ampliação desse escopo, enfrentando a reação de grupos contrários que os combateram com o mesmo afinco. Da mesma forma, até mesmo na Grã-Bretanha a idade mínima para votar para homens e mulheres só se equiparou em 1928, ou seja, com o século XX já avançado, bem posterior ao que a estrutura de Marshall reconhece. Em suma, não fica claro exatamente por

> embora existam alguns problemas e questionamentos ao modelo de cidadania baseado no Estado-nação, o conceito básico de cidadania como algo que engloba direitos e responsabilidade permanece consistente. De fato, parte do debate político mais recente envolve repensar como permitir que os cidadãos se tornem mais ativos como forma de revigorar a política e a vida em comunidade.[(74)]

Depreende-se do que foi objeto de ponderação que a livre atuação depende da postura do conciliador, pois a deliberação e, posteriormente, a decisão viabilizam a cidadania, cujo exercício ocorre num cordial ativismo. Abrangendo isso a dedicação de tempo suficiente para a apreciação da questão, permite que os litigantes tenham ampla oportunidade de manifestação, fazendo com que se sintam plenamente integrados numa interação em que se respeita o posicionamento e o sentimento pessoal dos envolvidos.

Nesta modalidade comportamental, a cidadania[(75)], definida em termos jurídicos, participativos e volitivos, fica fortalecida e efetivamente praticada pois possibilita que o cidadão determine e defenda seus direitos subjetivos, participando dos debates nas sessões públicas como detentor de uma exclusiva identidade e de inalienáveis direitos, tornando-se indivíduo único por um processo de socialização.

2.4. O avanço tecnológico e a cidadania

Apresentando-se essencial a interação e levando em conta a valoração cultural que tem uma forte vinculação com a formalização, a assinatura e o papel, analisa-se o avanço tecnológico, implementado no

---

que os direitos civis tiveram de levar aos direitos políticos que, por sua vez, tiveram de levar aos direitos sociais, e esse processo precisaria ser mais bem explicado. [...] Além disso, recentes teorias sobre a globalização confrontam o modelo de cidadania baseado no Estado-nação. Por exemplo, a União Europeia oferece uma forma regional de cidadania que concede alguns direitos, como o direito de viajar e trabalhar, os quais devem ser respeitados pelos Estados-nação. Os cidadãos europeus também podem ir contra decisões legais tomadas na instância do Estado-nação no âmbito regional europeu. Os pensadores cosmopolitas enxergam uma possível ampliação da cidadania a uma instância global, na qual os indivíduos teriam o *status* de cidadãos globais, ainda que por ora estamos muito longe desse vislumbre.

(74) *Ibid.*, p. 308.

(75) DUPEYRIX, Alexandre. *Compreender Habermas*. São Paulo: Edições Loyola, 2012, p. 132.

âmbito judiciário, verificando se a inovação não afetou a cidadania na forma concebida, comparando as fases distintas.

Antes da era eletrônica, quando se encontravam na sessão, sensibilizados pela adversidade e expectativa do resultado, em busca de apoio às convicções, o empregado e o empregador demonstravam suscetibilidade, fixando o olhar nas folhas ordenadas e encapadas, deixando transparecer que revestiam de afetividade as páginas de papel.

Assim, na audiência, momento em que estavam diante do magistrado, no horário exclusivamente marcado para os litigantes, o manuseio das folhas, com a verificação dos documentos, chamava a atenção das partes gerando, pelo semblante e pela ansiedade destas, a sensação de que as páginas de papel pulsavam[(76)].

O sentimento de que do papel emanava a vida transparecia porque nele havia um fragmento da história, ou seja, parcela da existência de cada envolvido que estava sendo objeto de apreciação, consideração e valoração, demonstradas na atenção, dedicada pelo julgador ao folhear os documentos do processo.

Isso despertava a inquietação para a indicação das laudas, destacando os pontos favoráveis, havendo, deste modo, um ritual palpável que, de certa forma, parecia especial, pois como as estruturas judiciais foram concebidas com base na relevância social do papel, este passou a ser o formato das lides forenses, causando a impressão de que ordenava o comportamento humano.

Com o advento de novas tecnologias, consistindo isso no processo judicial eletrônico, a configuração da sala de audiências foi modificada e o amontoado de papel substituído por monitores e teclados, ficando os equipamentos entre as partes e na frente do magistrado.

Os visores causam impacto gerando a impressão de que afetam a comunicação repercutindo no comportamento das pessoas envolvidas

---

(76) Então [...], pensamos, assim como a ilustre Ministra Fátima Nancy Andrighi, que o 'verdadeiro magistrado deve realmente ser aquele ajustado ao seu tempo, rente aos fatos e principalmente rente à vida, nunca olvidando que por trás de cada página que compõe os autos de um processo está um cidadão aflito à espera da decisão justa'. E completamos: um ser humano, um ser espiritual acima de tudo, dotado de sentimentos e emoções, igualmente àqueles que estão na posição de julgadores. MORAES, Monica Rodrigues Campos. *Jurisdição da paz*: a nova justiça humanizada do século XXI. São Paulo: LTr, 2012, p. 71.

na demanda, pois, estando separadas pelos aparatos e o juiz atrás dos mesmos, há significativa perda do contato pessoal, olho no olho, porque todos ficam voltados às telas, cumprindo, assim, apenas o ritual formal, tornando parcimoniosa a conversação, porque:

> embora na pesquisa não-verbal a ênfase maior recaia sobre a aparência e o comportamento das pessoas em comunicação, atenção cada vez maior tem sido dispensada à influência dos fatores não-humanos nas transações humanas. As pessoas mudam de ambiente a fim de melhor atingir seus objetivos comunicativos e, do mesmo modo, os ambientes podem afetar nosso humor, escolha de palavras e ações. Assim, essa categoria se refere àqueles elementos que interferem no relacionamento humano mas não são parte dele 'diretamente'. Os fatores ambientais incluem mobiliário, estilo arquitetônico, decoração de interiores, condições de iluminação, cores, temperatura, ruídos adicionais ou música, e similares, em que a interação ocorre. Variações de disposição, materiais, formas ou superfícies dos objetos do ambiente da interação podem ter grande influência no resultado de relacionamento interpessoal.[77]

Além das consequências geradas pelas alterações no leiaute, no processo digital, a ata, documento que retrata o que acontece na sessão, deixou de ser impressa, ficando as partes, desta maneira, sem a possibilidade de assinar. A retirada do suporte material, afora a possibilidade de ter o papel na mão para poder verificar o conteúdo, de forma individual, com calma e atenção dos outros envolvidos, suprimiu o cerimonial da assinatura.

Em razão disso, desapareceu a demonstração da concretização do exercício da cidadania, causando, também, a sensação de que a audiência deixou de ser solene e formal e que a presença das partes teve a importância minimizada pela falta da chancela manuscrita num momento público, adquirindo a feição de ato processual incompleto.

Como as alterações da conduta advieram da supressão do registro físico assinado, da nova disposição dos monitores e do direcionamento

---

(77) KNAPP, Mark L.; HALL, Judith A. *Comunicação não-verbal na interação humana*. Tradução Mary Amazonas Leite de Barros. São Paulo: JSN Editora, 1999, p. 25.

da atenção para as telas, fica evidenciado que as mudanças resultaram da intervenção humana e não da nova ferramenta, repelindo, assim, o "determinismo tecnológico"[78].

Independente da causa, porém, o comportamento modificado dos envolvidos gera nuances diferentes, as quais encontram ressonância, ao que, analogamente, acontecia aos escravos no Brasil, pois a essência humana valoriza a assinatura e o ato escrito de forma palpável, tornando apropriado o ensinamento de Marialva Barbosa[79], contido nesta asseveração:

> Muitos, entretanto, mesmo sem saber manejar os códigos escritos eram letrados: sabiam contar; eram capazes de exercer o ofício de carpinteiro e pedreiro, para os quais é indispensável o conhecimento dos códigos numéricos; podiam ser mestres chapeleiros; exerciam o ofício de vendedores; impressores; enfim, diversas profissões para as quais os códigos letrados são fundamentais. Mesmo os que não conheciam as letras fixadas em suportes duradouros sabiam sua importância: afinal, o que lhes concedia a liberdade era uma carta plena de inscrições. A carta de alforria concedia a liberdade pela escrita. Portanto, a aspiração máxima decorria de um simples papel sobre o qual se adicionavam letras: letramento se igualava à liberdade.

A pertinência sustenta-se vez que, guardadas as devidas proporções, sob a égide do vínculo empregatício, ainda hoje o trabalhador sente-se temeroso em reclamar e perder o emprego. Como depende do salário para subsistir, cala-se diante das transgressões e silenciosamente suporta as agruras da submissão.

A possibilidade de manifestar o descontentamento, em audiência, após a ruptura do pacto laboral, consoante a diretriz teórica, representa a liberdade, pois pode, em igualdade de condições, com o agir e a vontade respeitadas, expressar-se, reivindicar, contestar, fazer proposições,

---

(78) MARQUIONI, Carlos Eduardo. Quando a TV vai além da sala de estar: por uma análise cultural dos usos de novos dispositivos tecnológicos. *Revista Geminis*, ano 4 – número 1, p. 9.

(79) BARBOSA, Marialva. *Escravos e o mundo da comunicação*: oralidade, leitura e escrita no século XIX. Rio de Janeiro: Maud X, 2016, p. 15.

aceitar ou recusar propostas, servindo o documento e a assinatura como a demonstração formal da concretização dessa emancipação.

Semelhante sensação de desoneração aflora no empregador porquanto o mesmo fica desembaraçado do inconveniente da demanda e também porque, quando há a conciliação, não se submete ao julgamento por um terceiro, pois, de forma consensual, estabelece as diretrizes e assume o compromisso espontâneo de pagar o que entendeu devido, sendo a justiça feita pelas próprias partes, cujas razões, dos dois lados, são respeitadas, inexistindo, por esse motivo, a recriminação, já que não houve a condenação, o que se apresenta relevante no contexto social.

Isso tudo perde o fulgor, no entanto, quando o que foi objeto de pronunciamento oral deixa de ser registrado no documento, pois o que acontece na audiência fica somente eletronicamente consignado. A não elaboração da ata e a falta da assinatura, no momento oportuno, geram percepções amoldando-se ao entendimento doutrinário no sentido de que:

> O texto escrito está sempre em referência a um texto dito, instaurando a oralidade numa outra materialidade e presença (o escrito). Mas essa nova oralidade, arrancada de suas condições de espaço-tempo, ao ser grafada, permanece durando, interpelando, produzindo significações que ultrapassam as contiguidades da vida. O tempo e o espaço. O escrito serve, enfim, para fixar imagens inicialmente orais, da mesma forma que os modos de codificação de grafias se fazem sobre uma base de oralização. A escrita não é mera aptidão capaz de transformar uma mensagem em texto. Ela tem uma história própria, um ritmo peculiar de transformação relacionado à própria historicidade dos atores, que, vivendo num mundo comum, continuam valorizando aspectos que interferem no sentido produzidos, em relação ao significado da vida. Não são apenas as mentalidades escriturais que são fundamentais para a construção do traço.[80]

Pela conceituação, na qual há expressa alusão à plena realização do indivíduo e a emancipação deste nos espaços definidos no interior da sociedade, o comparativo das duas fases do processo judicial, no papel e eletrônico, deixa transparecer, com base na referida teoria, que não

---

(80) BARBOSA, Marialva. *Escravos e o mundo da comunicação*: oralidade, leitura e escrita no século XIX. Rio de Janeiro: Mauad X, 2016, p. 117-118.

houve a demonstração formal da liberdade pela falta do documento e da assinatura, publicamente e no momento oportuno.

Resta afetado, assim, o lado subjetivo, representando isso, pela ótica apontada, que o avanço tecnológico obnubilou a cidadania. O ofuscamento ocorreu por ser o processo digital algo novo que veio com a promessa de agilizar a prestação da tutela jurisdicional.

A expectativa da celeridade direcionou-se para o resultado avaliando que, se superada a demora, seriam equacionadas as demais debilidades, suscitando ideias às quais: "todos se agarram a elas como um 'abre-te-sésamo' de alguma nova ciência positiva, o ponto central em termos conceituais em torno do qual pode ser construído um sistema de análise abrangente. A moda repentina de tal grande IDÉE, que exclui praticamente tudo o mais por um momento".(81)

O sentido de transitoriedade contido na teoria alimenta a esperança de que a perda da importância da subjetividade da cidadania logo seja reavaliada, pois: "ao nos familiarizarmos com a nova ideia, após ela se tornar parte do nosso suprimento geral de conceitos teóricos, nossas expectativas são levadas a um maior equilíbrio quanto às suas reais utilizações, e termina a sua popularidade excessiva".(82)

Desta maneira, o resgate completo da cidadania, consoante o ensinamento de Marialva Barbosa, apresenta-se possível, consistindo isso em não descartar totalmente o papel, ou seja, percebida a reação de que a ata e a assinatura apresentam-se relevantes, em determinadas situações, nada impede que o documento volte a ser impresso e assinado pelas partes. Tal procedimento depende da sensibilidade do agente público, porque os envolvidos podem deixar de lado o sentimento interno pelo constrangimento que têm de fazer a solicitação, mas isso ocasiona a contida insatisfação.

Levar a efeito essa aspiração demonstra a simplificadora atuação do conciliador que volta a atenção, também, ao avanço tecnológico, procurando amoldar o ambiente para não prejudicar a interação, pois, deixando de ser formalizada a avença no papel, com a consectária supressão da assinatura, surge a ativação da função sensorial no sentido de que

---

(81) GEETZ, Clifford. *A interpretação das culturas*. Rio de Janeiro: LTC, 2008, p. 3.

(82) *Idem.*, p. 3.

o ato processual despojou-se do ritual, o que, numa suscetível suposição, pode ser interpretado como minimização da cidadania na conciliação.

A preocupação direcionada à tecnologia tornou-se mais acentuada e adquiriu novo contorno com o advento da pandemia do coronavírus, de maneira incisiva a partir de março de 2020, pois, para evitar a paralisação das atividades, foi emergencialmente adotada a celebração das audiências telepresenciais. Consistindo isso na realização da sessão a partir de ambiente físico externo às unidades judiciárias de forma virtual, abreviou, assim, a implantação do que vinha sendo gradativamente esboçado.

A nova realidade fez com que o avanço tecnológico fosse aprofundado e abruptamente implantado, com a imediata utilização, causando, inicialmente, muita expectativa e insatisfação pois, dentre outras apreensões, deixou de existir o olho no olho, ou seja, o contato direto entre as partes, o que, supostamente, afetou a conversação. A grande inquietação, com o passar do tempo e a correspondente adaptação, foi se diluindo porque proporcionou a facilitação do acesso à justiça de diferentes e longínquas localidades, sem o deslocamento, remanescendo somente a insegurança quanto aos ruídos da comunicação.

Apresentando-se desnecessária a deslocação, isso implicou no melhor aproveitamento do tempo e na redução dos custos tanto para os litigantes como para o Poder Judiciário, tornando, contudo, as sessões mais demoradas e cansativas em decorrência das falhas na internet.

O surgimento dessa intercorrência, que foi diminuindo com o passar do tempo, exigiu mais calma do magistrado, para não sacrificar direitos e inibir a natural manifestação dos participantes que se encontram em locais de difícil conexão com a sala virtual. A quase obrigatória adoção da maior tolerância, quanto ao acesso, repercutiu nas tratativas de entendimento.

A paciente conduta do conciliador mostrou-se indispensável para potencializar a espontaneidade. Isso aconteceu porque, acessando as audiências da residência, estrada, empresa ou até mesmo do novo local de trabalho, a parte mais influenciada pela desvinculação do ambiente formal revelou-se participativa, firme na aceitação ou rejeição das propostas e nos questionamentos pois, em tais situações, sentiu-se apoiada pelo meio familiar, para externar o que realmente sente na negociação.

3 - A CONCILIAÇÃO E A PACIFICAÇÃO SOCIAL

3.1. Conceito e importância da autocomposição

A autocomposição, constituindo relevante instrumento de pacificação social, num contexto em que o exercício da cidadania revela-se pela livre atuação e efetiva participação no solvimento da contenda, faz com que o conflito submetido ao órgão jurisdicional, antes de ser julgado, seja objeto de entendimento entre os demandantes.

Em função disso, são envidados esforços para a conciliação, do latim conciliatione, concebida como: "ato processual consistente na harmonização formal dos interesses conflitantes na ação trabalhista, mediante proposta do juiz espontaneamente aceita pelas partes"(83).

Pelo que significa para o equacionamento dos conflitos sociais, possibilita-se afirmar que "suas origens estão ligadas à existência do ser humano, tendo sido exercitada de forma espontânea a partir da família, expandindo-se na sociedade e comunidade, a ponto de globalizar-se"(84). Os primeiros registros do instituto reportam que isso aconteceu:

> a partir da Suméria, conhecida por sua notável organização político-social e cultural, que, tendo sido conquistada por Hamurabi, por volta do ano 2000 antes de Cristo, teve imposta a aplicação de seu Código de Leis, que previa a resolução dos litígios mediante intervenção de um arbitrador público, cuja função principal era a de tentar conciliar as partes.(85)

---

(83) ACQUAVIVA, Marcus Claudio. *Novíssimo dicionário jurídico.* v. 1. São Paulo: Brasiliense, 1991, p. 346.

(84) SANTOS, Altamiro J. dos. *Comissão de conciliação prévia*: conviviologia jurídica e harmonia social. São Paulo: LTr, 2001, p. 157.

(85) SILVA, Benilda de Oliveira. "Conciliação". *Revista do Curso de Direito da Universidade Federal de Uberlândia*, v. 16, n. 1 e 2, 1987, p. 205.

Na Grécia, por imposição legal, funcionários empenhavam-se para convencer as partes a transigir, sendo essa conduta também prevista no Império Romano, pois a Lei das XII Tábuas estabelecia que o consenso encerrava a causa, permanecendo tal previsão até a decadência de Roma.(86) Realiza-se, desta maneira, "[...] através de uma interferência apaziguadora, tendo assim, valor como método de preservação dos relacionamentos"(87).

A Bíblia(88), no livro do Evangelista Mateus, capítulo 5, versículo 24, igualmente, fala da prática conciliatória ensinando: "deixe sua oferta ali, na frente do altar, e vá logo fazer as pazes com o seu irmão. Depois volte e ofereça a sua oferta a Deus". Por ser considerada a melhor maneira de solução dos litígios, a conciliação encontra-se prevista no ordenamento jurídico brasileiro desde a época do descobrimento, pois constituía exigência prévia pelas Ordenações do Reino, Livro III, título XX, parágrafo primeiro, estatuindo:

> no começo da demanda dirá o juiz a ambas as partes, que antes que façam despesas, e sigam entre elas ódios e dissensões, se devem concordar, e não gastar suas fazendas por seguirem suas vontades, porque o vencimento da causa sempre é duvidoso. E isto, que dizemos, de reduzirem as partes a concórdia, não é de necessidade, mas somente de honestidade nos casos, em que bem puderem fazer.(89)

A Magna Carta de 1824, Constituição do Império, no artigo 161, preconizava que: "sem se fazer constar, que se tem intentado o meio de reconciliação, não começará processo algum"(90). Estabelecendo esse encaminhamento, o ordenamento jurídico, em diferentes épocas, antes de decidir a questão, sempre preferiu que as próprias partes chegassem ao consenso, retratando dessa maneira a humana propensão porque:

---

(86) LIMA, Miguel Luiz Santos de. *Conciliação prévia trabalhista*: obrigação da tentativa. 6ª tiragem. Curitiba: Juruá, 2009, p. 18.

(87) CAPPELLETTI, Mauro. *Acesso à justiça*. Porto Alegre: Fabris, 1998, p. 72

(88) BÍBLIA sagrada. Nova tradução na linguagem de hoje. São Paulo: Sociedade Bíblica do Brasil, 2000, v. 4, p. 1327.

(89) BATALHA, Wilson de Souza Campos. *Tratado de direito judiciário do trabalho*. 3. ed. São Paulo: LTr, 1995, v. 2, p. 69.

(90) MARTINS, Sérgio Pinto. *Comissões de conciliação prévia e procedimento sumaríssimo*. São Paulo: Atlas, 2000, p. 36.

> é tão velho quanto o próprio Direito o anseio comum de que haja concórdia entre os litigantes e de que, pelo acordo, se ponha fim à demanda. Esse foi um dos ideais jurídicos dos gregos de Atenas. No direito germânico, a 'composição privada' era a solução perfeita para as contendas judiciais. Durante a Idade Média, a Igreja tudo fez para evitar as dissenções e para harmonizar aquelas que surgissem. No direito brasileiro, a legislação reinícola tornara a conciliação facultativa, deixando, porém, como dever de consciência para os juízes, o encargo de que estes tudo envidassem para atingi-la. A Constituição Imperial tornou-a obrigatória até que - nos primeiros dias da madrugada republicana – o legislador a omitiu de nossos códigos, pela letra do Decreto número 359, de 26 de abril de 1890 [...] A ideia de uma tentativa obrigatória de conciliação para os legisladores individualistas dos primórdios da República era ofensiva aos interesses privados e à liberdade do cidadão. Hoje, entretanto, as justificativas que então eram encontradas não têm mais razão de ser, pelo caráter intervencionista que todo Estado moderno possui, mesmo quando organizado em regime capitalista e liberal.[...].[(91)]

Considerando o que socialmente representa, a conciliação acha-se intimamente ligada à convivência humana, sendo a melhor forma de resolução pacífica dos conflitos, tanto que Mauro Schiavi[(92)] faz a seguinte afirmação:

> Sem dúvida, a conciliação é a melhor forma de resolução dos conflitos trabalhistas, pois é a solução oriunda das próprias partes que sabem a real dimensão do conflito, suas necessidades e possibilidades para melhor solução. Muitas vezes, a sentença desagrada a uma das partes e até mesmo às duas partes.

---

(91) RUSSOMANO, Mozart Victor. *Comentários à Consolidação das Leis do Trabalho*. 11. ed. Rio de Janeiro: Ed. Forense, 1986, p. 828.

(92) SCHIAVI, Mauro. *Princípios do processo do trabalho*. São Paulo: LTr, 2012, p. 102.

Carlos Henrique da Silva Zangrando[93] também concebe dessa maneira, asseverando ser: "muito melhor que esperar pela prestação jurisdicional, a qual pode frustrar todas as eventuais pretensões do autor e as esperanças do réu". Compartilhando desses entendimentos, Cleber Lúcio de Almeida realça que: "a solução negociada do conflito de interesses é o melhor caminho para pôr fim ao processo judicial, inclusive por atender aos princípios da celeridade e economia processuais e alcançar a paz social"[94].

Levando em conta os custos, a morosidade do processo e os efeitos psicológicos dele advindos, o consenso apresenta-se vantajoso, mas para que possa atender o que dele se espera devem ser observadas algumas cautelas para que a celeridade e a simplicidade processual, em que se valoriza a oralidade, não atuem de maneira distorcida e desequilibrada, vez que:

> Mesmo a mediação e a conciliação, mecanismos importantes para a superação de controvérsias que precisam ser estimulados, devem ser utilizados com muito cuidado na área trabalhista, dada a qualidade das partes que litigam. Não se trata, aqui, de conflitos equilibrados, em que o autor e o réu dispõem das mesmas armas. Trata-se de um litigio entre pessoas substancialmente diferentes tanto em poderes econômicos quanto em conhecimento e compreensão dos direitos envolvidos na disputa. Desta forma, a realização de acordos deve vir acompanhada de um trabalho muito sério de operadores que garantem a equiparação de condições no momento de sua realização, e que evitem qualquer forma de abuso que comprometa a equidade dos termos da conciliação e seus efeitos concretos.[95]

---

(93) ZANGRANDO, Carlos Henrique da Silva. *Processo do trabalho*: moderna teoria geral do direito processual. Rio de Janeiro: Forense Universitária, 2007, p. 229.

(94) ALMEIDA, Cleber Lúcio de. Princípios de direito processual do trabalho e o exame dos reflexos das recentes alterações do Código de Processo Civil no direito processual do trabalho. *In*: CHAVES, Luciano Athayde (Org.). *Direito processual do trabalho*: reforma e efetividade. São Paulo: LTr, 2007, p. 23.

(95) BOTTINI, Pierpaolo Cruz. A justiça do trabalho e a reforma do judiciário. *In*: CHAVES, Luciano Athayde (Org.). *Direito processual do trabalho*: reforma e efetividade. São Paulo: LTr, 2007, p. 103.

Observando-se as características dos envolvidos na demanda, a celebração da avença, para que seja obtida de maneira justa e harmoniosa, fica na dependência do diálogo em que se adota e respeita o protagonismo e a autodeterminação dos litigantes, sendo indispensável:

> [...] a atuação do juiz do Trabalho na prática conciliatória é fundamental. Ele é o instrumento estatal de equalização jurídica das partes materialmente desiguais, não sendo um mero homologador passivo do acordo a ele submetido, pois não é toda e qualquer conciliação judicial que se deseja; jamais um acordo a qualquer preço, pois este terá em seu conteúdo a injustiça travestida de justiça.(96)

Para que a conciliação possa cumprir, com eficiência, o seu importante papel de comprometimento com a pacificação social deve ser repelida quando ficar constatado que não se coaduna com a efetivação dos direitos trabalhistas. Como essa dissociação nem sempre se revela no contato superficial com as partes, necessita, em função disso, passar pelo crivo das seguintes reflexões:

> Em que medida a transação pode ser feita? Com que extensão? Com que largueza? Eu imagino que os Juízes, às vezes, sintam alguma dificuldade ao lidar com isso no curso dos processos. Diante de um acordo apresentado pelas partes, pode o Juiz recusar a homologação? Não me refiro à hipótese de violação de um interesse público, como uma fraude no levantamento do FGTS, caso em que a recusa de homologação não é só possível como mesmo necessária. Não é essa a hipótese. Mas pode o juiz recusar a homologação a um acordo que espelha a vontade das partes, porque o valor acordado é muito baixo em relação ao que está em discussão? Talvez alguns digam que, no processo de conhecimento a recusa não seria possível, porque ainda não há nenhum direito reconhecido e, portanto, tudo está em litígio, o que permite a transação com maior amplitude. E se já houver uma sentença, por exemplo, pendente de recurso? Se a proposta for muito baixa, o Juiz pode legitimamente recusar-se

---

(96) SENA, Adriana Goulart de. *Conciliação judicial*: solução de litígios na área trabalhista. Disponível em: <http://www.trt3.jus.br/download/artigos/pdf/16,conciliacao_judicial.pdf>. Acesso em: 14 jan. 2014.

a homologar o acordo? Ou a função do Juiz, nesse caso, estaria meramente limitada à verificação formal da existência de uma vontade livre manifestada? Isso é algo que a lei absolutamente não esclarece; ela não diz que a transação é possível. A extensão desse poder de disposição não está esclarecida e não está na lei.[97]

Os questionamentos suscitados realçam a importância social que tem a pactuação, oportunizando a advertência de que a obtenção da desejável harmonização de interesses reveste-se de certa dificuldade, motivo pelo qual deve ser conduzida de tal maneira que a carência financeira não prevaleça sobre o direito, vez que a conciliação precisa ser compatibilizada com os princípios laborais.

3.2. A conciliação como forma de solução de conflitos

Em função da significância que tem a avença, o Direito Processual do Trabalho atribui grande destaque à conciliação: "como forma de se atingir o objetivo da paz social. Interessa ao Estado que as próprias facções em litígio encontrem, elas mesmas, a fórmula capaz de compor suas divergências"[98].

Por tal premissa, a Consolidação das Leis do Trabalho[99], ou seja, a normativa que rege as relações entre trabalho e capital, determina que haja insistência nas tentativas de acordo, estabelecendo que os dissídios individuais ou coletivos, submetidos à apreciação da Justiça do Trabalho, serão sempre sujeitos à conciliação.

Impõe, em decorrência disso, a reiteração das propostas que devem ser formuladas, a primeira logo após a abertura da audiência e a

(97) MALLET, Estevão. Estudos sobre renúncia e transação. *In*: FREDIANI, Yone (Coord.). *Tendências do direito material e processual do trabalho*. São Paulo: LTr, 2000, p. 223.

(98) GIGLIO, Wagner D. *Direito processual do trabalho*. 8. ed. São Paulo: LTr, 1993, p. 226.

(99) BRASIL. *Consolidação das Leis Trabalhistas*. CLT. Comparada e atualizada com a reforma trabalhista. Comentários de Vólia Bomfim Cassar. 4. ed. São Paulo: Método, 2019, p. 431, 502 e 507. O artigo 764, da CLT, tem a seguinte redação: Os dissídios individuais ou coletivos submetidos à apreciação da Justiça do Trabalho serão sempre sujeitos à conciliação. O artigo 846 estabelece: Aberta a audiência, o Juiz ou presidente proporá a conciliação. O artigo 850 estatui: Terminada a instrução, poderão as partes aduzir razões finais, em prazo não excedente de dez minutos para cada uma. Em seguida, o Juiz ou presidente renovará a proposta de conciliação, e não se realizando esta, será proferida a decisão.

outra no encerramento da instrução, estatuindo que os juízes e tribunais empregarão sempre seus bons ofícios e persuasão no sentido de uma solução conciliatória dos conflitos.

Emana do mencionado ordenamento legal que o imperativo sempre constitui a tônica e este tem o sentido de: "em qualquer ocasião, a toda hora; o tempo todo. Sem cessar, com constância; de forma habitual; de modo geral, em todo caso"[(100)]. Pela repetição do vocábulo, exsurge que deve a conciliação ser buscada com insistência, mas isso não pode ser interpretado, como o próprio termo também indica, de qualquer modo ou maneira para não desvirtuar o instituto.

A obtenção da avença forçada ou gerada pelo convencimento advindo do reverencial[(101)] temor impede que os litigantes contem suas histórias e expendam suas emoções por falta de tranquilidade. Sentindo-se compelidos a aceitar o acordo, degenerado pelas excessivas e inoportunas insistências, eliminam a demanda sem, contudo, conseguir a justa paz entre as partes. Por esse motivo, o afastamento da nociva repercussão impõe a mudança na forma de abordagem da questão, consistente em:

> Tudo se tem feito no sentido de evitar que a tentativa de conciliação se torne mera praxe. Foi por isso que a lei estipulou que os juízes e tribunais devem envidar esforços no sentido de uma solução amigável dos conflitos [...]. Toda a força persuasiva de sua inteligência e de sua cultura, todo o vigor convincente de seus argumentos devem convergir, no processo trabalhista, para a conciliação. A sentença é alvo posterior e, nesse sentido, secundário. Não obstante, o juiz não pode esquecer a liberdade individual da parte que tem autoridade moral e jurídica para recusar qualquer acordo, mesmo que lhe seja proveitoso. A interferência do juiz não pode ser coativa. É preferível para a sociedade, a continuação da demanda

---

(100) DICIONÁRIO escolar da língua portuguesa. Academia Brasileira de Letras. 2. ed. São Paulo: Companhia Editora Nacional, 2008, p. 1170.

(101) Uma palavra mais dura, por exemplo, pode soar também duramente a uma pessoa pobre, simples, que treme de medo ao depor, induzindo-a a responder o que pensa que o juiz quer ouvir; mas uma sugestão do juiz, mesmo suave (como: "vamos fazer um acordo?") pode também ser traduzida como um favor pessoal que ele pede, para não ter o trabalho de julgar, e em razão disso ser (ou não ser) atendida. VIANA, Márcio Túlio; VIANA, Ana Maria Fernandes. Os processos da dança e as danças do processo. *Revista da Faculdade de Direito da Universidade Federal de Minas Gerais*. Belo Horizonte, número 60, p. 209-230, jan./jun. 2012, p. 216.

do que a violação, pelo órgão judiciário, da independência de vontade das partes, pois isso só servirá para trazer o descrédito da Justiça do Trabalho. A função pública do juiz e o amplo poder diretivo do processo que a lei lhe dá (art. 765) não podem ser meios de opressão. Antes, devem ser armas terçadas em prol da Justiça e da liberdade, tantas vezes postas sob ameaça, sempre que um é fraco e o outro é forte.[(102)]

Nesta preocupação doutrinária, também, a expressão persuasão, contida na lei, deve ser levada a efeito como convencimento, aconselhamento, porque na linguagem jurídica[(103)] pode ter o sentido equivalente de indução, com ardilosa feição e isso neutraliza a essência da legislação, contida na convicção de que a avença constitui a melhor forma de solução das divergências, por derivar da iniciativa ou do voluntário convencimento dos interessados.

Considerada, assim, como a justiça das partes, porquanto embasada em concessões recíprocas, redunda, pela lógica do encaminhamento, no trâmite processual abreviado, porque, além da agilização, minimiza o inconformismo, deixando, em função disso, de existir a discussão jurídica, ocorrendo, a seguir, o cumprimento do pactuado, via de regra, o pagamento que, de certa forma, recompõe o que estava em desequilíbrio.

A relevância da conciliação[(104)] e os efeitos sociais que a mesma proporciona justificam a atenção especial. Para tanto, indispensável apresenta-se o cuidado para que não ocorra o mero acordo, já que o equacionamento somente pelo ponto de vista financeiro faz com que

---

(102) RUSSOMANO, Mozart Victor. *Comentários à Consolidação das Leis do Trabalho*. 11. ed. Rio de Janeiro: Editora Forense, 1986, p. 828.

(103) SILVA, De Plácido e. *Vocabulário jurídico*. 7. ed. Rio de Janeiro: Forense, 1982, p. 362.

(104) De início, faz-se mister esclarecer o que significa 'sistemas ou meios alternativos de solução de conflitos': em apertada síntese, pode-se dizer que é a democratização do acesso à Justiça; é a concretização do chamado novo enfoque do acesso à Justiça, da terceira onda de acesso à Justiça conforme Cappelletti; é a administração alternativa de litígios, ou seja a adoção de iniciativas pacíficas [...] Enfim, são métodos de resolver litígios que se contrapõem totalmente aos modelos tradicionais usados pela Justiça comum, que, além de adjudicatórios e retributivos, são morosos, adversativos, desarmônicos e fomentadores de desavenças. Por isso mesmo, os sistemas alternativos representam modernamente um importante e promissor caminho para a oferta de soluções pacíficas e justas às controvérsias, e, melhor: de fortalecimento e manutenção da coesão social, objetivando alcançar paz e justiça social verdadeira. MORAES, Monica Rodrigues Campos. *Jurisdição da paz*: a nova justiça humanizada do século XXI. São Paulo: LTr, 2012, p. 41.

as causas comportamentais permaneçam atormentando os contendores, pois:

> A conciliação, no nosso entender, tem um conceito mais amplo do que o acordo, significando entendimento, recomposição de relações desarmônicas, desarme de espírito, compreensão, ajustamento de interesses; acordo é apenas a consequência material, regra geral de ordem econômica, da conciliação das partes. O juiz deve empenhar-se em esclarecer os litigantes, eliminando mal-entendidos e persuadindo-os a reconhecer as faltas próprias e os direitos da parte contrária. Tarefa difícil e delicada, que requer muito equilíbrio e cautela, pois a intervir como mediador, nessa fase, não pode o juiz prejulgar, antecipando seu ponto de vista. E isso demanda vagares [...]. Por incompreensão ou assoberbamento, a grande maioria dos acordos realizados são inautênticos, pois não resultam de conciliações; representam, ao contrário, apenas soluções econômicas de problemas de comportamento, que sobrevivem latentes. Os litigantes mantêm suas posições desarmônicas, quando não extremam mais ainda seu antagonismo. Acordos dessa natureza dissociam as partes e fermentam as insatisfações sociais.[105]

Em face de tal concepção, cabível se faz apontar que uma tênue linha separa o acordo da conciliação, tanto que os vocábulos, pelos léxicos, têm o mesmo significado. A busca do aperfeiçoamento, entretanto, não permite que a distinção deixe de ser considerada porque os efeitos são diferentes. No acordo prevalece o aspecto objetivo, a mera satisfação material, no caso econômica, sem maior aprofundamento sobre os motivos da divergência.

A reparação passa a ser uma maneira de silenciar a insatisfação que se acredita restrita à necessidade financeira, deduzida da pretensão formalizada, de forma direta com o causídico. Neste procedimento direciona-se para o propósito de resolver a questão, mas não de forma abrangente e isso faz com que as partes permaneçam em desentendimento e a insatisfação social fermentando.

---

(105) GIGLIO, Wagner D. *Direito processual do trabalho*. 8. ed. São Paulo: LTr, 1993, p. 227.

Sem desconsiderar as dificuldades do cotidiano forense, pela alta demanda, a conciliação impõe atenção e paciência[106], já que as partes envolvidas precisam perceber que o órgão estatal está buscando a solução do problema e não tentando livrar-se dele forçando as respostas apressadamente, sem permitir a reflexão, a análise e a ponderação.

Essa modalidade de atuação deixa transparecer que se pretende realizar o maior número de sessões por dia, não se apresentando, assim, condizente com o sentimento dos litigantes, porque para estes, mormente para o reclamante, estar em juízo representa um momento da vida importante porque, além da reparação dos direitos violados, procura, também, o reconhecimento pela dedicação, empenho e produtividade que devotou ao empreendedor, o que deixa de acontecer se não houver tempo suficiente para estabelecer a conversação.

Nesta situação, mostra-se de grande utilidade o exercício da empatia que, dentre outras finalidades, constitui uma das facetas da cidadania, pois, para Jean Leca, consiste na capacidade de colocar-se no lugar do outro para captar seus interesses e justificativas.

Dentro dessa relevância procura-se identificar os tipos que se apresentam adequados para melhor compreensão do caso e para que haja a participação dos envolvidos, já que a identificação afetiva apresenta-se de três maneiras: "Empatia cognitiva: habilidade de entender o ponto de vista de outra pessoa. Empatia emocional: habilidade de sentir o que outra pessoa sente. Interesse empático: a habilidade de perceber o que outra pessoa quer de você"[107].

Colocar-se no lugar do outro representa ter sensibilidade para os sentimentos individuais, variando somente a abordagem para a adaptação

---

(106) A paciência, que segura nossa irritação ante as diferenças, é o caminho para a empatia – a capacidade para colocar-se no lugar do outro e reconhecer e acolher seus sentimentos. Isso acontece porque, como diz Daniel Goleman em *Inteligência emocional*, "a empatia requer bastante calma e receptividade para que os sutis sinais dos sentimentos da outra pessoa possam ser recebidos e entendidos por nosso cérebro". Em outras palavras, quanto mais pacientes formos, maior será nossa capacidade de compreender os outros e colocar-nos em seu lugar. A empatia nos permite ver o outro como realmente é, com todas as suas qualidades exclusivas, em vez de tentar transformá-lo em alguém diferente. RYAN, M. J. (Mary Jane), 1952. *O poder da paciência*. Tradução de Sonia Maria Moitrel Schwarts. Rio de Janeiro: Sextante, 2006, p. 47.

(107) GOLEMAN, Daniel. *Empatia*. Harvard Business Review. Tradução de Raquel Agavino. Rio de Janeiro: Sextante, 2019. p. 12.

das particularidades e isso faz com que os pontos convergentes sejam destacados e os divergentes justificados, prevalecendo, em função disso, o convencimento e não a imposição.

Todo esse empenho justifica-se porque o conflito fica resolvido de maneira satisfatória, com menor desgaste para as partes e de forma menos onerosa, sendo a solução fruto da participação dos envolvidos, o que não ocorre no pronunciamento judicial, pois neste a decisão incumbe ao órgão estatal, que atua independente da vontade dos demandantes, tendo, portanto, natureza suplementar, conforme destaca a seguinte constatação:

> Dissemos que a sentença é secundária, no sentido de constituir o segundo alvo no decurso do processo trabalhista. Podemos, também, dizer que, para a própria sociedade, a conciliação é mais importante do que a sentença, pois pela primeira se põe fim à controvérsia, com satisfação para os litigantes, pela vontade espontânea de ambos; pela segunda, se chega ao mesmo objetivo sacrificando, em nome do Direito, as pretensões de alguém, que se magoa e guarda, muitas vezes, sua insatisfação, sem esquecê-la no entanto.[108]

Pela doutrinária afirmação, percebe-se que a sentença não soluciona efetivamente a demanda porque a pretensão de uma das partes fica afetada, persistindo, desse modo, a não aceitação, o que gera a interposição de recurso à instância superior.

A discordância prolonga a duração do processo, com repercussão dos efeitos na sociedade, portanto, ao contrário do que acontece na conciliação, vez que nesta, como há o envolvimento dos litigantes, por meio das propostas, da interação, das formas de pagamento, até mesmo parcelado, passa a ser contraditória qualquer insurgência.

Isso implica na agilização da solução da demanda, contribuindo para a almejada celeridade, além de que, pela lógica, a cobrança forçada torna-se desnecessária, vez que deixar de adimplir a importância pecuniária que adveio do consenso apresenta-se paradoxal.

---

(108) RUSSOMANO, Mozart Victor. *Comentários à Consolidação das Leis do Trabalho*. 11. ed. Rio de Janeiro: Editora Forense, 1986. p. 828.

Essa recomposição espontânea do que foi consensualmente reconhecido contribui para a pacificação social, tanto que, consoante Jaime Hillesheim(109), por ocasião da assinatura da Resolução n. 125, que instituiu a Política Judiciária Nacional de tratamento adequado dos conflitos de interesses – PJNTACI, o Ministro do Supremo Tribunal Federal e então Presidente do Conselho Nacional de Justiça, Cezar Peluso, assim se pronunciou:

> [...]. As pessoas que conciliam, em geral, respeitam os acordos que celebram. Em outras palavras, é mais fácil resolver definitivamente um conflito mediante conciliação do que uma sentença imposta, cuja execução demora um longo tempo e consome significativo volume de dinheiro público (PELUSO *apud* VASCONCELOS; BRAGA, 2010, p. 21).

Prosseguindo, o mencionado autor, extraindo do material que serviu de fonte, traz à lume a constatação no sentido de que: "[...] no interior do judiciário, propaga-se a ideia de que ter um processo em tramitação provoca nas pessoas um sofrimento desnecessário, haja vista que a conciliação pode evitá-lo", e que, em função disso, alguns membros do referido poder consideram "[...] o processo como se fosse uma doença da alma, porque você não fica bom, não se resolve. E com a conciliação todos saem satisfeitos e com o seu problema resolvido" (FIGUEIREDO apud QUEM, 2011, p. 1), pois:

> O jurisdicionado é um bem valoroso e importante. A proposta é de incutir as práticas altruístas, que pode ser simples como oferecer flores, abrir uma porta, reconhecer que precisamos do outro e que também somos importantes para outras pessoas. Que se queremos paz, temos que agir proativamente em busca dessa paz. O objetivo último da justiça é estabelecer a paz social e, para isso, temos que tratar o homem em toda sua inteireza (CARVALHO *apud* FLORES, 2013, p. 1).

Denotando o caráter instrumental da avença, Rafael Chiari Caspar(110) destaca que a comissão informal de juristas, instituída no Tribunal

(109) HILLESHEIM, Jaime. *Conciliação trabalhista*: ofensiva sobre os direitos dos trabalhadores na periferia do capitalismo. 1. ed. Rio de Janeiro: Editora Lumen Juris, 2016, p. 244 a 246.

(110) CASPAR, Rafael Chiari. *Conciliação trabalhista*: quando o "sim" ao acordo é o "não" à justiça. Belo Horizonte: Conhecimento Editora, 2021, p. 88, *apud* FELICIANO, Guilherme Guimarães (Coord.). *Fênix*: por um novo processo do trabalho. São Paulo: LTr, 2011, p. 132-134.

Regional do Trabalho de Campinas, SP, sugeriu a inclusão do artigo 762-C na Consolidação das Leis do Trabalho, estatuindo que o parágrafo 12 trataria especificamente sobre o princípio da conciliabilidade, nos seguintes termos:

> Art. 762-C. O processo do trabalho persegue objetivos de interesse público e está vinculado à irrenunciabilidade do direito material, do qual é instrumento concretizador, regendo-se pelos princípios a seguir enunciados, sem prejuízo de outros que decorram de sua natureza, da evolução científica de sua disciplina ou do sistema processual instituído por esta lei.
>
> Parágrafo 1º São princípios fundamentais do processo do trabalho:
>
> [...]
>
> IX – o princípio da conciliabilidade;
>
> [...]
>
> Parágrafo 12. A conciliação, como ato jurisdicional, servirá à efetivação do direito material nos litígios passíveis de transação, não podendo ser ruinosa, simulatória, genérica ou instrumental à evasão fiscal;
>
> [...]

A cogitada inserção do princípio da conciliabilidade, como normativa laboral, reforça a importância do consenso, estabelecendo que este deve concretizar o direito material pela irrenunciabilidade, fixando, em razão disso, que a efetivação não se encontra na avença prejudicial ou simulatória. Essa previsão consagra a valorização e a deflagração da cultura conciliatória que, atualmente, não fica restrita à justiça laboral, conforme evidencia a seguinte asseveração(111):

> A valorização do inerente caráter conciliário da justiça do trabalho é manifestada por membros/órgãos do judiciário trabalhista nos seguintes termos expressos pelo então Ministro do TST, Carlos Alberto Reis de Paula: A Justiça do Trabalho nasceu com uma marca: buscar a conciliação. Conciliar é legal, não só no sentido que a lei prevê, mas no sentido de que é bom, faz bem [...] Nós tivemos a deflagração desse movimento na Justiça trabalhista, mas hoje a cultura da conciliação é observada em todos os segmentos, como nas justiças civil, penal e tributária. (PAULA *apud* CNJ, 2012, p. 1)

---

(111) HILLESHEIM, Jaime. *Conciliação trabalhista*: ofensiva sobre os direitos dos trabalhadores na periferia do capitalismo. 1. ed. Rio de Janeiro: Lumen Juris, 2016, p. 259.

A obtenção da paz social por meio da conciliação encontra-se reconhecida, também, na letra do hino da Justiça do Trabalho, aprovado por meio da Resolução n. 91, do Conselho Superior da Justiça do Trabalho, que assim enuncia:

> Sempre em busca de um grande ideal
> No caminho do justo e da lei
> Seja a meta atingir, afinal,
> Tudo aquilo que um dia sonhei!
> Salve, ó deusa da nossa esperança,
> O conflito nós vamos compor
> Quem confia em ti não se cansa
> Vê na paz toda a chama do amor.
>
> Cantemos em homenagem
> Mantendo a nossa imagem
> Na voz desta canção
> Em forma de oração.
> Justiça da equidade
> É a tua identidade
> Louvemos nossa Justiça
> A Justiça do Trabalho.
>
> Pela paz social
> Esta é a nossa missão:
> Dar ao povo o que é seu
> Por conquista se deu
> Na conciliação,
> Na sentença final.
> (sempre em busca...)[112]

---

(112) HILLESHEIM, Jaime. *Conciliação trabalhista*: ofensiva sobre os direitos dos trabalhadores na periferia do capitalismo. 1. ed. Rio de Janeiro: Lumen Juris, 2016, p. 259 e 260.

Contida na composição poética e musical em honra à Instituição, demonstra a importância e consolida a convicção de que consiste na melhor forma de equacionamento dos conflitos trabalhistas, ensejando, dessa maneira, a laboriosa aspiração de obtenção da idealizada conciliação, que depende do apropriado comportamento voltado ao entendimento.

3.3. A imprescindível noção de justiça no consenso laboral

As implicações geradas pela demanda, porquanto cada parte entende que a sua causa é a única justa, e a viabilização da cidadania, como confirmação do direito, pela plena realização da pessoa, contemplando os aspectos objetivo e subjetivo, tornam indispensável que se tenha um senso comum do que é justiça, já que a definição inquestionável ainda não foi encontrada pelos estudiosos.

Como suscita vários entendimentos, a compreensão do que geralmente se concebe constitui valioso instrumento de adequação da conduta do julgador que, inicialmente, se despoja desta condição para atuar como conciliador, por envidar esforços na solução da demanda de forma amigável.

Pela multiplicidade das correntes de pensamento e considerando a dificuldade de analisar a fundo o conteúdo conceitual, variável e diverso, que a utilização cotidiana faz aparecer, Chaïm Perelman apresenta o direcionamento, afirmando:

> A noção de justiça sugere a todos, inevitavelmente, a ideia de certa igualdade. Desde Platão e Aristóteles, passando por Santo Tomás, até os juristas, moralistas e filósofos contemporâneos, todos estão de acordo sobre este ponto. A ideia de justiça consiste numa certa aplicação da ideia de igualdade. [...] Mas, sejam quais forem as diferenças entre as concepções da justiça concreta, todas admitem a mesma definição da justiça formal, que exige sejam tratados da mesma forma os seres que fazem parte da mesma categoria essencial.(113)

Nesta perspectiva, reportando-se aos partidários de um direito racional ideal, de Kant a Del Vecchio, sustenta que a justiça fundamenta-se, substancialmente, no respeito à autonomia de cada pessoa. Em

(113) PERELMAN, Chaïm. Ética e direito. Tradução de Maria Ermantina Galvão. São Paulo: Editora Martins Fontes, 1996, p. 14 e 31/32.

decorrência das especificidades, reproduz o que foi afirmado pelo último nominado, realçando:

> A justiça requer que, no tratamento recíproco, se tome em consideração essa identidade meta-empírica de natureza e que seja excluída, em consequência, toda disparidade não fundamentada na maneira de ser e de operar efetiva de cada qual, devendo todo comportamento ser reportado objetivamente à mesma medida absoluta.(114)

A proposição formulada, segundo o autor, por derivar da inspiração no humanismo universalista, depende da regra de justiça no sentido do imperativo categórico de Kant: "Age do modo que desejarias que agissem teus semelhantes"(115).

Espargindo alguma nódoa da obnubilação, reafirma o que foi asseverado, registrando: "A igualdade que é aproximada, desde Aristóteles, da ideia de justiça, consiste numa igualdade de tratamento. O que está em questão, segundo Bernard Shaw, é tratar igualmente seres humanos vivos"(116).

A despeito de ser comumente caracterizada a justiça pela igualdade explícita(117), não se menciona a inobservância desta, de forma direta, quando a queixa de injustiça acontece pelas pessoas, que deixam de ser tratadas da mesma maneira que o vizinho ou o concorrente, ou, porque foram assim consideradas, mas acham que teriam merecido distinção.

A insatisfação, nestas situações, relegando a ponderação de que eram idênticas àquelas às quais se comparam, fundamenta-se no apontamento de todas as espécies de diferenças, dizendo que o outro é abastado ou mais influente, que é amigo ou parente de certo funcionário, que integra uma casta, de um grupo religioso ou político. A assimilação do entendimento no sentido de que se almeja a igualdade sem indicar a semelhança, mas destacando as diferenças e a configuração da justiça como sentimento(118), deve balizar a busca da conciliação.

---

(114) PERELMAN, Chaïm. Ética e direito. Tradução de Maria Ermantina Galvão. São Paulo: Editora Martins Fontes, 1996, p. 76.

(115) PERELMAN, Chaïm. *Ética e direito.* São Paulo: Editora Martins Fontes, 1996, p. 76.

(116) *Ibid.*, p. 214.

(117) *Ibid.*, p. 86 - 87.

(118) *Ibid.*, p. 34.

Nesta condição, com a sensibilidade aguçada pela contenda, a mínima diferença no tratamento fere a suscetibilidade e afeta a validade, cuja efetivação consubstancia-se na observância da conduta pautada pela atuação, segundo a ciência e consciência do magistrado, que se volta ao propósito de solucionar o litígio da melhor maneira possível, contribuindo, deste modo, para tornar factível a cidadania(119) em sua completude.

3.4. A conduta procedimental moldada pela humanização e cidadania

Singularizada a cidadania(120) pelo engajamento, pertencimento, inteligibilidade, empatia e civilidade, a sua exequibilidade fica à mercê da humanizada atuação do magistrado que, com gentileza(121), simplicidade e acessibilidade, estabelece o livre diálogo em que são respeitados

---

(119) Mas sem dúvida o princípio de igual consideração e respeito requer que os funcionários e aqueles que os controlam tratem os cidadãos com a mesma consideração e respeito que demonstram para si mesmos [...] diz-se que aqueles que estão no poder devem tratar os outros como tratam a si mesmos, não no sentido de lhes proporcionar somente os mesmos bens e oportunidades que concedem a si mesmos [...] mas no sentido mais fundamental de tentar, tanto quanto possível, ver a situação de cada pessoa definida por meio de suas próprias ambições e valores para se compreender como uma entidade que é necessária para a autoconsciência, em consequência, para a autoidentidade. DWORKIN, Ronald. *Levando os direitos a sério*. São Paulo: Martins Fontes, 2002, p. 546.

(120) O cidadão somente pode definir e defender seus direitos subjetivos participando das discussões públicas que permitam fazer valer suas necessidades e definir seus direitos. E ele participa dessas discussões como portador de uma identidade única e de direitos inalienáveis. A construção da identidade jurídica e política do cidadão (ser autônomo) calca-se, assim, no processo de construção da identidade social do ser humano (tornar-se um indivíduo único por um processo de socialização). DUPEYRIX, Alexandre. *Compreender Habermas*. São Paulo: Edições Loyola, 2012, p. 149.

(121) Gentileza. Seu significado vai além da amabilidade e dos bons modos no trato com os demais. É uma das ferramentas concebidas pelo espírito da espécie, plasmada no barro das necessidades, e polida, sem pressa, no esmeril do tempo, para estimular, nutrir e fazer perdurar, com bom proveito para todos, o convívio social. A chave da cortesia tanto descerra portas concretas quanto abstratas, e para isso, o facilitador escolhe quando, onde, como e em qual medida será gentil. [...] O facilitador não abre a boca em vão e nem fala só por falar. As declarações gentis, corteses, fomentadoras de cercania e vinculação, para que produzam ressonância que são capazes de produzir, solicitam congruência. Quer dizer, devem ser pensadas-sentidas-vividas com a mais completa honestidade por quem as pronuncia. Ao dar um "*Bom dia*!" o conversador olha nos olhos, e seu desejo de boa jornada penetra até a medula dos ossos da pessoa. Se vai agradecer, faz o mesmo. De início *pensa* que está agradecendo; em seguida, *sente* o coração agradecido; e só então *expressa* com a voz e com a face o seu reconhecimento pela mercê – e o faz com tamanha convicção que até o DNA do interlocutor se sente locupletado de gratidão! SANTOS, Alexandre Henrique. *O poder de uma boa conversa*: comunicação e empatia para líderes, gestores, coaches, educadores, pais e demais facilitadores. Petrópolis, RJ: Vozes, 2017, p. 236/237. (destaques no original)

os sentimentos, as manifestações, os direitos fundamentais e a dignidade da pessoa humana.

Nessa humanística proposição, "tratar as pessoas como nós gostaríamos de ser tratados", concepção que predominou durante longo lapso de tempo, apesar de evidenciar a evolução, civilidade e representar um significativo avanço, encontra-se superada pela atitude que, segundo Alexandre Henrique Santos[(122)], mostra ser a mais poderosa e sublime, pois consiste em: "tratar as pessoas como elas querem ser tratadas".

Embora tenha o modelo anterior representado a evolução e urbanidade, consoante o autor, ostenta mal disfarçados o egocentrismo e a presunção, fazendo com que a considerável melhoria fique minimizada, porquanto projeta no ouvinte as preferências do interlocutor.

Em razão disso, o refinamento encontra-se na prática da resiliência e altruísmo, explanando que não se mostra adequado o sujeito presentear com o que gostaria de receber, vez que essa postura deixa transparecer a falta de preocupação com o que os outros estão precisando ou desejariam ganhar.

A modificação da perspectiva redunda num significativo aprimoramento no relacionamento interpessoal, pois se antes o interlocutor tinha como base a experiência pessoal para repercutir no audiente, acreditando que deveria dispensar o tratamento que gostaria de receber, com o novo enfoque isso foi substancialmente modificado, já que, com a inversão do foco, a antiga orientação passou a ser apenas o ponto de partida, portanto, o meio subsidiário que proporciona a interlocução voltada ao propósito de desvendar o que o ouvinte deseja e o que pretende obter pela via consensual.

O procedimento conduzido pelo remodelado padrão transpõe os entraves do convencional sistema jurisdicional e democratiza o acesso à Justiça que se qualifica priorizando o ser humano[(123)], na busca da compartilhada solução que enseja a estabilidade das relações sociais.

---

(122) PERELMAN, Chaïm. *Ética e direito.* São Paulo: Editora Martins Fontes, 1996, p. 61/62.

(123) "Humanizar" nada mais é, em sua essência, que simplesmente desengatilhar os corações, cultivar a paz de verdade, não aceitar e nem praticar, direta ou indiretamente, a Lei de Talião, prezar pela fraternidade e igualdade social em detrimento do egoísmo e da ambição, praticar o perdão sempre, conforme o Evangelho de Jesus, ser "humano" acima de tudo. Ser um homem sensível aos infortúnios de nossos "irmãos", renovado espiritual e moralmente, saber lidar com o próximo

A adoção dessa maneira de atuar, revestindo-se de múltiplas e pormenorizadas condutas, ganha especial destaque no âmbito laboral porque, estando uma das partes desprovida de recursos financeiros para sobreviver, necessita que a demanda seja equacionada sem demora, para afastar a privação de subsistência, enquanto permanece fora do mercado de trabalho.

Mostrando-se a celeridade possível por meio da conciliação, moldada pelo paradigma aperfeiçoado, indispensável se apresenta transpor as dificuldades que surgem no adequado solvimento do conflito. O atingimento desse propósito, além do envolvimento do magistrado que simplifica a maneira de agir e pauta-se pela receptividade, conta com o despojamento que se aproxima do idealizado comportamento proposto por Carl Gustav Jung: "Conheça todas as teorias, domine todas as técnicas, mas ao tocar uma alma humana, seja apenas outra alma humana"[(124)].

Nesta forma procedimental, lidando com seres emotivos que se encontram dotados de orgulho e vaidade, o desprendimento almejado acha-se no nivelamento entre as pessoas, indicando que o conciliador insere-se entre as partes e não fica acima destas.

Tal postura, em consonância com Monica Rodrigues Campos Moraes, permite que seja feita a justiça[(125)] e não apenas a aplicação automática da lei ao caso concreto, pois democratiza o acesso transpondo

---

respeitando suas liberdades, seus sentimentos e tolerando suas desigualdades. Ser humilde, independentemente da posição social ou cargo que "ostente", privilegiar e incentivar a Paz e a cultura da negação incondicional da violência, da vingança, do ódio, da ambição destrutiva, da desunião e da desarmonia. [...] Em suma, humanizar a Justiça é estabelecer uma verdadeira 'Jurisdição da Paz' que funcione como filtro para o contencioso, que se torne a base da Justiça, o alicerce e a finalidade da prestação jurisdicional no Brasil! MORAES, Monica Rodrigues Campos. *Jurisdição da paz*: a nova justiça humanizada do século XXI. São Paulo: LTr, 2012, p. 57.

(124) JUNG, Gustav Carl, foi um psiquiatra e psicoterapeuta suíço que fundou a psicologia analítica. Jung propôs e desenvolveu os conceitos de personalidade extrovertida e introvertida, arquétipo e inconsciente coletivo. Seu trabalho tem sido influente na psiquiatria, psicologia, ciência da religião, literatura e áreas afins. Wikipédia. Disponível em: <https://www.pensador.com>.

(125) A filosofia, chamada Idealismo Transcendental, do jusnaturalista Immanuel Kant, com prevalência à adoção de um "novo" conceito de justiça, aquele idealizado por ele no século XVIII, que é o de uma justiça em que o juiz, para julgar, deverá se pautar na humanização, adentrando o íntimo da relação jurídica, para decidir objetivando também o desenvolvimento moral e social das pessoas ali envolvidas, e não unicamente à solução da controvérsia a partir da mera subsunção. MORAES, Monica Rodrigues Campos. *Jurisdição da paz*: a nova justiça humanizada do século XXI. São Paulo: LTr, p. 17/18.

as barreiras do tradicional sistema jurisdicional, que ainda tem como fundamento a concepção aristotélica em que, na solução de um caso concreto, basta que se respeite e seja observado apenas o conteúdo legal, para considerar que houve justiça no proceder.

Essa maneira de atuar, na ótica da autora, modernamente não se coaduna com as novas perspectivas, já que se mostra insubsistente a falta de preocupação com o elemento humano da questão, estando ultrapassada, anacrônica e fora da realidade atual porque não conduz à plena e verdadeira paz social.

Apresentando-se inconsistente a noção aos novos anseios e necessidades, pela falta de harmonização com inovadora ideia de humanização, deve ser substituída por um conceito de justiça mais justo e humano, que se fundamenta efetivamente na liberdade e no respeito à cidadania, aos direitos fundamentais e à dignidade da pessoa humana, tendo como objetivo maior garantir a verdadeira pacificação da sociedade.

Assim, a postura guiada por tal finalidade e pela intenção de ser colaborador está na simplicidade, que se revela na comunicação afetiva[(126)] caracterizada pela plena participação ativa, liberta de suposições e sem julgamento, num contexto em que se pretende apenas dialogar, mas de tal forma que o outro sinta-se acolhido e respeitado, da maneira que costuma ser.

Para a consecução desta aspiração, constitui precioso subsídio a inteligência emocional concebida, em síntese, como aptidão para reconhecer sentimentos e emoções próprios e dos outros, e responder a eles de maneira apropriada, madura e flexível.[(127)]

Atingir esse desígnio pressupõe que quem[(128)] está conduzindo a atividade jurisdicional seja respeitado pela maneira equilibrada, sensata

---

(126) SANTOS, Alexandre Henrique. *O poder de uma boa conversa*: comunicação e empatia para líderes, gestores, coaches, educadores, pais e demais facilitadores. Petrópolis, RJ: Vozes, 2017, p. 242.

(127) GOLEMAN, Daniel. *Inteligência emocional*: a teoria revolucionária que redefine o que é ser inteligente. 2. ed. Rio de Janeiro: Objetiva, 2012, p. 66 e 67.

(128) Um magistrado deve fazer-se respeitar pela forma serena, segura e igualitária com que conduz o processo e, em especial, as audiências. A agressividade de um juiz, não raro, é consequência de sua insegurança, do seu despreparo, e do desconhecimento dos limites legais do exercício dos poderes inerentes ao cargo. O juiz não deve ignorar o fato de, muitas vezes as partes estarem naturalmente

e acessível, portanto, não tão apegada à formalidade e ao ritual do cargo que, se demasiadamente observados, ofuscam a humildade(129).

Isso obsta a operacionalização e impede a conduta substitutiva porquanto esta manifesta-se somente em trocas equiparadas, geradas na simplicidade postural de seres sociais, em que se procura vivenciar e compreender o oponente, pois a empatia institui:

> a compreensão dos sentimentos dos outros e a adoção da perspectiva deles, e o respeito às diferenças no modo como as pessoas encaram as coisas. Os relacionamentos são um foco importante, incluindo aprender a ser um bom ouvinte e um bom questionador mais assertivo, e não raivoso ou passivo; e aprender as artes da cooperatividade, na solução de conflitos e negociação de compromissos.(130)

Na arte de dialogar(131), entender o sentimento dos outros(132) e adotar a perspectiva deles faz com que o conciliador, colocando-se numa

---

tensas, em razão do conflito de interesses que as envolve, motivo porque as regras de prudência e do bom-senso sugerem que ele procure acalmá-las, desarmando-lhes eventual "espírito de gladiadores". Uma audiência que se realize em um ambiente - o quanto possível tranquilo, de cordialidade e de respeito mútuos produz um clima propício à concórdia, à conciliação das partes, e a uma solução negociada do conflito de interesse, que é o escopo medular da Justiça do Trabalho (CLT, art. 764). Audiências tensas, com tratamentos ríspidos, descorteses, conspiram contra esse elevado objetivo desta Justiça e põem a nu a fragilidade do caráter daqueles que praticam tais atos. A sobrecarga de serviços não é motivo para quem quer que seja colocar de lado as regras de civilidade, de cortesia, de respeito no relacionamento humano. TEIXEIRA FILHO, Manoel Antonio. *Manual da audiência na justiça do trabalho*. 2. ed. São Paulo: LTr, 2017, p. 27.

(129) O monge defende que a base da liderança não é poder, e sim a autoridade, conquistada com amor, dedicação e sacrifício. E diz ainda que respeito, responsabilidade e cuidado com as pessoas são virtudes indispensáveis a um grande líder. Ou seja, para liderar é preciso estar disposto a servir. HUNTER, James C. *O monge e o executivo*. Tradução de Maria da Conceição Fornos de Magalhães. Rio de Janeiro: Sextante, 2004.

(130) GOLEMAN, Daniel. *Inteligência emocional*: a teoria revolucionária que redefine o que é ser inteligente. Rio de Janeiro: Objetiva, 2012, p. 284.

(131) [...] a humanização, principalmente a humanização da Justiça, da prestação jurisdicional, depende de nossa capacidade de falar e de saber ouvir, pois as coisas do mundo só se tornam humanas quando passam pelo diálogo com nossos semelhantes. E, para tanto, é preciso, sem preconceitos, livrarmo-nos das vaidades e egoísmos, e, através da humanização, buscarmos a democratização da justiça brasileira [...]. MORAES, Monica Rodrigues Campos. *Jurisdição da paz*: a nova justiça humanizada do século XXI. São Paulo: LTr, 2012, p. 70.

(132) Eis aqui um dos melhores conselhos já dados sobre a fina arte das relações humanas: "Se há algum segredo de sucesso", disse Henry Ford, "ele consiste na habilidade de apreender o ponto de

predisposição empática, passe a atuar como cooperador ouvindo os demandantes com atenção, visto que a verbalização do que as partes sentem contribui para diminuir as tensões e conflitos internos porque a expressão oral diminui o nervosismo e o falar e ser escutado com zelo aumenta a espontaneidade.

Constituindo a simplificação o meio, esta destaca-se por estabelecer entre o agente estatal e os litigantes a mesma atmosfera, paz, acolhimento e confiança que sentem ao lado das pessoas com as quais gostam de ficar e de se relacionar. A obtenção desta condição, obviamente, não prescinde da paciência porque: "a empatia requer bastante calma e receptividade para que os sinais dos sentimentos de outra pessoa possam ser recebidos e entendidos por nosso cérebro"[(133)].

Assim, o diálogo estabelecido pelo envolvimento no sentir, ouvir, ver, pensar e falar sem qualquer desvio da atenção observa as fases[(134)] de abertura da conversação, com respeito, inclusão e aceitação, encaminhando-se para, após o desenvolvimento da interlocução, a finalização que precede o distanciamento de forma educada.

Neste direcionamento, a iniciação do contato interpessoal fica impactada pela expressão facial e também pela entonação verbal, formando a originária impressão, já que nela ocorrem o primeiro contato visual, a saudação inicial e o aquecimento do diálogo. No inaugural contato visual em que os olhares se cruzam, a duração pode ser ínfima, mas atua como desencadeadora da atenção do conciliador gerando a afinidade porque "olhar e ver demonstram que houve a inclusão"[(135)].

O espontâneo semblante de satisfação, um leve ou aberto sorriso complementam esse hábito, dando a entender ao interlocutor que é bem-vindo. Essa receptividade e disponibilidade possibilitam a harmônica

---

vista da outra pessoa e ver as coisas tão bem pelo ângulo dela como pelo seu". CARNEGIE, Dale. *Como fazer amigos e influenciar pessoas*. 51. ed. São Paulo: Companhia Editora Nacional, 2003, p. 83.

(133) GOLEMAN, Daniel. *Inteligência emocional*: a teoria revolucionária que redefine o que é ser inteligente. Rio de Janeiro: Objetiva, 2012, p. 47.

(134) SANTOS, Alexandre Henrique. *O poder de uma boa conversa*: comunicação e empatia para líderes, gestores, coaches, educadores, pais e demais facilitadores. Petrópolis, RJ: Vozes, 2017, p. 244 a 253.

(135) SANTOS, Alexandre Henrique. *O poder de uma boa conversa*: comunicação e empatia para líderes, gestores, coaches, educadores, pais e demais facilitadores. Petrópolis, RJ: Vozes, 2017, p. 242.

fluência do colóquio, porque, a despeito de ser breve, faz aparecer a conexão de energias.

Depois da amistosa troca de olhares, com a mesma postura fisionômica, efetiva-se a saudação inicial, costume que, concomitantemente, significa confraternização com a pessoa e gratidão pelo encontro. Pequenas variações na maneira de responder podem afetar a espontaneidade, pois quem toma a iniciativa de cumprimentar de um jeito fica insatisfeito se escutar outra resposta e vice-versa.

O mesmo acontece no caso de um abraço que se retribui com o aperto de mão, razão pela qual não se deve desviar do modelo escolhido pelo interlocutor, já que isso causa constrangimento que se reproduz, se houver mudança na forma e o conteúdo do cumprimento por ele estabelecido.

Idêntico comportamento também deve ser replicado no tratamento, formal ou informal, que a pessoa prefere, lembrando que o som do próprio nome, pronunciado com intencionalidade de simpatia e inclusão, amplia a força da ressonância interpessoal, tanto que a cultura popular dá a essa rápida passagem os contornos de um dogma, sustentando:

> O prelúdio do contato interpessoal sofre enorme impacto da expressão facial e da modulação verbal, e a imagem inicial que as pessoas formam da gente irá depender desses dois fatores. 'A primeira impressão é a que fica!'; e a inspiração poética perpetua essa crença ao nos revelar que 'o começo é sempre inesquecível'.(136)

Após essa etapa, entabulam-se as primeiras falas, que se for entre conhecidos surge uma gama de opções que abrange desde a menção do último encontro até a troca de perguntas sobre elos comuns, família, amigos, eventos de trabalho ou lazer. No meio de desconhecidos, entretanto, irrompe uma inesperada inibição, que se quebra por comentários banais servindo, isso, como um pretexto para entabular a conversa.

Essa fase, aparentemente simples, tem valiosa função tática, em que se confirma, pelo cuidado cortês e escuta ativa, o interesse na continuidade e aprofundamento da interlocução. Transpostos os assuntos amenos e periféricos, o foco passa para o tema principal que pode ser

---

(136) SANTOS, Alexandre Henrique. *O poder de uma boa conversa*: comunicação e empatia para líderes, gestores, coaches, educadores, pais e demais facilitadores. Petrópolis, RJ: Vozes, 2017, p. 241.

sobre qualquer coisa, tendo início, meio e fim, com ou sem a conclusão. Tal migração não se evidencia somente pela mudança de conteúdo, pois transparece, também, no corpo e na voz.

A alteração fisiológica ocorre mesmo quando há discreta transição, consoante revelam a mudança no olhar e a melodia vocal. Tais modificações devem ser acompanhadas pelo mediador, por indicar de que se trata de motivo principal, que exige, como rito do meio, um tempo maior para ser explorado, com posterior declínio e exaurimento, o qual não impõe o remate, bastando uma frase ou gesto de encerramento, lembrando, no entanto; que:

> O professor Oswaldo Melantônio costumava ensinar que 'uma boa apresentação começa com chave de prata e se encerra com chave de ouro'. Esse ensinamento, tão útil na arte da oratória, tem sua validez estendida à arte dos diálogos. O zelo que tivemos no preâmbulo deve, no mínimo, se manter idêntico aqui; mas o ideal é que seja multiplicado. Pois bem, com o desfecho do tema principal, o provável apogeu do encontro, a troca dá sinais de exaustão e declina para o rito de fechamento.(137)

Pelo que foi versado, o abrandamento e a subsequente interrupção do contato visual dos conversadores coadunam-se com a civilidade, já que esta impõe uma saudação que demonstra o fechamento do diálogo.

Além desse ritual, a interlocução voltada ao encaminhamento da conciliação, em consonância com a inteligência emocional, depende da postura procedimental focada, ou seja, da exclusiva atenção para viabilizar outras condutas comportamentais, vez que "não existe explicação ou justificativa para a falta de atenção do facilitador durante o diálogo. Posso dizer que se eu estiver presente de corpo e alma e desatento à conversa, eu não estou presente nem de corpo nem de alma. Foco é crucial"(138).

A falta dessa gentileza fundamental causa a inibição, porque, ao adentrar num recinto não habitual, de certa maneira formal, depois de ter o nome apregoado no alto-falante, advém a frustração quando se

---

(137) SANTOS, Alexandre Henrique. *O poder de uma boa conversa*: comunicação e empatia para líderes, gestores, coaches, educadores, pais e demais facilitadores. Petrópolis, RJ: Vozes, 2017, p. 248.

(138) SANTOS, Alexandre Henrique. *O poder de uma boa conversa*: comunicação e empatia para líderes, gestores, coaches, educadores, pais e demais facilitadores. Petrópolis, RJ: Vozes, 2017, p. 221.

encontra o conciliador concentrado na tela do computador, indiferente, como se estivesse sozinho. Assim, sem levantar a cabeça para olhar e responder o cumprimento, causa a desagradável sensação indicando que dificilmente haverá conversação, vez que estando alheio à presença certamente não estará propenso a dialogar.

Percebido o desinteresse, sendo verdadeiro ou não, o vínculo interpessoal fica fragilizado sobrevindo o bloqueio ou o silêncio, afora a contenção de outras reações menos polidas, observando que:

> A incapacidade de resistir a conferir o e-mail ou o Facebook em vez de nos focarmos na pessoa que está conversando conosco leva ao que o sociólogo Erving Goffman, um magistral observador da interação social, chamou de um 'fora', um gesto que diz à outra pessoa que 'não estou interessado' no que está acontecendo aqui e agora [...] Há dois tipos principais de distrações: sensorial e emocional. Os distratores sensoriais são simples: enquanto lê essas palavras, você está abstraindo as margens em branco ao redor desse texto. [...] este é apenas um meio a uma interminável onda de estímulos que seu cérebro elimina do contínuo fluxo de sons, formas e cores de fundo, sabores, cheiros, sensações e assim por diante. Mais desanimadores são os distratores do segundo tipo: sinais carregados emocionalmente. Embora você possa achar fácil se concentrar para responder um e-mail em meio ao zum-zum-zum de um café, se ouvir alguém dizendo seu nome (eis uma poderosa isca emocional) é quase impossível abstrair a voz que o pronunciou – a sua atração alerta automaticamente para escutar o que está sendo dito a seu respeito. Esqueça aquele e-mail.(139)

Desta maneira, sem dar as boas-vindas, o mediador alimenta a hostilidade das partes porquanto, dentro da sala de sessões, são raros os casos em que trocam um aperto de mão ou outro amistoso cumprimento. Esse ambiente faz com que os envolvidos e aqueles que estão acompanhando a audiência sintam-se intimidados, desconfortáveis e, em algumas situações, sem entender o que está acontecendo na sessão, conforme se depreende da seguinte constatação:

> A título ilustrativo, compartilham-se as percepções de trabalhador que experienciou audiência trabalhista acompanhada

---

(139) GOLEMANN, Daniel. *Foco*: a atenção e seu papel fundamental para o sucesso. Rio de Janeiro: Objetiva, 2014, p. 15 e 22.

por estudantes do curso de direito: 'Meu Deus! Achei que (essas pessoas) trabalhavam para o juiz. Que estavam anotando tudo o que eu falava, tudo o que fazia, observando todos os meus gestos. Fiquei tão nervoso à toa. Por causa de estudantes!' (reclamante, homem, 32 anos). E o mesmo trabalhador arrisca um conselho: 'Você vai ser juíza? Se for, fala bom dia para quem entrar. Eles intimidam demais. Meu coração quase saiu pela boca. Tremi inteiro.' [...] infelizmente, a realidade das audiências mostra que não existe preocupação em acalmar os ânimos das partes, tampouco em deixá-las mais confortáveis [...] Não obstante, ainda se trata de exceções os magistrados que realmente se importam com o estado psicológico das partes. Para o reclamante, o ambiente judicial chega a ser ainda mais incompatível com a finalidade conciliatória. Isso, porque, além da qualidade ambiental desfavorável, os trajes (roupa social, blazer, terno e gravata, toga) são intimidadores e o linguajar é de difícil compreensão. [...] É precisa a lição de Márcio Túlio Viana, para quem [...] Todos sabemos que o cidadão comum não se sente à vontade nos recintos tradicionais em que se exerce a função jurisdicional: tudo aí se lhe afigura estranho, misterioso e não é de admirar que lhe inspire mais desconfiança e temor que tranquilidade. Menor dose de solenidade e formalismo contribuirá para suavizar o desconforto do ingresso em juízo.(140)

---

(140) CASPAR, Rafael Chiari. *Conciliação trabalhista*: quando o "sim" ao acordo é o "não" à justiça. Belo Horizonte: Conhecimento Editora, 2021, p. 115-118. Durante o curso de Graduação, o estudante é treinado para se tornar um técnico, um cientista conhecedor de normas de direito material e de direito processual. As faculdades de Direito, regra geral, dão pouca ênfase às disciplinas com conteúdo reflexivo, tais como Filosofia, Sociologia, Psicologia, Hermenêutica e Ética Jurídica. Por isso é incomum que suas grades curriculares contemplem as referidas matérias e, quando o fazem, raramente dispensam carga horária suficiente para conferir formação humanista aos estudantes, futuros candidatos ao concurso da magistratura: "A formação ética e intelectual do magistrado deve ter como premissa básica o fato de que o conhecimento do direito não ocorre por simples instituição ou por mera repetição de textos normativos. Pelo contrário é preciso o profundo e paciente estudo da história humana, da realidade para a qual trabalha e dos dados filosóficos e culturais de cada comunidade, que são minuciosamente diferentes e relevantes". Quanto à formação dos juízes, Maria Cecílio Máximo Teodoro identifica que, salvo casos excepcionais, exige-se, para a aprovação no concurso da magistratura, que o aspirante a juiz frequente cursos preparatórios. Contudo, tais cursos, assim como as universidades, "enfatizam a técnica e se descuidam de temas fundamentais como valores sociais, filosóficos e políticos". A autora expõe que: "[...] tais cursos preparatórios suprem carências

Os inconvenientes que a falta de atenção provoca no relacionamento interpessoal são decorrentes da ausência de conexão, já que a mesma, derivando do latim attendere, tem o sentido de entrar em contato, conectando-se ao mundo, moldando e definindo a nossa experiência.

Na condição de ligação, centra-se em três focos: interno, que nos põe em sintonia com as intuições, valores principais e melhores decisões. No outro como ligações facilitadas com outras pessoas e externo na condição de subsídio que ajuda a navegar pelo mundo que nos rodeia.[(141)]

Constituindo a atenção, a estrutura comum expressa-se em multifacetadas condutas procedimentais voltadas ao entendimento. Centrada nesse propósito, inicia-se com a condizente receptividade que se manifesta na aceitação, tendo o significado de abertura e cordialidade ao interlocutor e ao seu jeito de ser, sendo um valor essencial para a conversação.

Assim, em qualquer situação, aceitar a forma de ser da pessoa equivale a uma chave universal, já que a rejeição é facilmente percebida. Provoca um impacto que deixa o corpo tenso, surgindo a vontade de se afastar, repelindo, desta maneira, a instauração da consistente vinculação, por falta de simpatia e entrosamento.

Essa condição dificulta a conversa, que assume outra configuração na ausência de expectativas, cobranças, exigências ou qualquer tipo de julgamento, porquanto se sustenta na inclusão do ser humano que tem o inequívoco senso de integridade.

Apesar de não haver uma explicação de como atua essa peculiar sensibilidade, cada pessoa sente na alma e nas entranhas quando ocorre a falta de integração e isso impede que o diálogo transcorra normalmente, porque, via de regra, a serenidade fica atenuada aflorando o descontrole. Perdurando durante toda a interlocução, a amabilidade demonstra o respeito que prospera na simplicidade porque não há como estabelecer a interlocução com alguém orgulhoso ou prepotente.

---

de conteúdo que, em princípio, deveriam estar a cargo dos cursos de direito. No entanto, estão longe de preparar o ser humano para a carreira que irá exercer. Falham na missão de incutir-lhes valores sociais e de conferir uma formação voltada para a realização da dignidade humana". p. 120 e 121.

(141) GOLEMAN, Daniel. *Foco*: a atenção e seu papel fundamental para o sucesso. Tradução Cássia Zanon. Rio de Janeiro: Objetiva, 2014, p. 12.

Esse tipo de comportamento desperta a desagradável sensação que impede o vínculo afetivo duradouro, pela falta de empatia que se desenvolve somente em trocas niveladas, sem distinções de poder, classe social e conhecimento, porque a humildade faz valer a consciência de que o ser humano não é impecável, supremo ou infalível.

Tal percepção precisa ser diariamente lembrada, pois no cotidiano pode surgir a ilusão da importância pessoal, pujante e robusta que afasta a modéstia. Para se resguardar contra a presunção do ego, deve-se entender que cada pessoa tem sua própria concepção de mundo, distinguindo a identidade do comportamento, sabendo que, embora façam parte do interlocutor, não são dele as ações e que a missão urgente e mais importante encontra-se na plena realização da pessoa, que tem sensibilidade para detectar, com quem dialoga, demonstrações de deboche, autoritarismo, prepotência, desdém, escárnio e o inverso disso.

O falante tratado como par deixa-se dominar pela singeleza que, mesmo na descompromissada conversa, proporciona o clima que facilita a paz e o entendimento, num ambiente em que há a mútua confiabilidade que se mostra pelo olhar no olho de forma recíproca. Isso amplia a margem de crédito entre as pessoas, representando gesto de comprometimento.

O meio torna-se amigável, transcorrendo o diálogo isento de julgamentos, confiando simplesmente, sem que isso seja considerada inocência ou ingenuidade, mas sim altiva afirmação do valor positivo, já que a confiança do mediador em si mesmo, na pessoa com quem confabula e na relação que se estabelece, permite que aconteça a entrega em que se busca o justo consenso por meio da argumentação.

Dentro dessa respeitabilidade surge a confiança que fortalece a relação e possibilita o desenvolvimento da interlocução, porque diferentes suposições, dotadas de boa-fé, respaldam a interdependência fazendo com que os envolvidos, sem perder de vista o propósito, ajustem-se para não desestimular a interlocução e frustrar a interação.

Isso, obviamente, processa-se melhor com o bom humor porquanto a comicidade, alegria e entusiasmo evidenciam a boa vontade na condução do entendimento, tornando o contato entre as pessoas mais leve, facilitando o engajamento. Por ser contagiante minimiza a sisudez, típica em situações de divergência.

Apesar dessa característica, carecem ser observadas e percebidas as particularidades, porque o exagero nos gracejos e a excitação na frente de alguém triste podem aumentar tal condição, mas isso não significa mudar o comportamento, apenas adequação, fazendo a discreta aproximação e o acolhimento da pessoa melancólica, mostrando solidariedade, sem, no entanto, se deixar tomar pela tristeza, pois não se pode olvidar que até o estado de espírito precisa ser comedido.

Essa peculiaridade realça que a conversação necessita ser pautada pela ponderação porquanto inibe as condutas extremadas que geram nocivos efeitos. No equilíbrio encontra-se o caminho para estabelecer interações sociais balanceadas, lembrando que o comportamento que ontem apresentou-se apropriado hoje pode não ser conveniente, no dia seguinte perfeito e depois de amanhã talvez exagerado, tendo, no entanto, a virtude e a prudência perene enquadramento, num ambiente de moderada descontração, regida pela espontaneidade condição que estimula a integração e a fala dos envolvidos com o sentido de clareza e transparência, já que o conciliador não pode ser movido pelo fingimento, subterfúgio ou álibi.

A referenciada postura não se coaduna com a integridade e veracidade, cuja obtenção fica condicionada à naturalidade e sinceridade, pois, exalando brilho e leveza, demonstram a bondade, que se revela na paciência e compreensão da controversa motivação. Tal procedimento leva em conta a tendência benevolente dos seres humanos, já que fica guardada no coração a lembrança de alguém que nos tratou com ternura, num momento de fragilidade.

Em razão disso, desenvolver uma conversa movidos e inspirados pela benignidade não se apresenta como sentimentalismo exagerado nem utopia, mas, ao contrário, revela a essência da natureza humana, que, em algum tempo, esteve acobertada pela falta de sensibilidade.

Pelo que foi explanado, a atenção direcionada constitui a plataforma na qual se ramifica a compartilhada comunicação, desdobrando-se em: adequada receptividade, respeito, simplicidade, confiabilidade, adaptabilidade, bom humor, ponderação, bondade e espontaneidade. As especificadas modalidades de atuação geram a conversação, assentada no comportamento de cada indivíduo que se torna estímulo para o outro.

Essa influência recíproca configura a interlocução amoldada ao solvimento dos conflitos, pois indica que foi pautada pela plena participação dos envolvidos, sem ferir suscetibilidades, já que qualquer insatisfação causa repercussão e afeta a cidadania em sua plenitude, cujo exercício, no espaço público de poder, começa pelo condizente acolhimento.

Contextualizada a questão no âmbito juslaboral, as partes, mobilizadas pelos interesses antagônicos e em razão da propalada liturgia, naturalmente, de maneira mais acentuada o trabalhador, ao adentrar à sala de audiências, sentem-se inibidas, por várias razões.

Deixam, algumas vezes, transparecer o constrangimento, quiçá por achar que estão movimentando um aparato e que isso causa transtorno ao órgão jurisdicional. Ingressando, nestas condições, inexiste propensão à espontaneidade, mas esta, pela significância que tem, deve ser buscada e isso torna-se possível pela conduta do julgador, constituindo o semblante sorridente valioso procedimento.

A postura marcada pelo sorriso, além de mudar a feição do ambiente de conflito, demonstra a satisfação que se traduz em boas-vindas. Representa, também, a acessibilidade e amabilidade que se robustece na forma de cumprimentar, estendendo a mão, com a saudação nominal de cada participante e não apenas dos causídicos, já que "o nome de uma pessoa é para ela o som mais doce e importante que existe em qualquer idioma"[(142)], por destacar a singularidade individual e evidenciar especial atenção para todos os integrantes, sem distinção, portanto, com imparcialidade.

Essa isenção, no senso comum, consagra a noção de justiça pela igualdade e o magistrado, norteando-se por tal conduta, proporciona o mesmo tratamento para os participantes, porque qualquer deslize passa a ser interpretado como tendência na condução da conciliação. A aparente e involuntária inclinação adquire proporções exacerbadas na imaginação, repercutindo objetiva e subjetivamente no âmago de quem se sentiu discriminado. Isso pode acontecer simplesmente porque o olhar, a forma de saudação ou o sorriso foram considerados diferentes.

A suscetibilidade aguçada desencadeia nocivas ilações, merecendo cuidado do conciliador, já que, com certa frequência, um dos envolvidos deixa de falar, mostra-se indiferente, tornando-se ausente da negociação que, se acontece, não retrata a verdadeira aspiração, sendo a concordância meramente protocolar.

---

(142) CARNEGIE, Dale. *Como fazer amigos e influenciar pessoas.* Tradução de Fernando Tude de Souza; revista por José Antonio Arantes de acordo com a edição americana de 1981, aumentada por Dorothy Carnegie. 51. ed. São Paulo: Companhia Editora Nacional, 2003, p. 133.

Captado que o efetivo desejo está sendo inibido ou desconsiderado, necessário se faz esclarecer o motivo, antes de prosseguir na busca do consenso, porque "um homem convencido contra a vontade, conserva sempre a opinião anterior"(143).

Esta sensação frustra o restabelecimento da harmonia entre os conflitantes, por permanecer o descontentamento no espírito de quem se sentiu segregado e isso, extrapolando a esfera pessoal, repercute também no meio social.

A igualdade de tratamento e a leitura prévia do que foi alegado pelas partes, além de gerar conhecimento do que se discute na demanda, demonstram que foi dedicado um tempo à causa antes da sessão, portanto, sem a presença dos litigantes.

Esse comportamento proporciona o adequado encaminhamento das pretensões deduzidas e evidencia que o magistrado teve consideração e interesse ao que se apresenta controvertido, o que denota que atribui importância ao litígio, constituindo, também, subsídio para a formulação de pertinentes intervenções e aconselhamentos, porque se apresentam embasados nos fatos que se acham registrados no processo.

Em tais circunstâncias, fica mais fácil fomentar a interação, angariando o comprometimento dos contendores para a solução consensual do conflito, cuja concretização acontece mediante recíprocas concessões e respeito às emoções. Durante a busca da conciliação, em propícias condições, frequentemente, afloram sentimentos que se manifestam de várias maneiras.

Como isso evidencia o engajamento e a confiança na desejável resolução da discórdia, necessário se faz acatar e compreender o que foi manifestado, porque, além de retratar a dor que se encontra na alma, proporciona o equacionamento do conflito de forma integral.

A súplica latente que suplanta o aspecto financeiro, vinculando-se à falta de reconhecimento ou a um pedido de desculpa, deve ser levada a efeito, porque desprezar os atos comportamentais significa relegar o

(143) CARNEGIE, Dale. *Como fazer amigos e influenciar pessoas*. Tradução de Fernando Tude de Souza; revista por José Antonio Arantes de acordo com a edição americana de 1981, aumentada por Dorothy Carnegie. 51. ed. São Paulo: Companhia Editora Nacional, 2003, p. 167.

desejo de apreciação. Encontrando-se essa intenção implícita na demanda, o respeito aos sentimentos transparece pela escuta atenta, já que, com esse modo de agir, possibilita-se a revelação da oculta motivação, faceta intrínseca que faz parte da resolução em sua plena configuração.

Sendo isso especial deve ser adequadamente entendido e a consulta ao léxico(144), atendo-se ao que consta no início do sentido das palavras, estabelece que escutar significa ouvir com cuidado e ouvir quer dizer perceber pelo sentido do ouvido. Essa distinção inicial mais adiante dilui-se porque os dois vocábulos passam a ser sinônimos. Curiosamente, no entanto, os estudiosos restabelecem a singularidade original, afirmando que ouvir não é o mesmo que escutar, tanto que quando falam ouvir com o sentido de escutar valem-se da adjetivação.

A sinonímia foi afastada pela acurada percepção, mas a conotação de singeleza permanece no imaginário comum porque se acredita que ser um bom ouvinte constitui algo simples e que essa facilidade dota a maioria das pessoas, pois, basicamente, consiste em: silenciar quando o outro fala, demonstrar ao interlocutor que está sendo ouvido, por meio de sons e expressões faciais e evidenciar a capacidade de repetir o que o outro disse, quase que na sua integralidade.

Essa crença apresentou-se insubsistente no estudo de comportamento, realizado para fins específicos(145), porquanto ficou apurado que: "ouvir bem é muito mais do que ficar em silêncio enquanto o outro fala [...] Ouvir bem envolve interações que aumentam a autoestima de uma pessoa. [...] Ouvir bem é visto como parte fundamental de uma conversa colaborativa"(146).

Esclarecendo as constatações, registra que a não restrição ao silêncio, enquanto o outro fala, significa que os melhores ouvintes, de vez em quando, fazem perguntas promovendo descobertas e reflexões para, sutilmente e de maneira construtiva, desconstituir suposições arraigadas,

---

(144) DICIONÁRIO escolar da língua portuguesa. Academia Brasileira de Letras. 2. ed. São Paulo: Companhia Editora Nacional, 2008, p. 528 e 933.

(145) GOLEMAN, Daniel. Empatia. *Inteligência emocional*. Harvard Business Review. Tradução de Rachel Agavino. Rio de Janeiro: Sextante, 2019, p. 38. Foram analisados dados que descrevem o comportamento de 3.492 participantes em um programa de desenvolvimento criado para ajudar os gerentes a se tornarem coaches (instrutores) melhores.

(146) *Ibid.*, p. 39/41.

porque ficar sentada e quieta não fornece evidências seguras de que a pessoa está ouvindo. Desta maneira, formular uma boa pergunta diz ao interlocutor que o ouvinte não somente escutou o que foi dito, mas entendeu o suficiente para querer informações adicionais.

O ouvir bem[(147)], envolvendo interações que aumentam a autoestima, acontece quando a conversa torna-se uma experiência positiva para o outro participante, o que deixa de ocorrer quando o ouvinte apresenta-se passivo ou crítico, pois bons audientes fazem o interlocutor sentir-se apoiado e passam a impressão de que nele confiam, proporcionando um ambiente seguro em que questões e diferenças podem ser abertamente discutidas. O ouvir bem, como parte fundamental de uma conversa colaborativa, revela-se nas interações em que a reação a um estímulo acontece de forma suave nas duas direções, sem defensiva quanto aos comentários feitos pelo outro.

Em diferente situação configura-se a condição dos maus ouvintes, considerados competitivos porque ouvem com a intenção de identificar erros na lógica ou no raciocínio. Com tal propósito, valem-se do silêncio como oportunidade de preparar a próxima resposta, característica de excelente debatedor, mas não de bom audiente, vez que este pode desafiar suposições e discordar, mas faz de tal modo que a pessoa ouvida sente que o ouvinte está tentando auxiliar e não vencer uma discussão.

Apresentou-se surpreendente a possibilidade do bom ouvinte dar sugestão, já que isso, não raramente, implicava em reclamação de indiferença: "Fulano não ouviu, ele simplesmente tentou resolver o problema"[(148)]. O que a pesquisa revela, consoante o autor, é que as sugestões não constituem o problema, mas a maneira como são feitas e que, também, há a propensão de aceitar a recomendação de pessoas que são consideradas boas ouvintes.

---

(147) Um dos maiores ouvintes dos tempos modernos foi Sigmund Freud. Um homem que o conheceu descreveu sua maneira de ouvir: "Fiquei tão fortemente impressionado, que jamais o esquecerei. Ele tinha qualidades que jamais encontrei em homem algum. Nunca, em toda a minha vida, vi atenção tão concentrada. Não havia essa coisa de agudo 'olhar que penetrava a alma'. Seus olhos eram meigos e suaves. Sua voz era calma e macia. Fazia poucos gestos. Mas a atenção que dispensava a mim, seus comentários positivos sobre o que eu dizia, mesmo quando eu me expressava mal, eram extraordinários. *Você não imagina o que significava ser ouvido daquela maneira*". CARNEGIE, Dale. *Como fazer amigos e influenciar pessoas*. São Paulo: Companhia Editora Nacional, 2003, p. 143.

(148) GOLEMAN, Daniel. Empatia. *Inteligência emocional*. Harvard Business Review. Tradução de Rachel Agavino. Rio de Janeiro: Sextante, 2019, p 41.

A falta de razoabilidade surge quando alguém que não interage, durante toda a conversa, aparece com uma recomendação, pois pode ser considerado como não credenciado para tanto. Igualmente, quem atua de forma combativa ou crítica e depois tenta dar conselhos, por parecer não confiável.

Descartando o pensamento que compara o bom ouvinte a uma esponja, porque absorve tudo o que a outra pessoa está dizendo, afirma, embasando-se na pesquisa, que os bons ouvintes são como trampolins:

> você pode trocar ideias com eles e, no lugar de absorverem suas ideias e sua energia, eles as amplificam, energizam e esclarecem seu pensamento. Fazem você se sentir melhor não por assimilarem tudo de forma passiva, mas por apoiarem ativamente. Isso permite que você ganhe energia e impulso, como faz um trampolim.(149)

O comparativo apontado não se limita à mera ilustração, vez que entre as duas percepções há nuances que derivam de diferentes padrões de escuta, que são interdependentes, apontando:

> Nível 1: O ouvinte cria um ambiente seguro no qual questões difíceis, complexas ou emocionais podem ser discutidas. Nível 2: O ouvinte elimina distrações, como telefones e notebooks, concentrando a atenção na outra pessoa e fazendo contato visual apropriado. (Esse comportamento afeta não apenas o modo como você é percebido como ouvinte, mas também influencia imediatamente suas próprias atitudes e sentimentos. Agir de forma adequada muda a forma como você se sente. Isso, por sua vez, faz de você um ouvinte melhor.) Nível 3: O ouvinte procura entender a essência do que a outra pessoa diz. Ele capta ideias, faz perguntas e repete questões para confirmar que seu entendimento está correto. Nível 4: O ouvinte observa sinais não verbais, como expressões faciais, transpiração, o ritmo da respiração, gestos, postura e vários outros sinais sutis de linguagem corporal. Estima-se que 80% do que comunicamos provenha desses sinais. Pode parecer estranho, mas nesse sentido você ouve tanto com os olhos quanto com

---

(149) GOLEMAN, Daniel. Empatia. *Inteligência emocional.* Harvard Business Review. Tradução de Rachel Agavino. Rio de Janeiro: Sextante, 2019, p 42.

> os ouvidos. Nível 5: O ouvinte compreende cada vez mais as emoções e os sentimentos do outro sobre o assunto em questão, identifica-os e os reconhece. O ouvinte tem empatia e valida esses sentimentos de forma acolhedora e sem julgamento. Nível 6: O ouvinte faz perguntas que esclarecem as suposições que a outra pessoa tem e a ajuda a ver a questão sob uma nova luz. Ele pode acrescentar alguns pensamentos e ideias sobre o assunto que talvez sejam úteis para o interlocutor. No entanto, os bons ouvintes nunca se apropriam da conversa de modo que eles ou seus problemas se tornem o tema da discussão.[150]

As variáveis contidas nas fases e a dependência entre elas revelam que a boa escuta apresenta-se bem mais complexa do que ordinariamente se supõe, necessitando, assim, o conciliador saber utilizar um ou mais procedimentos que o caso específico exige para que, com liberdade, fatos não registrados sejam levantados e detalhes importantes revelados, que se perdem na insignificância se não forem adequadamente captados e valorados.

Em razão disso, depreende-se que as apropriadas condições facilitam a comunicação que constitui a essência do entendimento e como tal depende da conduta procedimental do conciliador que precisa ser orientada pelo adequado acolhimento, imparcialidade, conhecimento da lide, respeito às emoções e o escutar atentamente, pois essas posturas viabilizam o consenso, condizente com a vontade das partes.

---

(150) GOLEMAN, Daniel. Empatia. *Inteligência emocional*. Harvard Business Review. Tradução de Rachel Agavino. Rio de Janeiro: Sextante, 2019, p. 42 a 44.

4 - A COMUNICAÇÃO COMO INSTRUMENTO DA CONCILIAÇÃO

4.1. A conciliação e a adequação do modelo comunicacional

Adotada a conduta procedimental viabilizadora da conciliação, que retrata a efetiva vontade das partes, em função do pressuposto histórico, cultural e legalmente estabelecido no sentido de que o acordo entre os litigantes constitui a melhor maneira de equacionar o conflito, imprescindível se apresenta a "aproximação humana"[(151)], portanto, a comunicação[(152)], assim entendida por Muniz Sodré.

Obviamente que, constituindo a premissa o instrumento básico, abrem-se múltiplas perspectivas de desdobramento, suscitando a busca das melhores especificidades. Em função das diversas teorias, torna-se pertinente verificar se algum modelo melhor se coaduna com a conciliação, que necessita ser gerada pela interação, procedimento comunicacional que encontra ressonância na seguinte caracterização:

---

(151) PENA, Felipe (Org.) *et al. 1000 perguntas sobre teoria da comunicação.* Rio de Janeiro: LTC, 2012, p. 17.

(152) Para Habermas, as relações sociais são relações essencialmente comunicativas. Enquanto outros sociólogos retêm como princípio constitutivo da sociedade a ação (Weber) ou a consciência coletiva (Durkheim), Habermas aposta tudo ou quase tudo na comunicação. Essa comunicação, digamo-lo novamente, é suscetível de elucidação racional. [...] A sociedade, concebida como uma realidade comunicativa, é uma entidade autônoma; tem sua própria evolução, sua própria destinação, sua própria organização; ela gera a si mesma. Essa autoprodução é função das permutas de linguagem permanentes, dos fluxos de comunicação incessantes e das respostas, negativas ou positivas, dadas às ofertas de palavra. A sociedade representa nesse sentido uma nova etapa no desenvolvimento da espécie humana: uma nova forma de evolução, social, que se distingue e se separa da evolução biológica (Brunkhorst, 27-28). Ela desta se separa porque possui suas regras próprias, irredutíveis à análise que dela poderiam fazer as ciências da natureza. DUPEYRIX, Alexandre. *Compreender Habermas.* São Paulo: Edições Loyola, 2012, p. 110-111.

> Colégio Invisível ou Escola de Palo Alto foi o nome dado a pesquisadores de diversas áreas – antropologia, psicologia e sociologia – que, a partir de 1942, resolvem se dedicar ao estudo da comunicação opondo-se terminantemente ao modelo linear de Shannon. Pensando a comunicação como um processo integrado e interativo que envolve diferentes linguagens verbais e não-verbais, esses estudiosos propõem conceitos de NÍVEIS DE COMPLEXIDADE, CONTEXTOS MÚLTIPLOS E SISTEMAS CIRCULARES. Figura de proa no grupo, Gregory Bateson é um antropólogo de origem inglesa que propõe análises profundas de interpretação do comportamento humano para o entendimento de uma cultura. Aos poucos, em processo de contínua interdisciplinariedade, volta-se para o estudo da comunicação entendida como a matriz de toda a atividade humana. A comunicação é a via pela qual as interações se dão de forma recíproca e em múltiplos sentidos, a partir de regras e códigos nem sempre evidentes. O papel do receptor ganha uma inusitada importância, pois é da sua compreensão e da sua resposta que dependem a continuidade e os rumos da comunicação. Para explicar essa proposta, a melhor imagem é a de uma orquestra em que todos os músicos tocam em conjunto, respondendo uns aos outros e obedecendo partituras invisíveis. O importante nessa orquestra para o entendimento da comunicação é que os atos da fala passam necessariamente pelos processos mentais e intrapsíquicos.(153)

A adequação representa um desafio e como isso pode ser superado pelo conhecimento das variantes existentes, mostra-se cabível registrar que, segundo Vera Veiga França, o objeto da comunicação não tem merecido a devida atenção, porque mesmo trabalhando com muitos aportes e encontrando respostas nos estudos que analisam vários aspectos, as teorias eleitas: "tratam de elementos presentes no processo comunicativo e deixam de responder e apreender a comunicação"(154).

---

(153) COSTA, Maria Cristina Castilho. *Sociologia*: introdução à ciência da sociedade. 3. ed. São Paulo: Moderna, 2005, p. 288 e 289.

(154) FRANÇA, Vera. Paradigmas da comunicação: conhecer o quê? *Revista Ciberlegenda*, número 5, 2001. Disponível em: <http://www.uff.br/ciberlegenda/ojs/index.php/revista/article/view/314/195>. p. 14.

Corroborando a afirmação, cita Mauro Wolf dizendo que este, de forma muito apropriada, chamou a atenção no sentido de que os estudos sobre a comunicação valem-se de elaboradas teorias sociais, mas operam, predominantemente, com um modelo comunicativo simplista e simplificador, que é o paradigma informacional e que, além deste, há dois outros: o semiótico-informacional e o semiótico-textual.

Abordando com mais detalhes, assevera que o paradigma informacional compreende a comunicação como: "um processo de transmissão de mensagens de um emissor para um receptor, provocando determinados efeitos"[(155)], ensejando críticas pela unilateralidade e mecanicismo, chamando a atenção para um aspecto: o movimento analítico por ele gerado segue, basicamente, duas direções.

Primeiramente, pautado na naturalidade e evidência da lógica transmissiva, analisam-se os resultados: a mensagem foi ou não bem transmitida e que tipo de efeitos provocou. A segunda via encontra-se no dado que o processo apresenta a forma mecânica, tendo cada um dos seus elementos o papel fixo, previamente definido, sendo separadamente analisado: "estuda-se a lógica da produção, dos emissores; a característica dos meios (natureza técnica, modos operatórios); as mensagens (conteúdos); a posição e atitude dos receptores"[(156)].

Em decorrência disso, buscam-se diferentes teorias e métodos na sociologia, política e psicologia social para, especificamente, tratar da sociologia dos emissores, fazer a análise político-ideológica das mensagens e assim por diante. Referindo-se ao modelo semiótico-informacional, assevera que este difere do informacional por adicionar a compreensão da natureza semiótica das mensagens, considerando estas unidades de sentido e não um material inerte transportado.

Essa concepção gera um movimento analítico centrado nas estruturas de significação das mensagens, evocando, por tal motivo, a contribuição das ciências da linguagem. Quanto ao modelo semiótico-textual, aduz que o mesmo desenvolve uma semiótica da cultura, por quebrar o caráter unitário das mensagens, procurando a leitura destas na sua

---

(155) FRANÇA, Vera. Paradigmas da comunicação: conhecer o quê? *Revista Ciberlegenda*, número 5, 2001. Disponível em: <http://www.uff.br/ciberlegenda/ojs/index.php/revista/article/view/314/195>. p. 14.

(156) *Idem.*, p. 14.

intertextualidade, não se focando, destarte, na presença e no papel dos sujeitos sociais, bem como no trabalho de produção e recepção, em função da ênfase na dimensão simbólica e sentidos produzidos.

Ao lado dessas três categorias apontadas por Mauro Wolf, a referida autora acrescenta o modelo dialógico, distinguindo a comunicação (em contraposição à relação informativa), partindo da bilateralidade do processo, da igualdade de condições e funções estabelecidas entre os interlocutores. Nessa modelagem a ênfase centra-se na natureza da relação entre os dois polos, desconsiderando os demais aspectos, inclusive a natureza das mensagens e os sentidos produzidos.

Afirmando que não são muitos mais que esses os paradigmas disponíveis, qualifica os mesmos como fragilizados e/ou simplificados, dizendo que, desta maneira, são responsáveis pela falta de especificidade dos estudos da área porque: partindo de um lugar com poucas perguntas, os estudos quase não caminham e ficam sem direção, respondendo e ancorando-se mais no instrumental e nas questões colocadas pelas demais áreas afins.

Chama a atenção aduzindo que a breve revisão teve o propósito de despertar a atenção e defender a indispensabilidade de um paradigma mais denso e complexo para solidificar a área da comunicação, porquanto várias reflexões do nosso tempo e o resgate de autores e trabalhos mais antigos, não somente testificam, pelo alcance, a insuficiência do paradigma clássico emissor/receptor, como trazem subsídios e descortinam caminhos que indicam outra maneira de tratar a comunicação como:

> um processo de troca, ação partilhada, prática concreta, interação – e não apenas um processo de transmissão de mensagens; atenção à presença de interlocutores, à intervenção de sujeitos sociais desempenhando papéis, envolvidos em processos de produção e interpretação de sentidos – mais do que simples emissores e receptores; identificação dos discursos, formas simbólicas que trazem as marcas de sua produção, dos sujeitos envolvidos, de seu contexto – e não exatamente mensagens; apreensão de processos produzidos situacionalmente, manifestações singulares da prática discursiva e do panorama sociocultural de uma sociedade – em lugar do recorte de situações isoladas [...] Em suma, a comunicação compreende um processo de produção e

compartilhamento de sentidos entre sujeitos interlocutores, realizado através de uma materialidade simbólica (da produção de discursos) e inserido em determinado contexto sobre o qual atua e do qual recebe os reflexos.(157)

Indagando o que há de novo, responde que inexiste novidade na configuração, já que, de certa maneira, os "ingredientes" são os mesmos, sendo, no entanto, os elementos vistos e dispostos diferentemente e que a distinção encontra-se na busca pelo resgate da circularidade e globalidade do processo, ganhando a inter-relação, que se constitui entre os elementos, uma nova existência no quadro relacional estabelecido.

Assim, a especificidade do olhar da comunicação procura atingir a interseção de três dinâmicas básicas: o quadro relacional (relação dos interlocutores), a produção de sentidos (as práticas discursivas) e a situação sociocultural (o contexto), por ser, no entendimento da referida autora, o processo comunicativo algo vivo, dinâmico: "instituidor de sentidos e de relações; lugar onde os sujeitos dizem, mas também assumem papéis e se constroem socialmente"(158).

Como a abalizada ponderação detecta a debilidade de alguns entendimentos e apresenta outros procedimentos, o estudo dos paradigmas indica que sendo instrumento e destinando-se a comunicação ao propósito específico de solucionar a demanda, por meio da conciliação, insere-se no permissivo teórico de uma análise situacionista(159), e esta condição direciona ao modelo em que:

> a comunicação enquanto interação é uma relação de dois: um e outro estão lá desde o princípio, e não podem ser ignorados (ainda que nosso foco de análise incida mais particularmente sobre a ação de um deles). Não é possível, numa perspectiva interacional, analisar a intervenção de um emissor sem levar em conta o outro a quem se dirige e cujas respostas potenciais (as respostas do outro imediato

---

(157) FRANÇA, Vera. Paradigmas da comunicação: conhecer o quê? *Revista Ciberlegenda*, número 5, 2001. Disponível em: <http://www.uff.br/ciberlegenda/ojs/index.php/revista/article/view/314/195>. p. 15 e 16.

(158) *Ibid.*, p. 16.

(159) *Comunicação e interações:* Livro da COMPÓS 2008. Alex Primo (Org.) *et al.* Porto Alegre, 2008. p. 85.

> e de outrem – o grupo ao qual pertence) já atuam com antecedência sobre o seu dizer; não é possível analisar o receptor separado dos estímulos que lhe foram endereçados e que o constituíram como sujeito daquela relação. [...] O estudo da comunicação compreende então o estudo de um ato que se realiza (dimensão prática) e da relação que aí toma forma (dimensão relacional) através de gestos significantes. Uma análise comunicacional vai recortar as intervenções concretas dos indivíduos implicados, isto é, os gestos, as atitudes, assim como as significações que as animam (dimensão simbólica, presença do sentido), buscando captar o movimento reflexivo que orienta a configuração do processo.(160)

Voltando-se para o propósito conciliatório da divergência, em que há a tendência de excludentes posições, com propensão destrutiva, fundando-se nos desejos de castigo e julgamento, precisa ser facilitado o encontro de comportamentos que se inspiram na compreensão das questões, sentimentos e necessidades comuns, pelo desenvolvimento de aptidões da comunicação construtiva como:

> um conjunto de habilidades e competências que contribui para gerar confiança, empatia e colaboração no trato dos inevitáveis conflitos da convivência humana, pela validação de sentimentos a partir do reconhecimento afetivo da inevitabilidade e legitimidade do outro, enquanto coconstrutor e coinovador dos padrões relacionais que podem ajudar na identificação das necessidades vitais a serem contempladas em cada situação. Não haverá comunicação construtiva sem a empatia da compreensão, sem o amor que acolhe e integra as diferenças.(161)

As ponderações doutrinárias traçam o encaminhamento no sentido de que o paradigma interacional apresenta-se apropriado para proporcionar o diálogo; constituindo isso valioso delineamento diante da complexidade que se detecta quando, numa situação de adversos interesses e de hostilidade, busca-se a deliberação adequada, ou seja, o consenso

---

(160) *Comunicação e interações:* Livro da COMPÓS 2008. Alex Primo (Org.) *et al.* Porto Alegre, 2008. p. 85 e 86.

(161) VASCONCELOS, Carlos Eduardo de. *Mediação de conflitos e práticas restaurativas.* 6. ed. Rio de Janeiro: Forense; São Paulo: Método, 2018, p. 151.

que emana das condições ideais de fala, pois, em tais circunstâncias, a comunicação:

> abrange diferentes processos de interação entre os homens comuns a toda cultura humana e uma das bases para a identificação daquilo que nos distingue dos demais animais. Desses processos, o uso da linguagem é um dos mais importantes, entendendo-se a linguagem como um conjunto organizado e limitado de signos associados segundo um grupo de regras de combinação, determinadas técnicas de expressão que fazem uso de tecnologia da comunicação. Do gesto à palavra, as mais diferentes linguagens estão incorporadas a esta definição. Elemento básico da vida social, a comunicação dá forma à cultura e permite a integração dos seres à sociedade. O estudo da comunicação se tornou especialmente importante na análise da sociedade contemporânea, onde a presença e abrangência dos meios de comunicação têm introduzido elementos novos na relação entre as pessoas e destas com a realidade que as circunda.[(162)]

O reportado modelo fundamenta a comunicação estudada por Habermas pela preocupação que o mesmo tem com o uso que se faz da linguagem como um processo concreto e não uma abstração. Por esse motivo, considera a ação social "uma interação entre duas pessoas que, em determinado momento, compartilham entre si significados de acordo com uma série de regras tacitamente aceitas por ambos como garantia de uma comunicação desprovida de qualquer outro significado que não o exposto"[(163)].

Direcionada a comunicação[(164)] para um relevante propósito, que causa repercussão na sociedade, aflora do que foi explanado que, além

---

(162) COSTA, Maria Cristina Castilho. *Sociologia*: introdução à ciência da sociedade. 3. ed. São Paulo: Moderna, 2005, p. 386.

(163) MARTINO, Luís Mauro Sá. *Teoria da comunicação*: ideias, conceitos e métodos. 5. ed. Petrópolis, RJ: Vozes, 2014, p. 65.

(164) O conceito de comunicação abrange diferentes processos de interação entre os homens, comuns a toda cultura humana e uma das bases para a identificação daquilo que nos distingue dos demais animais. Desses processos, o uso das linguagens é um dos mais importantes, entendendo-se a linguagem como um conjunto organizado e limitado de signos associados segundo um grupo de regras de combinação, determinadas técnicas de expressão que fazem uso de tecnologias da comunicação. Do gesto à palavra, as mais diferentes linguagens estão incorporadas a esta definição.

do aspecto interacional[165], devem ser considerados a linguagem, o discurso, a comunicação não verbal, o ambiente, o gesto e a postura, porque a inadequada valoração destes componentes pode redundar no desequilibrado consenso.

4.2. A caracterização da linguagem no aspecto consensual

O que os antigos filósofos[166] afirmavam vem sendo reiterado pelas ciências sociais na sustentação de que a linguagem, como componente ínsito, permite ao ser humano pensar e agir, pois: "não há ação sem pensamento, nem pensamento sem linguagem. É também a linguagem que permite ao homem viver em sociedade"[167]. Em tal conotação constitui o sistema por meio do qual se viabiliza a comunicação que se

---

Elemento básico da vida social a comunicação dá forma à cultura e permite a integração dos seres à sociedade. COSTA, Maria Cristina Castilho. *Sociologia*: introdução à ciência da sociedade. 3. ed. São Paulo: Moderna, p. 386

(165) Partindo do pressuposto de que a comunicação é a troca de mensagens, pode-se dizer que o processo comunicacional é, antes de tudo, uma *práxis* objetiva. Trata-se de uma habilidade que se aprende, uma habilidade exclusivamente humana. Ela ocorre através da linguagem, que é também uma capacidade que pertence apenas ao ser humano. Como o ser humano é, além do mais, eminentemente social, isto é, ele é incapaz de viver isolado e solitário, decorre daí o fato de ser o fenômeno da comunicação também um fenômeno social. *Teorias da comunicação*: conceitos, escolas e tendências. Organizadores: Antonio Hohlfeldt, Luiz C. Martino, Vera Veiga França. 15. ed. Petrópolis, RJ: Vozes, 2015, p. 61

(166) A mais nobre e útil de todas as invenções foi a da linguagem, que consiste em nomes ou apelações e em suas conexões, pelas quais os homens registram seus pensamentos, os recordam depois de passarem, e também os usam entre si para a utilidade e conversa recíprocas, sem o que não haveria entre os homens nem Estado, nem sociedade, nem contrato, nem paz, tal como não existem entre os leões, os ursos e os lobos. O primeiro autor da linguagem foi o próprio Deus, que ensinou a Adão a maneira de designar aquelas criaturas que colocava à sua vista, pois as Escrituras nada mais dizem a este respeito.[...] O uso geral da linguagem consiste em passar nosso discurso mental para um discurso verbal, ou a cadeia de nossos pensamentos para uma cadeia de palavras [...] Os usos especiais da linguagem são os seguintes: em primeiro lugar, registrar aquilo que por cogitação descobrimos ser a causa de qualquer coisa, presente ou passada, e aquilo que achamos que as coisas presentes ou passadas podem produzir, ou causar, o que em suma é adquirir artes. Em segundo lugar, para mostrar aos outros aquele conhecimento que atingimos, ou seja, aconselhar e ensinar uns aos outros. Em terceiro lugar, para darmos a conhecer aos outros nossas vontades e objetivos a fim de podermos obter sua ajuda. Em quarto lugar, para agradar e para nos deliciarmos, e aos outros, jogando com as palavras, por prazer e ornamento, de maneira inocente. [...]. HOBBES, Tomas de Malmesbury. *Leviatã ou matéria, forma e poder de um estado eclesiástico e civil.* Tradução de João Paulo Monteiro e Maria Beatriz Nizza da Silva. São Paulo: Nova Cultural, 2004, p. 44.

(167) CHARAUDEAU, Patrick. *Linguagem e discurso*: modos de organização. Coordenação Angela M. S. Corrêa & Ida Lúcia Machado. 2. ed. São Paulo: Contexto, 2016, p. 7.

operacionaliza por pensamentos, ações, palavras e gestos, assumindo, enfim, multifacetadas maneiras.

Essa multiplicidade, de acordo com as circunstâncias e o propósito almejado, torna indispensável o discernimento para identificar, neutralizar ou repelir o maleável comportamento que tem a subjacente intenção de manipular e desvirtuar a deliberação, porquanto a habilidade encontra oportunidade e fertilidade na abrangente significação da expressão, desta maneira compreendida:

> Assim, é forçoso considerar que a linguagem é um fenômeno complexo que não se reduz ao simples manejo das regras de gramática e das palavras do dicionário, como tendem a fazer crer a escola e o senso comum. A linguagem é uma atividade humana que se desdobra no teatro da vida social e cuja encenação resulta de vários componentes, cada um exigindo um '*savoir-faire*', o que é chamado de COMPETÊNCIA. Uma competência SITUACIONAL, pois não há ato de linguagem que se produza fora de uma situação de comunicação. Isso nos obriga a levar em consideração a FINALIDADE de cada situação e a IDENTIDADE daqueles (locutores e interlocutores) que se acham implicados e efetuam trocas entre si.[(168)] (destaques no original)

Neste aspecto, em função das peculiaridades, descortinar algum procedimento da amplitude conceitual impõe conhecimento para perceber e amoldar a conduta do conciliador, pois Patrick Charaudeau[(169)] especifica que, numa comunicação neutra, ou seja, quando não há interesses pessoais envolvidos, a linguagem é um objeto transparente.

Dessa forma, o processo de comunicação é simétrico, porque basta o receptor, em sentido inverso, percorrer o movimento de transmissão de fala para encontrar a intencionalidade do emissor, facilitada pelas circunstâncias da comunicação, por envolver protagonistas em um mesmo conhecimento.

---

(168) CHARAUDEAU, Patrick. *Linguagem e discurso*: modos de organização. Coordenação Angela M. S. Corrêa & Ida Lúcia Machado. 2. ed. São Paulo: Contexto 2016, p. 7.

(169) *Ibid*., p. 16.

Na descompromissada troca de ideias, o ato de linguagem, consistindo em frase, texto ou palavra, exaure sua significação em si mesmo, pois significa somente o seu explícito, reputado como algo autônomo que não pode indicar outra coisa a não ser o que ele diz. Cita como exemplo a expressão: "Fecha a porta", asseverando que não quer mostrar nada além disso porque os seres de fala estão desvinculados de outros objetivos, estando, em tal condição, definidos pela semelhança com o outro e não por sua diferença.

Isso adquire diferente contorno no antagonismo, condição presente na vinculação empregatícia, porque nesta apresenta-se difícil a compatibilização entre o trabalho e o capital, pois o empregado, via de regra, sem estabilidade e dependendo do salário para sobreviver, suporta silente as transgressões ou concorda quando gostaria de discordar. Sendo a divergência submetida à apreciação do órgão jurisdicional, apresenta-se assinalada não somente pela desigualdade, mas, também, pela opacidade, caracterizando, em razão disso, a assimetria em dupla configuração.

O conflito advindo do pacto laboral, residualmente, influencia a comunicação, precisando ser detectada a desproporção e atenciosamente avaliada para que o resquício seja neutralizado, vez que o ato de linguagem, gerado por um emissor dentro de um ambiente social, em que há pretensões antagônicas, por si só, afeta o modo de se expressar.

Assim, passa a ser um objeto sem transparência porquanto o processo de comunicação não decorre de uma única intencionalidade, fazendo com que se considere, além do que poderiam ser as intenções declaradas do emissor, também, o que transparece da relação que liga o emissor ao receptor, pois o ato de linguagem concentra a significação em sua forma explícita.

O exteriorizado pode ter diferente sentido, alguma coisa atrelada aos aspectos do entorno social, sugerindo divergentes leituras, pela dualidade do objeto: um explícito, o que é manifestado e outro implícito, "lugar de sentidos múltiplos que dependem das circunstâncias da comunicação"[(170)]. Os sujeitos de fala não estão desinteressados porque são regidos pelas suas discrepâncias, ou seja, apresenta-se possível ao receptor construir um sentido não previsto pelo emissor. Nesta

---

(170) CHARAUDEAU, Patrick. *Linguagem e discurso*: modos de organização. Coordenação Angela M. S. Corrêa & Ida Lúcia Machado. 2. ed. São Paulo: Contexto, 2016, p. 17.

configuração, "fecha a porta" pode querer dizer "estou com frio" para o emitente e "está barulhento lá fora" para o destinatário.

Isso ocorre por ser a competência dos seres de fala múltipla, não ficando, portanto, restrita na capacidade para retratar o mundo por um explícito linguageiro, mas na aptidão para revelar o mesmo como uma globalidade que abrange o contexto sócio-histórico e as relações estabelecidas entre o emissor e o receptor. Destaca, de forma conclusiva, a distinção aduzindo que: "no caso precedente a competência podia ser definida como uma soma de palavras e de frases (já que se trata de produzir somente o explícito), a competência aqui deve ser definida como um conjunto de combinações muito mais complexas"(171).

Em tal configuração, almejado o consenso, a manifestação deve ser reciprocamente compreendida porque o propósito cooperativo não se compatibiliza com afirmações não explícitas ou ditas com outra intenção. Essa insidiosa forma de expressão depende de esclarecimento para afastar a mudança de sentido e identificar se está havendo o compartilhamento de recíproco conhecimento, que se evidencia pela indagação direta, pois essa postura provoca a reformulação por parte do falante original, vez que:

> Na conversa comum, quando perguntamos: 'Que quis x dizer com isso?', provavelmente tencionamos saber 'que pretendeu ele ao dizer x?' Ou seja, abordamos o problema da força ilocucionária do que foi dito. Todavia, a pergunta pode implicar também 'que quis [mean] ele comunicar?'. 'Querer' [meaning, significar], nesse sentido, implica segundo Grice que o falante 'pretenda, ao proferir x, produzir um efeito sobre outra ou outras pessoas fazendo-as reconhecer que essa era sua intenção' (Grice, 1957; ver também Grice, 1982). Aqui, significado [meaning] equivale à intenção comunicativa, e pode-se mostrar que essa intenção só pode ser percebida quando os participantes de um dado contexto de interação compartilham formas de conhecimento mútuo. Na conversa comum, a intenção comunicativa é detectada

(171) CHARAUDEAU, Patrick. *Linguagem e discurso*: modos de organização. Coordenação Angela M. S. Corrêa & Ida Lúcia Machado. 2. ed. São Paulo: Contexto, 2016, p. 17.

pela interrogação direta e pela reformulação por parte do falante original.[172]

Na interação, em uma demanda trabalhista, o diálogo tem propensões comuns, ficando, deste modo, a assimilação recíproca do que está sendo tratado facilitada; contudo, não se pode descartar a intenção da ambígua manifestação para deturpar a consenso, tanto que Habermas fala em performance para se reportar à utilização das proposições. Inquieta-se, em função disso, com o uso que se faz da linguagem na escala micro da comunicação afirmando: "Comunicar não é apenas trocar informações. É a possibilidade de agir, interferir na ação e modificar atitudes em diferentes escalas na busca pelo entendimento"[173].

4.3. As modalidades de discurso e os efeitos da retórica e da argumentação no consenso

Significando a conciliação o entendimento que possibilita a recomposição de relações desarmônicas, levada a efeito no âmbito judicial, alicerçada está na comunicação que se insere num determinado contexto. Isso, de forma elementar, configura o discurso, singelamente considerado como: "fala proferida para o público; oração"[174]. Esse sentido básico da expressão dissipa-se quando a palavra passa a ser utilizada com o propósito de atingir um resultado, pois, para tanto, surgem os métodos de organização da alocução.

Segundo Patrick Charaudeau, as modalidades constituem os procedimentos voltados para a utilização de certas categorias de língua, ordenadas em função das finalidades discursivas, visando enunciar, descrever, contar e argumentar, podendo, em vista disso, ser agrupados em quatro modos:[175]

---

(172) GIDDENS, Anthony; TURNER, Jonathan. *Teoria social hoje*. Tradução de Gilson César Cardoso de Sousa. São Paulo: Editora UNESP, 1999, p. 316.

(173) MARTINO, Luís Mauro Sá. *Teoria da comunicação*: ideias, conceitos e métodos. 5. ed. Petrópolis, RJ: Vozes, 2014, p. 61.

(174) DICIONÁRIO brasileiro da língua portuguesa. Encyclopaedia Britannica do Brasil. 13. ed. São Paulo: Companhia Melhoramentos, 1994, p. 613.

(175) CHARAUDEAU, Patrick. *Linguagem e discurso*: modos de organização. Coordenação Angela M. S. Corrêa & Ida Lúcia Machado. 2. ed. São Paulo: Contexto, 2016, p. 74.

a) Enunciativo: consistente na maneira pela qual o falante atua na encenação do ato de comunicação.

b) Descritivo: na condição de uma forma estruturada que conta com três tipos de componentes, autônomos e indissociáveis: nomear, localizar e qualificar, embasando-se na crença de um mundo presumidamente existente, que se apresenta de forma imutável, necessitando somente ser reconhecido, por ser mostrado.

c) Narrativo: fundamentado em algo que é construído no desenvolvimento de uma sucessão de ações que se influenciam, transformando-se num encadeamento progressivo.[176]

d) Argumentativo: derivado de um saber que tenta levar em conta a experiência humana, por meio de certas operações de pensamento.[177]

A expressão do pensamento gerando efeito sobre o outro, de forma declarada ou sub-reptícia, varia de acordo com o que se pretende na troca verbal, adquirindo, em função disso, a análise do discurso especial relevância para, desvelando o enunciado, neutralizar a dominação e a deslealdade na interlocução, em que se objetiva a solução do conflito.

As diversificadas abordagens que o ato de linguagem apresenta precisam ser identificadas para saber se está havendo compartilhamento ou manipulação, respectivamente, argumentação e retórica, notadamente porque as duas configurações, embora distintas, são intercambiáveis, gerando, no entanto, diferentes resultados que, teoricamente, decorrem da seguinte constatação:

> O próprio Meyer vê, na argumentação, aquilo que permite observar uma questão a partir da oposição das respostas que lhe são produzidas, e, na retórica, a atitude que consiste em mascarar a questão como se ela já estivesse resolvida. A oposição que se segue entre o discurso cativante e o discurso racional está na linha direta das divisões frequentemente propostas entre a retórica como manipulação (tradição que remonta a Platão) e a argumentação como partilha da palavra e da razão [...] Nessa perspectiva, considera-se que, na

---

(176) CHARAUDEAU, Patrick. *Linguagem e discurso*: modos de organização. Coordenação Angela M. S. Corrêa & Ida Lúcia Machado. 2. ed. São Paulo: Contexto, 2016, p. 157.

(177) *Ibid.*, p. 201.

relação intersubjetiva, a fala eficaz não é somente aquela que manipula o outro, pois ela é também aquela que compartilha do raciocínio e do questionamento. Isso quer dizer que manteremos aqui o uso autorizado por Aristóteles e Perelman, para os quais os termos 'retórica' e 'argumentação' são permutáveis.(178)

Compreender a argumentação no discurso consiste em conhecer o modo pelo qual a palavra escrita ou oral atua sobre o outro e isso reveste-se de especial relevância, não somente pela moderna perspectiva, mas também pelas destacadas abordagens do passado que se relacionam com a argumentação no discurso. Para Habermas, valendo-se do conceito de racionalidade, com o qual opera, refere-se ao sistema de pretensões de validez.

Na compreensão desta esquematização, o autor ampara-se na teoria da argumentação, admitindo a coerência da exposição como uma modalidade de lógica informal que:

> se ocuparia das relações internas entre as unidades pragmáticas: os atos da fala, que por sua vez são compostos de argumentos. Da tipificação fornecida por Habermas das formas de argumentação em função de seus objetos, é importante que se destaquem duas formas principais: o discurso teórico e o discurso prático. O discurso teórico é uma forma de argumentação cujo objeto são manifestações de caráter cognitivo-instrumentais e cuja pretensão de validez é concernente à ideia de verdade. Em contrapartida, o discurso prático é uma modalidade argumentativa cujo objeto é uma emissão prático-moral e cuja pretensão de validez é a retitude das normas de ação. Habermas estabelece os três aspectos analíticos sob os quais deve ser analisada a argumentação: o primeiro aspecto é o processo. A argumentação como processo tende a se aproximar de condições ideais e, neste sentido, o próprio autor estabeleceu sua situação ideal da fala, tentando preservar uma relação de simetria entre os participantes na argumentação. 'Sob este aspecto, a argumentação pode ser entendida como uma continuação com outros meios,

---

(178) AMOSSY, Ruth. *A argumentação no discurso*. Coordenação da Tradução: Eduardo Lopes Piris e Moisés Olímpio-Ferreira; tradução de Angela M. S. Corrêa *et al.* São Paulo: Contexto, 2018, p. 10-11.

Deve, em razão disso, partir de pontos convergentes, emanados das opiniões e valores comuns, lembrando que a troca entre o orador e o auditório ocorre mesmo quando não toma a palavra. Isso acontece porque Perelman distingue a demonstração da argumentação, respectivamente, como axiomas que não precisam da concordância do destinatário, pela dedução das consequências e premissas que devem ser objeto de um acordo prévio.

Ao abordar os fundamentos práticos da análise argumentativa, trata da pragma-dialética, consignando que assim foi denominada, por Franz van Eemeren, Rob Grootendorst e o grupo de Amsterdã, a teoria da argumentação, por ser: "[...] uma atividade verbal e social da razão que visa aumentar (ou diminuir) aos olhos do auditório ou do leitor a aceitabilidade de uma posição controversa, apresentando uma constelação de proposições destinadas a justificar (ou refutar) essa posição diante de um juiz racional"(187).

Assim, a definição inscreve-se numa análise linguística que não somente descreve os processos linguageiros, porque se complementa por normas que possibilitam verificar se os argumentos foram validamente utilizados, procurando ser, simultaneamente: "descritiva, como pragmática do discurso argumentativo e normativa como discussão crítica"(188). Inspirando-se na prática, pela concepção da argumentação embasada na teoria dos atos de linguagem, iniciada por Austin em 1962, adere ao pensamento de que: "o dizer pode constituir um fazer"(189).

Com isso retoma-se a noção de força ilocutória que caracteriza as condutas como afirmar, prometer, interrogar etc., porque, para os autores da teoria, a argumentação consiste em: "um ato de linguagem complexo que se estende a um conjunto de enunciados"(190).

Como não se limita a um dos anteriormente enumerados, denominados elementares, porque estes são incorporados na função que se estabelece num nível superior de comunicação, chamado ato de linguagem complexo, a pragma-dialética estuda a constituição e o desenvolvimento

---

(187) AMOSSY, Ruth. *A argumentação no discurso*. São Paulo: Contexto, 2018, p. 32.

(188) *Ibid.*, p. 32.

(189) *Ibid.*, p. 32.

(190) *Ibid.*, p. 32.

desse ato no "quadro de um diálogo destinado a resolver conflitos de opinião"(191), sendo nesse sentido descritiva.

Entendendo a argumentação como a busca do consenso, a teoria procura atingir um modelo ideal que permita não apenas descrever, mas, também, avaliar as argumentações concretas, preservando a finalidade consensual, neutralizando, desta maneira, os debates de polêmicas e posições inconciliáveis.

Nesta direção, compatibiliza a necessidade de solução com o favorecimento do diálogo racional capaz de resolver os conflitos, pautando-se por uma série de regras, que, se inobservadas, por violar a ética de troca argumentativa, precisa haver a denúncia, pois as normas esboçam uma deontologia da discussão crítica, inspiradas nos princípios de cooperação de Paul Grice.

Destaca que alguns dos "dez mandamentos" da discussão, considerada como processo de resolução, são:

> as duas partes devem se abster de impedir o parceiro de expor seu ponto de vista; ambas têm a responsabilidade de defender o seu ponto de vista quando solicitadas a fazê-lo; um ataque deve estar relacionado com a posição que foi efetivamente adotada etc. Toda violação a essas regras constitui um paralogismo, redefinido assim, em termos dialógicos, como transgressão às normas da discussão crítica.(192)

Reputa a pragma-dialética, além de descritiva, também, normativa por propor um modo de discussão crítica que se desenvolve em etapas, que precisam ser observadas, consistentes: na confirmação, fase em que as divergências são manifestadas, de abertura, momento em que são estabelecidos os pontos de partida da discussão; de argumentação, ocasião em que ocorre a exteriorização das ponderações que são apresentadas, defendidas, podendo gerar concordância ou contrariedade e a derradeira de conclusão, na qual são expostos os resultados da discussão.

A referida teoria, baseada na lógica informal e na pragmática linguística, procura harmonizar os enfoques dialético e retórico. Assegura que, mediante ajustes estratégicos, em que se afasta a conciliatio,

---

(191) AMOSSY, Ruth. *A argumentação no discurso*. São Paulo: Contexto, 2018, p. 32.

(192) *Ibid.*, p. 33.

recurso manipulador, a metonímia, utilização de palavras fora de seu uso semântico, a questão retórica, interrogação como apelo estilístico, pergunta-se sabendo a resposta e a preterição, abordagem de um assunto ao mesmo tempo que se afirma que será evitado. Há eficácia em uma discussão crítica razoável, num quadro dialético, porque se preserva a racionalidade do debate.

Depreende-se dos aportes doutrinários que a conversa, aparentemente simples, em um conflito, acha-se revestida de múltiplas facetas que podem interferir na vontade, motivo pelo qual o julgador fica na dependência dos conhecimentos teóricos que permitem a constatação e a correção das abordagens.

Quando se identifica que a manifestação não está emanando da adequada compreensão, da correta avaliação e da suficiente ponderação, torna-se a discussão vulnerável e essa condição propicia a manipulação, o que torna apenas aparente a solução consensual, porquanto desconfigurada, na essência, pelo desequilíbrio gerado a um dos envolvidos na deliberação. Tal desvirtuamento, geralmente, transparece na expressão facial ou corporal que, não se mostrando coerente com as palavras, precisa ser considerada, por constituir valoroso subsídio na validação.

4.4. A relevância da comunicação não verbal na conciliação

No senso comum compreende-se como não verbal[(193)] a comunicação feita por diferentes meios, portanto, sem a utilização de palavras. Para Mark L. Knap e Judith A. Hall, no entanto, embora desta maneira assimilada, a definição apresenta-se inadequada quando: "aprendemos mais sobre a complexidade da comunicação enquanto comportamento"[(194)].

---

(193) Tornou-se quase uma praxe nos textos sobre comunicação interpessoal se fazer referência à pesquisa realizada na década de 1950 por Albert Mehabian, pioneiro no estudo da linguagem corporal. As suas conclusões são lapidares, pois apontam que 93% do impacto inicial da comunicação entre as pessoas vêm da linguagem não verbal. Esmiuçar o percentual ajudará a esclarecer o assunto: 55% vêm da linguagem corporal – as expressões faciais, gestuais e posturais; 38% vêm da tonalidade e das inflexões da voz; e 7% vêm das palavras, quer dizer, do conteúdo propriamente verbal. Está comprovado que passado o primeiro momento do diálogo, esses percentuais se alteram; contudo, os fatores não verbais tendem a continuar comandando o significado da maior parte de tudo o que dizemos. Talvez por isso se diga que 'uma visão vale mais do que mil palavras'. SANTOS, Alexandre Henrique. *O poder de uma boa conversa*: comunicação e empatia para líderes, gestores, coaches, educadores, pais e demais facilitadores. Petrópolis, RJ: Vozes, 2017, p. 81.

(194) KNAPP, Mark L.; HALL, Judith A. *Comunicação não-verbal na interação humana*. Tradução Mary Amazonas Leite de Barros. São Paulo: JSN Editora, 1999, p. 17.

Pelo aspecto apontado, isso consiste num conjunto de atividades e reações[195] que precisam ser observadas para a verificação da coerência entre o discurso e a ação. Os mencionados autores, apoiados no esquema adotado por Ruesch e Kees, especificam as categorias que descrevem as áreas de estudo não verbal em: 1) ambiente da comunicação; 2) aparência física do comunicador; 3) proxêmica; 4) movimento do corpo ou comportamento cinestésico; e 5) paralinguagem.

Tratando do ambiente aduzem que, apesar da pesquisa estar centrada na aparência e no comportamento das pessoas, a influência de outras causas não humanas, no intenso fluxo de informações, tem chamado a atenção porque, para melhorar a comunicação, modifica-se o meio que nos envolve, já que este pode afetar o humor, as ações e a opção por palavras.

Mesmo não sendo parte direta do relacionamento humano, o mobiliário, o estilo arquitetônico, a decoração, as condições de iluminação, as cores, a temperatura, os ruídos adicionais, a música e similares interferem na interação. Os recintos, influenciando o comportamento humano, podem ser alterados com a intenção de provocar certos tipos de resposta.

Fundamentando-se na sugestão de Mehrabian, consignam que todos os locais suscitam reações emocionais, podendo as emoções ou sentimentos ser analisados em três dimensões:

> excitante/não excitante, prazeroso/não prazeroso e dominante/submisso. Sugerimos seis bases perceptivas para examinar os ambientes: formal/informal, acolhedor/frio, público/privado, familiar/não familiar, constrangedor/livre e distante/próximo. Também destacamos que os indivíduos percebem os aspectos temporais de seus ambientes quando as coisas acontecem, o tempo que duram, o tempo existente entre os acontecimentos e o padrão ou ritmo dos eventos. Cada ambiente parece ter três

---

(195) O corpo nos revela muito mais do que o verbo. Embora a língua possa mentir, a fisiologia não mente jamais. Entretanto, estamos mais acostumados a escutar e entender a linguagem verbal e menos acostumados a observar e traduzir a linguagem não verbal. É exatamente isso que se faz necessário aqui: apreciar o que o corpo tem a nos dizer. [...] O corpo traduz vontades do inconsciente, o que está longe de ser pouco, e contribui para elucidar aspectos obscuros ou imprecisos da pessoa. Nossa silente linguagem corporal surgiu muito, muitíssimo antes do que a linguagem sonora e audível. Apesar de que há milênios ambas coexistem e se tornaram banais, ampla parcela de nós ainda precisa de treinamento para captar e entender o mudo e rico idioma da fisiologia. SANTOS, Alexandre Henrique. *O poder de uma boa conversa*: comunicação e empatia para líderes, gestores, coaches, educadores, pais e demais facilitadores. Petrópolis, RJ: Vozes, 2017, p. 156.

características principais: 1) o ambiente natural; 2) a presença ou ausência de outras pessoas; 3) o desenho arquitetônico e objetos móveis, incluindo iluminação, som, cor e o apelo estético visual geral. A quantidade e a qualidade da pesquisa em cada uma dessas áreas variam consideravelmente, mas está claro que qualquer análise do comportamento humano deve levar em conta a influência das características ambientais.(196)

Pelo que foi analisado, o ambiente no qual as pessoas se comunicam, não raramente, influi no desenlace dos encontros, afetando tanto a frequência como o conteúdo das mensagens pela interferência na conduta dos interlocutores. Pode, em vista disso, ser alterado para gerar certos tipos de resposta, tanto que, mencionando Skinner, um dos mais renomados psicólogos de nosso século(197), acreditam que somos produtos do nosso espaço físico e que se queremos mudanças de comportamento, necessário se faz aprender a controlar o âmbito em que interagimos, já que:

> normalmente nosso comportamento varia conforme o comportamento da pessoa com quem nos comunicamos. Outro importante fator a influenciar nosso comportamento é o ambiente em que nos comunicamos. Alguns aspectos do ambiente podem ser deliberadamente estruturados com o objetivo de obter certas respostas da outra pessoa. Nesse sentido, o ambiente é uma fonte de signos não-verbais aos quais reagimos e que podemos usar como parte de nosso repertório comunicativo para obter certas reações do outro.(198)

No que pertine à aparência física do comunicador, consideram a mesma como característica que quase não se altera na interação, pois, embora sendo influente sinal não-verbal, na forma visível, não se acha regido pelo movimento por se vincular ao físico ou à forma do corpo.

Quanto à proxêmica, apresentam-na como estudo da utilização e da percepção do espaço social e pessoal, levando em conta a forma como as pessoas utilizam e da maneira que reagem à disposição espacial nos relacionamentos dos grupos formais e informais. Trata, portanto, do

---

(196) KNAPP, Mark L.; HALL, Judith A. *Comunicação não-verbal na interação humana.* Tradução Mary Amazonas Leite de Barros. São Paulo: JSN Editora, 1999, p. 90.

(197) *Ibid.*, p. 89.

(198) KNAPP, Mark L.; Judith A. *Comunicação não-verbal na interação humana.* São Paulo: JSN Editora, 1999, p. 60.

modo como se ocupa o espaço, observando a posição no que se refere à liderança, ao fluir da comunicação e à atividade a realizar.

Abordando sobre o movimento do corpo, ou comportamento cinestésico, aduzem que se incluem neste (membros, mãos, cabeça, pés e pernas), expressões faciais (sorrisos), comportamento ocular (direção e duração do olhar, o piscar e a dilatação da pupila) e a postura. Inserem o franzido do cenho e a posição dos ombros e da cabeça no campo da cinestesia, dedicando a cada segmento específicas explanações, que precisam ser objeto de conhecimento, pelo conciliador, porque o corpo revela muito mais do que o verbo e a fisiologia não mente.

Por essa percepção, atenuando-se o predomínio de escutar e entender a linguagem verbal, implica em observar e traduzir o movimento corporal permitindo que sejam detectadas as manifestações do inconsciente, aspecto extremamente importante, vez que: "contribui para elucidar aspectos obscuros ou imprecisos da pessoa.

Nossa silente linguagem surgiu muito, muitíssimo antes do que a linguagem sonora e audível. [...] ampla parcela de nós ainda precisa de treinamento para captar e entender o mudo e rico idioma da fisiologia"[(199)]. Apresentando-se relevante no sistema geral de comunicação a manifestação não verbal, pela quantidade de sinais informacionais que fornece, desempenha destacada contribuição para a obtenção da justiça socialmente almejada.

4.5. O gesto e a postura como subsídios no consenso

Destacando a importância, Mark L. Knapp e Judith A. Hall afirmam que: "os gestos podem substituir a fala (durante o diálogo ou quando o discurso não é usado), regular o fluxo e o ritmo da interação, manter a atenção, dar ênfase ao discurso e ajudar a caracterizar e memorizar o conteúdo do discurso"[(200)].

Como são utilizados rotineiramente, os gestos desdobram-se em independentes da fala e relacionados à verbalização. Os primeiros são

---

(199) SANTOS, Alexandre Henrique. *O poder de uma boa conversa*: comunicação e empatia para líderes, gestores, coaches, educadores, pais e demais facilitadores. Petrópolis, RJ: Vozes, 2017, p. 156.

(200) KNAPP, Mark L.; HALL, Judith A. *Comunicação não-verbal na interação humana*. Tradução Mary Amazonas Leite de Barros. São Paulo: JSN Editora, 1999, p. 192.

atos não verbais, mas que têm um significado oral direto ou uma léxica definição, retratando poucas palavras ou uma frase, sendo aplicados quando são bloqueados ou então falham os canais verbais, podendo, também, ser usados no transcorrer de uma interação verbal.

Explicitando, afirmam que uma pessoa, ao falar sobre o estranho comportamento de outra, conclui fazendo um gesto que comunica: "'Ele é doido'. O movimento circular ao lado da cabeça substitui uma frase inteira"[(201)]. A referida manifestação pode completar uma elocução: "Já que você me perguntou, eu penso..."[(202)].

Desta maneira, asseveram que as palavras tornam-se desnecessárias e redundantes para a compreensão da mensagem que está sendo transmitida. No exemplo, a gesticulação ocorreu no final, mas esta pode acontecer no início, registrando que os ouvintes valem-se de sinais independentes da fala para comentar ou qualificar o que o orador está enunciando, movimentando a cabeça, aprovando ou discordando, e que os significados são influenciados pelo contexto.

Os gestos[(203)] relacionados à fala, por vezes denominados ilustradores, acham-se diretamente vinculados ou acompanham a expressão verbal. Desse modo, caracterizam o conteúdo, mostram o relacionamento do falante com o referente, apontando se aquele está seguro ou inseguro,

---

(201) KNAPP, Mark L.; HALL, Judith A. *Comunicação não-verbal na interação humana*. São Paulo: JSN Editora, 1999, p. 194.

(202) *Ibid.*, p. 194.

(203) *Ibid.*, p. 260. Respondemos aos gestos com extrema prontidão e, poderíamos dizer, de acordo com um código elaborado, secreto e não escrito, que ninguém conhece mas todos compreendem. E. Sapir. A citação de Sapir caracteriza adequadamente a visão dos gestos predominante na primeira parte do século XX. Se estivesse vivo hoje, sua avaliação seria, sem dúvida, um pouco diferente. A linguagem falada e os gestos são comumente reconhecidos como partes integrantes da interação humana (a conversação informal e também o discurso público mais formal). Entretanto, ao contrário da linguagem, os gestos receberam relativamente pouca atenção dos estudiosos até recentemente. Kendon (1981) identificou apenas seis livros eruditos sobre o gesto, publicados entre 1900 e 1979 em inglês. Posteriormente, entretanto, começou-se a entender e registrar a complexa natureza dos gestos já conhecidos. Passou-se também a aprender de que modo as pessoas chegam a entender os gestos que não são muito conhecidos. O que são exatamente os gestos? São movimentos do corpo (ou de parte dele) usados para comunicar uma ideia, intenção ou sentimento. Muitas dessas ações são feitas com braços e mãos, mas a área da face e da cabeça também é usada na gesticulação. Entre algumas ações, normalmente não consideradas como gestos, incluem-se os toques no próprio corpo, arrumar-se, ajustar a roupa e os tiques nervosos. Muitos movimentos ligados ao corpo refletem ou regulam estados de excitação (Barroso e outros pesquisadores, 1978). [...].

abarcam uma ideia ou dissociam-se dela, servindo, alguns, para acentuar ou enfatizar unidades da fala.

Detalhando a quádrupla classificação dos movimentos vinculados à oralidade, desdobram os gestos em:

1) concernentes ao referente do falante – abstratos ou concretos, pois enquanto se fala movimentos corporais são realizados, caracterizando o conteúdo do que está sendo expressado, retratando não apenas aspectos concretos, mas, também, ideias vagas e subjetivas.

2) indicativos do relacionamento do falante com o referente, representado nos sinais que, além de identificar a natureza do objeto da fala, mostra o estado físico ou psíquico de quem a ele se reporta. Apresentam como demonstração as variantes do posicionamento das palmas das mãos.(204) As faces internas voltadas para cima indicam mais incerteza ("eu penso" ou "não estou certo); para baixo, designam certeza ("claramente" ou "absolutamente"); para fora e voltadas para o ouvinte revelam afirmações ("vou dizer uma coisa..." ou "acalme-se"); e palmas direcionadas para o orador abrangem um conceito ("eu tive uma grande ideia..."); podendo ter outras associações quando o detentor da palavra as volta para cima, em atitude de súplica, desculpando-se ou encenando uma saudação. Mencionam, também, que os meneios de mão sugerem que o discursante "não está seguro" ou "poderia tomar outro caminho".

3) os sinais que acentuam ou enfatizam, como pontuação visual para o discurso do falante, acham-se retratados na coincidência do gesto com a principal ênfase da voz, além de organizar o fluxo discursivo em unidades, podendo um leve movimento descendente da cabeça acompanhar os gestos das mãos. A mão ou o punho golpeando o ar ou outro objeto atua como um mecanismo para "sublinhar" visualmente um ponto especial do discurso. Isso pode ser feito, igualmente, com o corpo, sendo o movimento do olho e não da sobrancelha uma exibição de tal modalidade e que o alargamento momentâneo das pálpebras do orador, sem mover as sobrancelhas, acontece com maior frequência em conjunção com adjetivos falados e destinados ao propósito de enfatizar a frase.

---

(204) KNAPP, Mark L.; Judith A. *Comunicação não-verbal na interação humana*. São Paulo: JSN Editora, 1999, p. 207.

4) Versando sobre o movimento corporal na interação, entendem que os gestos "identificam quem está interagindo com o orador e ajudam a regular e organizar o diálogo. Esses gestos indicam o envolvimento dos interagentes diante da presença de outras pessoas"[(205)]. Reportando-se a Bavelas e seus colegas[(206)], afirmam que: "os comportamentos do orador e do ouvinte, associados ao revezamento na conversação e às respostas do ouvinte na forma de meneios de cabeça, expressões confusas etc., são gestos de interação"[(207)]. Alertam, entretanto, sobre a separação dos dois inter-relacionantes provocada pelos revezamentos, ocorrendo, nestas circunstâncias, gestos que instituem inclusões, isto é, "estamos separados, mas juntos".[(208)]

A expressão tem o sentido de que, aquele que está com a palavra deve inserir o ouvinte no diálogo, enquanto não o deixa falar. Embasando-se na pesquisa preliminar de Bavelas, dizem que quase a metade de todos os gestos codificados serve a propósitos interativos, localizando-se exclusivamente no espaço entre os participantes e comumente envolve apontar, variando o modo, na direção do outro e que, pela constatação dos pesquisadores, a expressão facial "rosto pensativo" denota a "coparticipação da audiência nas buscas de palavra e serve, por isso, à função de inclusão total"[(209)].

Ponderam que a quádrupla classificação serve para compreender de que forma os gestos e a fala atuam juntos e que, obviamente, alguns movimentos do corpo não se limitam a uma função, pois: "o relacionamento do orador com o referente pode ser muito intenso. Algumas das atitudes gestuais que destacam esse relacionamento, todavia, podem também enfatizar (pontuar) certas unidades de mensagens específicas"[(210)].

Assim, no plano individual, ou seja, na coordenação do movimento oral e corporal de um único orador, concebem que os gestos, pela vinculação ou por acompanhar a fala, consoante estudos realizados, são

---

(205) KNAPP, Mark L.; Judith A. *Comunicação não-verbal na interação humana*. Tradução Mary Amazonas Leite de Barros. São Paulo: JSN Editora, 1999, p. 208.

(206) *Ibid.*, p. 208 (Bavelas, Chovil, Lawrie e Wade, 1990; Bavelas, Hagen, Lane e Lawrie, 1989).

(207) *Ibid.*, p. 208.

(208) *Ibid.*, p. 209.

(209) KNAPP, Mark L.; HALL, Judith A. *Comunicação não-verbal na interação humana*. Tradução Mary Amazonas Leite de Barros. São Paulo: JSN Editora, 1999, p. 209.

(210) *Ibid.*, p. 209.

coordenados. Isso ocorre porque uma unidade de conteúdo emana de dois componentes "conduzidos pelo mesmo propósito geral, e parecem estar sob o governo das mesmas partes do cérebro"[(211)], ficando o comportamento "fora da sincronia". Por presunção, considera-se um estado patológico, pois incoerente se apresenta a própria pessoa verbalizar num sentido, com movimento corporal diferente, porque isso, além de neutralizar o que está sendo falado, torna incompreensível a manifestação.

A questão passa a exigir melhor atenção quando a coordenação da fala com o movimento corporal envolve dois oradores, tanto que duas teorias, segundo os autores, procuram explicar por que algumas condutas se combinam e outras se equilibram com comportamentos opostos. Valendo-se do ensinamento de Patterson, dizem que se adota comportamento semelhante (recíproco) quando reputamos positiva a sensação gerada pelo modo de agir de outra pessoa (prazer, alívio, amor), e que mostramos um comportamento compensatório quando a consideramos negativa (desprazer, embaraço, ansiedade).

Na rápida troca de comportamento, quando a carência de tempo não permite a sensação dos aspectos positivos ou negativos, a segunda teoria apregoa que a conduta da outra pessoa, relativamente compatível com a expectativa e preferência de envolvimento, gera o comportamento combinado (recíproco) e que havendo discordância de posicionamento surge a tendência de demonstração de procedimento compensatório.

Portanto, independente da forma de utilização, o comportamento não verbal resulta do que fazem os dois envolvidos, comunicando agrado ou desagrado. A reciprocidade ou a compensação precisa ser identificada e importante subsídio encontra-se na moderação, tanto que Argyle e Dean[(212)], em 1965, propuseram a teoria do equilíbrio sustentando que os interagentes buscam um patamar de intimidade que seja adequado para ambos.

Dessa maneira, afirmam que o olhar, o sorriso e a intimidade evidenciam a fase de proximidade, que pode ser modulada, no caso aumentada ou diminuída, pelo outro interagente, o qual "compensará" adotando a conduta necessária para a obtenção do procedimento desejável. Numa

---

(211) KNAPP, Mark L.; HALL, Judith A. *Comunicação não-verbal na interação humana.* Tradução Mary Amazonas Leite de Barros. São Paulo: JSN Editora, 1999, p. 213.

(212) KNAPP, Mark L.; Judith A. *Comunicação não-verbal na interação humana.* Tradução Mary Amazonas Leite de Barros. São Paulo: JSN Editora, 1999, p. 371.

ocorrência fática, exemplificam que o olhar exagerado de um conhecido, o ficar perto demais e o falar sobre assuntos íntimos, pela mencionada teoria, implicariam no aumento da distância, no desvio do olhar e na tentativa de mudar o assunto para uma esfera menos afeiçoada.

Numa situação de conflito, a prévia percepção do tipo de procedimento, adotado pelos contendores, possibilita a adequação do encaminhamento, contribuindo, significativamente, para o gerenciamento da interação, na qual, em grande parte das vezes, não há a preocupação consciente com questões como saudar as pessoas, solicitar a vez de falar, mostrar que se acredita no interlocutor, ou dizer até logo, já que se procede fazendo isso com o propósito de: "estruturar a interação: controlar os processos de resumir, o ato de falar e ouvir, e a despedida"[(213)].

Na reflexão consciente, entretanto, percebe-se que tais atos são ricos de conteúdo, apresentando relevância nas mensagens envolvidas, já que as saudações, desempenhando a função reguladora, marcam o início do diálogo, sendo, também, transmissoras de informações sobre o relacionamento que auxiliam na elaboração da conversa.

Desta forma, durante os cumprimentos, o comportamento oral e gestual pode evidenciar diferenças de condição (subordinado/supervisor), nível de proximidade, sentimento ou atitude corrente (aversão/interesse) e que o desejo de envolvimento das pessoas passa a ser demonstrado na saudação carregada de emoção ou refletir a longa ausência de contato.

Fazendo referência ao estudo de Kendon e Ferber, confirmado por Krivonos e Knapp, em 1975, afirmam: "A natureza específica das saudações varia de acordo com o relacionamento dos comunicadores, o ambiente e o comportamento verbal dos interagentes"[(214)]. Centrando-se no comportamento não verbal foi constatado que, com frequência, os cumprimentos iniciavam-se por um movimento vertical ou lateral da cabeça, com o olhar fixo, sendo os sorrisos comuns, sem depender do grau de conhecimento.

---

(213) KNAPP, Mark L.; Judith A. *Comunicação não-verbal na interação humana*. Tradução Mary Amazonas Leite de Barros. São Paulo: JSN Editora, 1999, p. 377.

(214) KNAPP, Mark L.; HALL, Judith A. *Comunicação não-verbal na interação humana*. Tradução Mary Amazonas Leite de Barros. São Paulo: JSN Editora, 1999, p. 378.

Por tais percepções, o sorriso indica a possibilidade de despertar uma reação inicial positiva e amigável e que o olhar evidencia a abertura dos canais, sinalizando a obrigação de se comunicar. As piscadelas e o soerguimento das sobrancelhas são outros comportamentos de saudação ligados aos olhos, tendo também os acenos, o aperto de mão e o polegar para cima expressão ativa das mãos no processo de cumprimentar.

Deve também ser observada a boca, pois um sorriso, ou assumindo a forma oval, sugere a prontidão para falar e, como os colóquios iniciam-se e findam, há no transcurso a troca de papéis no revezamento e uso da palavra. Para os autores, necessita ser considerada a maneira como as mudanças são realizadas, porque:

> Um revezamento efetivo pode dar origem à percepção de que você e seu parceiro 'se entendem perfeitamente' ou de que seu parceiro é um comunicador muito competente; o revezamento ineficaz pode produzir interpretações de que o interagente é 'rude' (interrupções excessivas), 'dominador' (sem suficiente alternância do uso da palavra) ou 'frustrante' (incapaz de se fixar num ponto importante).[215]

O conhecimento dos significados da postura e dos gestos constitui valioso subsídio pois revelam aspectos do relacionamento profissional que a oralidade oculta, permitindo que a conciliação seja orientada em bases vivenciadas pelas partes, aproximando-se do que se apresenta mutuamente desejável.

4.6. A expressão facial e o comportamento visual no balizamento da interlocução consensual

As palavras, numa situação de conflito, algumas vezes, por múltiplas circunstâncias, podem não retratar a vontade de um ou até mesmo dos dois litigantes. Nesta condição, a aquiescência verbal consiste na manifestação meramente protocolar, que efetivamente não soluciona a demanda. Sendo a insatisfação evidenciada por outros comportamentos, estes devem ser observados e considerados pelo agente estatal que está gerenciando a interação, com especial atenção, quando o semblante dissocia-se da afirmação, porque:

---

(215) KNAPP, Mark L.; HALL, Judith A. *Comunicação não-verbal na interação humana*. Tradução Mary Amazonas Leite de Barros. São Paulo: JSN Editora, 1999, p. 379.

A face tem grande potencial comunicativo. É o primeiro canal de comunicação de estados emocionais; reflete atitudes interpessoais, fornece *feedback* não verbal dos comentários dos outros; e alguns estudiosos acreditam que, ao lado da fala humana, constitui a principal fonte de informações. Por tudo isso, e por causa da visibilidade da face, prestamos muita atenção às mensagens que recebemos das faces dos outros.[(216)]

Constituindo o rosto um sistema de multimensagem, as faces são utilizadas para facilitar e inibir as reações porque abrem e fecham os canais de comunicação, qualificam ou complementam as respostas verbais ou não orais e substituem o discurso, tendo, simultaneamente, várias funções, tanto que um bocejo pode substituir a fala "estou entediado" e, ao mesmo tempo, servir para encerrar a interação.

Explicitando, os autores Mark L. Knapp e Judith A. Hall mencionam que a abertura da boca, preparando-se para falar, frequentemente seguida de uma profunda inspiração, configura o canal de controle, indicando que se pretende mudar de assunto. A complementação ou a qualificação do comportamento alheio ocorre na conversação normal, nas circunstâncias em que se deseja sublinhar, ampliar, diminuir ou apoiar mensagens, podendo os sinais emanar do orador ou do ouvinte, adquirindo uma mensagem triste mais ênfase com as sobrancelhas. A aprovação pode ser demonstrada pelo sinal de "positivo" feito com a mão, acompanhado de uma piscadela.

Embora advertindo que a interpretação das expressões faciais nem sempre se apresenta facilitada, atestam que as influências externas e internas refletem na face. Isso possibilita a constatação de uma série de emoções baseadas na aparência, constituindo valoroso auxílio para identificar se as manifestações são simuladas ou reais, numa situação de interesses antagônicos. Além do que transparece no rosto, o comportamento visual também deve ser levado em conta, visto que:

> Associamos vários movimentos do olho a uma ampla variedade de expressões humanas: olhar para baixo está associado à modéstia; olhos grandes significa franqueza;

(216) KNAPP, Mark L.; HALL, Judith A. *Comunicação não-verbal na interação humana*. Tradução Mary Amazonas Leite de Barros. São Paulo: JSN Editora, 1999, p. 261.

admiração, ingenuidade ou terror; pálpebras superiores levantadas junto com contração do músculo orbicular denotam desagrado; músculos faciais geralmente imóveis e um olhar fixo constante são com frequência associados a frieza; olhos voltados para cima podem revelar fadiga ou sugerir um comportamento estranho.[(217)]

Distinguindo as terminologias, registram que o olhar fixo caracteriza-se pela conduta visual de uma pessoa que não necessariamente se dirige a alguém e que o olhar fixo mútuo configura-se na situação em que: "os dois interagentes estão olhando um para outro, geralmente na região do rosto"[(218)].

A multifacetada expressividade, se devidamente considerada, por desempenhar, segundo os autores, as funções de: regular o fluxo da comunicação; monitorar o feedback; refletir a atividade cognitiva; expressar emoções e comunicar a natureza da relação interpessoal, ajuda na forma de encaminhamento da interlocução.

A atenta observação dos sinais possibilita a prévia noção das propensões, significando que, havendo o contato visual, as partes sinalizam que o canal de comunicação está aberto e isso representa a superação da mais importante etapa da conciliação, tanto que realçam esta condição aduzindo que: "em algumas ocasiões, o olhar fixo quase estabelece uma obrigação de interagir"[(219)].

Ilustrando, mencionam que, quando o professor faz uma pergunta à classe e esta não sabe a resposta, o contato visual não acontece porque, a despeito de não fazer alusão direta, deixa transparecer que os alunos baixam a cabeça procurando se esquivar da indagação e que semelhante comportamento ocorre quando se encontra uma pessoa com quem não se quer falar.

Não se limitando à sinalização de abertura e fechamento da conversa, a conduta visual regula o fluxo da comunicação. Enuncia sinais de mudanças de rumo, bem como serve para monitorar a reação,

---

(217) KNAPP, Mark L.; HALL, Judith A. *Comunicação não-verbal na interação humana.* Tradução Mary Amazonas Leite de Barros. São Paulo: JSN Editora, 1999, p. 294.

(218) *Ibid.*, p. 296.

(219) *Ibid.*, p. 297.

interpretando que o olhar do ouvinte para o orador indica atenção e demonstra interesse ao que está sendo dito.

O comportamento ocular também retrata a atividade cognitiva, pois o olhar para longe assinala que os interagentes estão tentando processar ideias difíceis ou complexas, podendo ser uma mudança na atenção dos assuntos externos para internos, já que: "aparentemente, olhamos para longe mais nas questões reflexivas do que nas fatuais"[(220)]. Como as posições oculares, hipoteticamente, processam informações, apresenta-se interessante acompanhar as mesmas num litígio.

Atentar-se para isso, quando se almeja o consenso, constitui importante subsídio para constatar se a afirmação retrata a verdade ou decorre da imaginação, da mentira ou da habilidade de simulação. Desse modo, a posição dos olhos: para cima e à direita significa tentando visualizar evento nunca visto; para cima e à esquerda, lembrando evento que foi visto; para baixo e voltando-se à direita, escolhendo sensações do corpo; e para baixo e direcionando-se à esquerda, mantendo uma conversação interna. Pelo que retrata, torna-se recomendável, igualmente, contemplar o relance na área do olho, vez que este expressa emoções, demonstrando:

> *Surpresa*. As sobrancelhas se erguem e ficam curvadas e altas. A pele sob a sobrancelha permanece esticada. As pálpebras estão abertas: a superior mantém-se levantada, e a inferior, puxada para baixo; o branco do olho aparece acima da íris e, com frequência, também abaixo. *Medo*. As sobrancelhas mantêm-se levantadas e puxadas juntas. A pálpebra superior está levantada, expondo o branco do olho, e a inferior está tensionada e puxada para cima. [...] *Raiva*. As duas sobrancelhas mantêm-se baixas e puxadas. Linhas verticais aparecem entre elas. A pálpebra inferior é tensionada e pode ou não estar erguida. A pálpebra superior é tensionada e pode ou não ser baixada pela ação das sobrancelhas. Os olhos mostram uma fixação rígida e podem ficar injetados. *Felicidade*. Mostra-se principalmente na parte inferior da face e na pálpebra inferior. Surgem rugas sob a pálpebra inferior, que pode se erguer, mas não é tensionada. Os pés-de-galinha se projetam para fora a partir dos cantos externos dos

---

(220) KNAPP, Mark L.; HALL, Judith A. *Comunicação não-verbal na interação humana*. Tradução Mary Amazonas Leite de Barros. São Paulo: JSN Editora, 1999, p. 299.

olhos. *Tristeza*. Os cantos internos das sobrancelhas são puxados para cima. A pele sob as sobrancelhas assume uma forma triangular, com o canto interno para cima. O canto interno da pálpebra superior é levantado.[(221)]

Decorre da asseveração que a exteriorização das emoções, no semblante[(222)], bem como o olhar e os movimentos corporais complementam as palavras, constituindo a manifestação não verbal parcela indissociável do processo comunicativo pela grande quantidade de sinais informacionais que disponibiliza na interação. Em função da natureza integralizadora, torna-se insatisfatória a definição que a considera meramente feita por meios diferentes da oralidade, porque desconsidera a complexidade da comunicação enquanto comportamento.

Esta concepção doutrinária[(223)] reveste de base teórica a percepção de que somente a verbalização, em situação de pretensões antagônicas, não se apresenta suficiente para validar a avença se a expressão facial, os gestos e os olhos não se acham condizentes com o que está sendo verbalizado. Isso, na interlocução, em que se objetiva a conciliação, indica falta de coesão, portanto, alguma intercorrência que está afetando a livre exteriorização da verdadeira pretensão, mostrando-se, também, a manifestação indefinida, o que precisa ser avaliado e adequadamente esclarecido para não prevalecer a manipulação que nulifica o consenso.

Assim, como a conversação constitui a essência da conciliação, perfectibiliza-se pelo paradigma interacional, cuja linguagem, amoldando-se ao aspecto consensual, depende das apropriadas condições para o discurso, a retórica e a argumentação, merecendo atenção, também, o

---

(221) KNAPP, Mark L.; HALL, Judith A. *Comunicação não-verbal na interação humana*. Tradução Mary Amazonas Leite de Barros. São Paulo: JSN Editora, 1999, p. 301.

(222) KNAPP, Mark L.; HALL, Judith A. *Comunicação não-verbal na interação humana*. Tradução Mary Amazonas Leite de Barros. São Paulo: JSN Editora, 1999, p. 260. Sua face, meu senhor, é um livro em que os homens podem ler coisas estranhas – Shakespeare, Macbeth, Ato I. A face tem grande potencial comunicativo. [...] Frequentemente, confiamos nos sinais faciais ao fazer julgamentos interpessoais. Isso começa quando bebês, demonstramos interesse especial pela enorme face que aparece acima do nosso berço e atende a nossas necessidades. A maior parte da pesquisa sobre expressões faciais (e sobre vários componentes da face) centrou-se na apresentação e interpretação de estados emocionais. Embora esse seja o principal tema deste capítulo, devemos mencionar que a face também pode ser a base para o julgamento da personalidade de outra pessoa e fornecer informações não apenas sobre o estado emocional de alguém.

(223) KNAPP, Mark L.; HALL, Judith A. *Comunicação não-verbal na interação humana*. Tradução Mary Amazonas Leite de Barros. São Paulo: JSN Editora, 1999, p. 49.

gesto que atua como mecanismo aferidor do consenso, no qual a postura, a expressão facial e o comportamento visual, igualmente, assumem importantes funções para demonstrar se a expressão oral está sendo confirmada pela comunicação não verbal.

5 - A LEGITIMAÇÃO DA CONCILIAÇÃO JUSLABORAL PELA TEORIA DO AGIR COMUNICATIVO

5.1. Aspectos circunstanciais da ação comunicativa

A adequação do paradigma comunicacional interacional à conciliação e o estruturamento na interlocução, que se direciona ao solvimento do conflito, constituem a primeira fase do equacionamento, pois, além de tais aspectos, o consenso necessita ser chancelado pelos envolvidos. Essa validação, sob o ponto de vista doutrinário, encontra-se na conduta procedimental configurada pela ação comunicativa[(224)], expressada em:

> atos discursivos pelos quais os sujeitos podem orientar suas ações, tendo por base a preocupação com o entendimento da mensagem. A linguagem serve como garantia da democracia de que busca a compreensão de interesses mútuos e o alcance de um consenso. Entretanto, para que a linguagem assuma esse papel democrático, é necessário que a comunicação seja clara, sem distorções de palavras ou de seus significados, o que seria alcançado por meio da razão comunicativa (contextualiza o diálogo, sem intenção de dominação de um sobre o outro, apenas a construção de um conhecimento crítico a partir da argumentação). A comunicação só é eficiente quando: há o uso de regras semânticas compreensíveis para o receptor, o conteúdo da mensagem é verdadeiro, e o emissor é sincero e possui autoridade nos argumentos utilizados.

---

(224) *1000 perguntas sobre teoria da comunicação.* Aline Falcone *et al.* Felipe Pena, organizador. Rio de Janeiro: LTC, 2012, p. 93.

Em função disso, abordam-se as circunstâncias que ensejaram a elaboração da teoria(225), norteada pela convicção de que houve a transição da consciência para a análise linguística e que isso significou: "o fim da filosofia do sujeito para a teoria social"(226).

Neste pensamento, Habermas consigna que a doutrina empenha-se, desde o início, a explicar o mundo como um todo. Faz essa afirmação, dizendo que Kant procurou conquistar, para o mencionado ramo, a condição de um saber equiparado ao das ciências, por acreditar que isso seria atingível, criticando radicalmente a razão, com o propósito de limpar a filosofia de falsos saberes que nela se juntaram no passar da história.

A filosofia totalmente esclarecida sobre si mesma e firmada no consistente conhecimento levou Kant a crer que as coisas giram em torno do pensamento e não ao contrário, porque o acesso a elas acontece por meio das formas de representação da consciência transcendental. Em tal percepção, o conhecimento seguro concentra-se nas condições de acesso e não nas coisas, sendo intuitivo da razão humana, desenvolvendo-se no âmago de um ser solitário, que reflete sobre si, de forma monológica.

Habermas também entende necessário encontrar um rumo para manter a filosofia no patamar das ciências, mas indica, para tanto, uma teoria costurada com componentes da cotidiana prática comunicativa, sugerindo que o conhecimento deixe de ser focado em um singular sujeito ou numa consciência transcendental, passando a compreender que, buscando conhecer algo, a pessoa gira em torno de outros seres humanos, porque o racional conhecimento deriva do intercâmbio linguístico que se estabelece entre eles.(227)

---

(225) Pareceu-nos, todavia, possível fazer uma ideia de sua filosofia abordando-a sob cinco aspectos, cinco eixos de interpretação em torno dos quais se reúnem partes importantes de sua obra, que estão, ademais, mais ou menos esparsas, [...] esses polos são: o homem, a história, a sociedade, a cidadania, o pluralismo - poder-se-iam, certamente descobrir outros. DUPEYRIX, Alexandre. *Compreender Habermas*. São Paulo: Edições Loyola, 2012, p. 33.

(226) HABERMAS, Jürgen. *Teoria do agir comunicativo.* 1: racionalidade de ação e racionalização social. Tradução Paulo Astor Soethe. Revisão da tradução Flávio Beno Siebeneichler. São Paulo: Editora WMF Martins Fontes, 2012, p. 683.

(227) HABERMAS, Jürgen. *Teoria do agir comunicativo.* 1: racionalidade de ação e racionalização social. Tradução Paulo Astor Soethe. Revisão da tradução Flávio Beno Siebeneichler. São Paulo: Editora WMF Martins Fontes, 2012, p. 683.

Com esta concepção, contextualizando que a teoria foi elaborada sob a herança do paradigma da produção, reporta que Karl Marx procurou compreender a implicação das forças produtivas no desenvolvimento humano, embasado na crença de que por meio do trabalho e da técnica poderia ser atingida a emancipação, desde que a burguesia não fosse a detentora dos meios de produção, devendo estes ser socializados e distribuídos para a coletividade.

Desse jeito, o homem ficaria livre da condição de necessidade e que Max Weber era menos confiante quanto ao desenvolvimento da ciência por ter a convicção de que, depois da reforma protestante e do desenvolvimento do capitalismo, um espírito moderno assolaria os seres humanos, fazendo com que sempre fossem almejados determinados fins, prendendo esse resultado o homem numa ideologia utilitarista, em objetivos que obstam o desenvolvimento da afetividade e das tradições, tornando o ser humano moderno, mais racionalizado, preso numa jaula de ferro.

Para Habermas, o trabalho, embora essencial, não constitui fator determinante e nem consegue explicar todas as relações e instituições humanas que podem ser constituídas. Em decorrência disso, como a filosofia flerta com o pragmatismo, apresenta ações para corrigir alguns equívocos que aconteceram durante o século XX e início do que se encontra em transcurso.

Faz a abordagem dividindo a sociedade em duas esferas: sistema e mundo da vida. O sistema acha-se regido pelas instituições voltadas ao paradigma da produção em que a atuação dos indivíduos mostra-se sempre estratégica e direcionada ao sucesso individual. O mundo da vida caracteriza-se pela ação comunicativa entre os homens, permitindo a harmonização dos interesses entre eles, possibilitando estabelecer o que denomina de consenso.

Constata que, com o desenvolvimento do capitalismo e da modernidade, houve a colonização do mundo da vida pelo sistema. Isso significa que as ações estratégicas individuais voltadas para o crescimento pessoal dominaram as ações de afetividade, da família e das tradições de uma sociedade e que a neutralização desta condição pode ser feita por meio dos regimes democráticos, dotados dessa mesma atualidade, mas voltados à participação e ao diálogo, em que os integrantes, a partir da lógica e da análise de suas falas e dos discursos, possam estabelecer acordos, fazendo com que o sistema passe a não ser predominante, já que:

a evolução histórico-social das formas de racionalidade leva a uma progressiva diferenciação da razão humana em dois tipos de racionalidade, a INSTRUMENTAL e a COMUNICATIVA, imanentes a duas formas de ação humana. A ação instrumental é aquela orientada para o ÊXITO, em que o agente calcula os melhores meios para atingir fins determinados previamente. Esse tipo de ação é aquele que caracteriza para Habermas o trabalho, vale dizer, aquelas ações dirigidas à dominação da natureza e à organização da sociedade que visam à produção das condições materiais da vida e que permitem a coordenação das ações, isto é, possibilitam a reprodução MATERIAL da sociedade. Em contraste com esse tipo de racionalidade, surge a racionalidade própria da ação de tipo comunicativo, quer dizer, aquele tipo de ação orientado para o ENTENDIMENTO e não para a manipulação de objetos e pessoas no mundo em vista da reprodução material da vida (como é o caso da racionalidade instrumental). A ação orientada para o entendimento é aquela que permite, por sua vez, a reprodução SIMBÓLICA da sociedade.(228) (destaques no original)

Estabelecendo a distinção entre sistema e mundo da vida, Habermas respondeu ao que estava a exigir o conceito de racionalidade complexo, no qual a razão instrumental fica de tal modo limitada que não reprime nem ofusca as profundas estruturas comunicacionais que se encontram nas relações sociais, porquanto trata de um conceito de sociedade em dois níveis.

Raciocinando nesse sentido, Habermas(229) voltou-se contra os conceitos de razão, verdade e democracia, contidos na dialética do

(228) HONNETH, Axel. *Luta por reconhecimento.* A gramática moral dos conflitos sociais. Tradução de Luiz Repa. Apresentação de Marcos Nobre. 2. ed. São Paulo: Editora 34 Limitada, 2017, p. 13-14.

(229) Habermas se volta abertamente contra os conceitos de razão, verdade e democracia refletidos na Dialética do Esclarecimento (1947), criada por Adorno e Horkheimer. Para os dois teóricos, a razão era capaz de objetivar-se na história, libertando a humanidade, porém o estabelecimento do estado fascista e a tendência crescente de burocratização partidária dos movimentos revolucionários mostravam que esse conceito estava errado. Habermas critica o fato de Horkheimer e Adorno não terem em nenhum momento revogado, criticado e substituído esse conceito. Os dois filósofos também teriam sido incapazes de formular um conceito de verdade que pudesse satisfazer os requisitos da ciência e remeter ao conceito da razão hegeliana, levando ao desespero mostrado na dialética negativa. Referindo-se à democracia, Jürgen mostra que os pensadores de Frankfurt não conseguiram se

esclarecimento, em que Adorno e Horkheimer afirmam que a razão tem a capacidade de instaurar-se na história, para emancipar a humanidade, vez que essa convicção mostrou-se insubsistente com o estabelecimento do Estado fascista e do aumento da burocratização partidária, dos revolucionários movimentos.

Assim, para entender o ponto de partida da formulação, segundo Marcos Nobre[(230)], embora tendo a teoria crítica a mesma origem da descrita na dialética do esclarecimento, Habermas diverge do diagnóstico de Horkheimer e Adorno, retomando, sob vários aspectos, o modelo crítico presente na "teoria tradicional e teoria crítica". Sendo o objeto da dialética do esclarecimento, a razão humana e as formas sociais da racionalidade, conclui-se dessa investigação que a razão instrumental constituía a forma estruturante e única da racionalidade social no capitalismo administrado.

A racionalidade, para Horkheimer e Adorno, restringe-se à função de adaptação à realidade, à produção do conformismo diante da vigente dominação. A submissão ao mundo da forma que aparece deixa de ser uma ilusão real que pode ser afastada pelo crítico comportamento e pela transformadora ação. Estando a sujeição despojada de alternativa, não consegue discernir as tendências reais da emancipação, já que a racionalidade própria da teoria crítica fica desprovida de embasamento concreto, na social realidade do capitalismo administrado:

> Daí a tese forte que se anuncia no prefácio do livro: o processo de esclarecimento, que é inseparável do projeto moderno de uma forma de vida emancipada, converteu-se na sua própria autodestruição. Mas, se é assim, também o próprio exercício crítico encontra-se em uma aporia: se

---

familiarizar com a perspectiva da democracia fora do contexto de massas, encarando-a com medo e desconfiança, pois viam nessa democracia de massas uma permanente ameaça a sobrevivência da razão, já que, na massa, os indivíduos perdem sua competência crítica e reflexiva, sendo prova disso o fascismo. Para Habermas, a saída desse dilema seria o resgate e a revalorização do conceito radical da democracia, que permeia todas as formas de interação, desde o nível do cotidiano até o discurso teórico e prático que permite o questionamento das normas e verdades aceitas. Razão e verdade resultam da interação do indivíduo com o mundo dos objetos, das pessoas e da vida interior. Fica explícito que Habermas opõe a teoria crítica "tradicional" à sua teoria de ação comunicativa. *1000 perguntas sobre teoria da comunicação.* Aline Falcone *et al.* Felipe Pena, organizador. Rio de Janeiro: LTC, 2012, p. 93.

(230) HONNETH, Axel. *Luta por reconhecimento.* A gramática moral dos conflitos sociais. 2. ed. São Paulo: Editora 34 Limitada, 2017, p. 11 a 13.

a razão instrumental é a forma única de racionalidade no capitalismo administrado, bloqueando qualquer possibilidade real de emancipação, em nome do quê é possível criticar a racionalidade instrumental? Horkheimer e Adorno assumem conscientemente essa aporia, dizendo que ela é, no capitalismo administrado, a condição de uma crítica cuja possibilidade se tornou extremamente precária.(231)

O apoio consciente à possibilidade da crítica numa aporia, conforme fizeram Horkheimer e Adorno, para Habermas, significa pôr em risco o próprio projeto crítico, pois:

> isso fragiliza tanto a possibilidade de um comportamento crítico relativamente ao conhecimento quanto a orientação para a emancipação. Sendo assim, de modo a se contrapor a essa posição aporética, Habermas propôs um diagnóstico do momento presente divergente em relação àquele apresentado na DIALÉTICA DO ESCLARECIMENTO. Nesse sentido, trata-se, para Habermas, de constatar que o enfrentamento das tarefas clássicas que a própria Teoria Crítica se colocou desde suas origens requer hoje ampliar seus temas e encontrar um novo paradigma explicativo. Pois, se os parâmetros originais da Teoria Crítica levaram a que, na DIALÉTICA DO ESCLARECIMENTO fosse posta em risco a própria possibilidade da crítica e da emancipação, são esses parâmetros mesmos que têm de ser revistos, sob pena de se perder exatamente o essencial dessa tradição de pensamento. Para Habermas, portanto, são as próprias formulações originais de Marx que têm de ser abandonadas. E isso não porque Habermas pretende abrir mão da crítica, mas porque, para ele, os conceitos originais da Teoria Crítica não são mais suficientemente críticos frente a realidade atual, porque ignoram aspectos decisivos das relações sociais. Sendo assim, para se contrapor a esse diagnóstico de Horkheimer e Adorno, Habermas formulou um novo conceito de racionalidade. Para Habermas, a "racionalidade instrumental" identificada na DIALÉTICA DO ESCLARECIMENTO como a racionalidade única dominante e, por isso,

(231) HONNETH, Axel. *Luta por reconhecimento.* A gramática moral dos conflitos sociais. Tradução de Luiz Repa. Apresentação de Marcos Nobre. 2. ed. 3ª reimpressão. São Paulo: Editora 34 Ltda, 2017, p. 12.

objeto por excelência da crítica, não deve ser vilanizada, mas é preciso, diferentemente, impor-lhe freios. Para tanto, Habermas irá formular uma teoria da racionalidade de dupla face, em que a racionalidade instrumental convive com outro tipo de racionalidade, a "comunicativa".(232)

Assenta a crítica na inércia dos mencionados autores, já que, em momento algum, os mesmos revogaram, criticaram ou substituíram a concepção, deixando também de formular um conceito de verdade capaz de atender os pressupostos da ciência e de amoldar-se ao conceito integral da razão hegeliana. Isso levou ao desalento mostrado na dialética negativa, na qual aflorou a não identidade entre sujeito e objeto, ou seja, a consciência dessa distinção e da inexequibilidade de abranger o todo por meio do mero pensamento.

Reportando-se à democracia, Habermas evidencia que os pensadores de Frankfurt não assimilaram a democracia desvinculada das massas. Conceberam-na, em razão disso, com temor e desconfiança, por vislumbrar, nessa modalidade, uma constante ameaça à subsistência da razão, porque, na massa, os indivíduos deixam de ter a competência reflexiva e crítica, conforme aconteceu no fascismo.

Para o autor, a solução desse impasse encontra-se no resgate e na revalorização do conceito extremado da democracia que permeia todas as formas de interação, desde no que diariamente acontece até o discurso prático e teórico que questiona as normas e verdades aceitas. Nesta perspectiva, razão e verdade derivam da interação do indivíduo com o mundo dos objetos, das pessoas e da vida interior.

Fica essa questão clara quando apresenta, em oposição à teoria crítica(233), a ação comunicativa que se fundamenta nos atos discursivos

---

(232) HONNETH, Axel. *Luta por reconhecimento.* A gramática moral dos conflitos sociais. Tradução de Luiz Repa. Apresentação de Marcos Nobre. 2. ed. 3ª reimpressão. São Paulo: Editora 34 Ltda, 2017, p. 12 e 13.

(233) No início do século XX, a Europa passava por grandes convulsões políticas: a industrialização da Itália e da Alemanha; a primeira guerra mundial, a revolução russa e, imediatamente, a instalação do governo autoritário de Stalin. Na Alemanha, durante a República de Weimar, ocorrem grandes conflitos entre a mobilizada classe operária e o governo, levando a um confronto deste com a Liga Espartaquista, de inspiração marxista, [...]. Nesse clima revolucionário é fundado o Instituto para Pesquisa Social, em 1924, por iniciativa de Feliz Weil, ligado à Universidade de Frankfurt. A eles se une um grupo de intelectuais, entre os quais se destacam Max Horkheimer, Friedrick Pollock,

pelos quais os participantes orientam suas ações ao entendimento, valendo-se da linguagem que busca a compreensão de mútuos interesses e o alcance do diálogo, sem distorções de palavras ou significados, para a obtenção do consenso racional, por meio do processo de argumentação, cujos elementos precisam ser adequadamente compreendidos para a aplicação prática da teórica metodologia.

5.2. O mundo da vida como sistema de referências

Representando a realidade contextual na qual se realiza a ação comunicativa, ou seja, o procedimento que gera o entendimento, e descartada a possibilidade da emancipação social acontecer pela razão instrumental, Habermas almeja o consenso baseado no reconhecimento intersubjetivo de pretensões de validade que podem ser, reciprocamente, manifestadas pelos participantes da comunicação e criticadas em seus fundamentos, aduzindo que: "sujeitos que agem comunicativamente buscam sempre o entendimento no horizonte de um mundo da vida"[(234)].

Theodor W. Adorno, Herbert Marcuse, Walter Benjamin e Eric Fromm. A primeira gestão ficou a cargo de Horkheimer, que se torna diretor em 1931, época em que é lançada a Revista para a pesquisa social - na qual os autores elaboram uma releitura dos filósofos clássicos que recebeu o nome de Teoria Crítica da Sociedade. Uma doutrina cética e cheia de pessimismo que procura estudar os insucessos do movimento operário na Alemanha. Nos primeiros anos, o Instituto foi financiado por recursos doados por seus fundadores judeus, mas a ascensão do nazismo coloca em risco a continuidade de seus trabalhos. Durante a ditadura e segunda guerra mundial, os pesquisadores do Instituto passam a trabalhar em anexos instalados fora da Alemanha - Londres, Paris, Zurique - e até mesmo em Columbia, nos Estados Unidos, onde se instalam o próprio Horkheimer, Leo Löwenthal e Theodor Adorno. Com o fim do nazismo, alguns professores voltam à Alemanha e retomam seus trabalhos e aulas, restabelecendo o que restava do Instituto, dezessete anos depois de sua "extradição". De maneira geral, as teorias desenvolvidas pela Escola de Frankfurt procuram rever os princípios marxistas, incorporando conceitos importantes da Sociologia do Conhecimento e da psicanálise. Tinham por objeto de pesquisa a ação revolucionária, e a análise da mercantilização das relações sociais e da produção cultural. Críticos ácidos dos meios de comunicação, aos quais atribuíam o sucesso da doutrina nazista na Alemanha, dedicaram-se também à sua análise. Com esse fim, Horkheimer e Adorno criam o conceito de Indústria Cultural - a produção tecnológica, lucrativa, planejada e em série de bens simbólicos. [...] O último nome de relevo da Teoria Crítica é o de Jürgen Habermas, assistente de pesquisa no Instituto de Pesquisas Sociais de Frankfurt de 1956 a 1959. Habermas pertence, entretanto, a uma outra geração, que não passou pelo exílio nem compartilhou dos conflitos na Alemanha promovidos pelas lutas operárias e pela ascensão do nazismo. COSTA, Maria Cristina Castilho. *Sociologia*: introdução à ciência da sociedade. 3. ed. São Paulo: Moderna, 2005, p. 270 e 271.

(234) HABERMAS, Jürgen. *Teoria do agir comunicativo.* 1: racionalidade da ação e racionalização social. Tradução de Paulo Astor Soethe; revisão da tradução Flávio Beno Siebeneichler. São Paulo: Editora WMF Martins Fontes, 2012, p. 138.

Constituído este[235] de subjacentes convicções mais ou menos difusas e sem problemas, caracteriza-se pelo fato, norma vigente e vivência subjetiva que se relacionam, respectivamente, com os mundos objetivo, social e subjetivo, distinguindo:

> 'ator mundo' que um sujeito pode adotar em relação a algo 'num mundo': uma relação com algo que acontece ou pode ser produzido num mundo objetivo; uma relação com algo que todos os membros de uma coletividade social reconhecem como devido; e uma relação com algo que outros atores atribuem ao mundo subjetivo, próprio do falante, ao qual este tem acesso privilegiado [...] com algo no mundo objetivo (enquanto totalidade das entidades sobre as quais são possíveis enunciados verdadeiros; com algo no mundo social (enquanto totalidade das relações interpessoais reguladas legitimamente; e com algo no mundo subjetivo (enquanto totalidade das vivências às quais o falante tem acesso privilegiado e que ele pode manifestar de modo veraz diante de um público).[236]

Sendo um sistema de referências, complementa o agir comunicativo porque este depende do processo de interpretação cooperativo no qual os participantes reportam-se ao mesmo tempo a algo nos mundos subjetivo, social e objetivo; ainda que no ato da manifestação seja enfatizado somente um dos três componentes, pois:

> todo ato de entendimento pode ser concebido como parte de um procedimento cooperativo de interpretação, voltado a alcançar definições situacionais intersubjetivamente reconhecidas. Para tanto, são úteis os conceitos dos três mundos enquanto sistema de coordenadas suposto em comum, no qual os contextos situacionais podem ser ordenados de tal forma que se chegue a uma concordância sobre o que é que

---

(235) O conceito de mundo da vida é um complemento da definição de ação comunicativa. Em Habermas, a noção de

(236) HABERMAS, Jürgen. *Teoria do agir comunicativo.* 2: sobre a crítica da razão funcionalista. Tradução Flávio Beno Siebeneichler. São Paulo: Editora WMF Martins Fontes, 2012, p. 220.

os envolvidos podem tratar como fato ou como norma vigente ou como vivência subjetiva.(237)

Assim, as três modalidades de relação formam o sistema de referências e com base neste os envolvidos estabelecem sobre o que é possível firmar o entendimento, sem, no entanto, restringir-se ao mundo objetivo único, já que não se referem somente ao que pode subsistir, surgir ou ser criado no mundo objetivo mas, também, a algo nos mundos social ou subjetivo, constituindo essa circunstância: "[...] uma moldura no interior da qual tecem e interpretam definições comuns relativas à situação de sua ação"(238).

Como, neste enquadramento, apresentam-se relações com diferentes mundos ao mesmo tempo, isso precisa ser objeto de definição para ajustar-se na forma de "reparos"(239). Para melhor compreensão das teóricas ponderações, apresenta o exemplo de uma obra em que o construtor mais antigo determina ao novo auxiliar a compra de cerveja no quiosque melhor localizado, pedindo para não demorar, por partir do pressuposto de que o destinatário da ordem e os colegas que ouviram a determinação sabem que se aproxima a hora do lanche que constitui o TEMA e a bebida um objetivo relacionado a este.

Nesta situação, ao mandar o novato, o PLANO foi concebido por um veterano, que devido a seu status dificilmente terá a ordem recusada, em função da hierarquia informal existente no grupo de operários, já que o canteiro de obras caracteriza a MOLDURA NORMATIVA no âmbito da qual alguém pode exigir algo de outro, aduzindo que a situação da ação é definida TEMPORALMENTE pela pausa do trabalho e ESPACIALMENTE pela distância entre o canteiro de obras e o quiosque de bebidas mais próximo.

Prosseguindo na elucidação, problematiza o caso asseverando que não havendo a possibilidade de chegar rápido ao quiosque a pé, ou seja, implicando a execução do plano do colega mais velho na utilização de

(237) HABERMAS, Jürgen. *Teoria do agir comunicativo.* 1: racionalidade da ação e racionalização social. Tradução de Paulo Astor Soethe; revisão da tradução Flávio Beno Siebeneichler. São Paulo: Editora WMF Martins Fontes, p. 138.

(238) HABERMAS, Jürgen. *Teoria do agir comunicativo.* 2: sobre a crítica da razão funcionalista. São Paulo: Editora WMF Martins Fontes, 2012, p. 221.

(239) *Ibid.*, p. 223.

um carro, ou de outro veículo semelhante, poderá o interpelado responder que não tem o meio de locomoção necessário, fazendo com que quem deu a ordem tenha que corrigir a sua suposição implícita de que o local mais próximo estaria aberto às segundas-feiras e que as coisas seriam diferentes se o incumbido da compra tivesse respondido que não tinha sede.

Surpreendidos com a manifestação, os colegas lembrariam o menos experiente de que a cerveja no lanche constitui a norma a ser mantida independentemente do estado subjetivo de um dos participantes, podendo isso ser objeto de questionamento porque o colaborador mais novo, não entendendo o contexto normativo em que o colega veterano lhe dá uma ordem, vai querer saber quem será o próximo da fila para buscar a cerveja no dia seguinte ou ficará sem assimilar o tema porque veio de outra região, desconhecendo o costume local do segundo lanche no trabalho.

Na hipótese apresentada registra que pode ser indagado o motivo da interrupção do trabalho e que essa pergunta desencadeia a sequência do diálogo em que cada um dos participantes modifica sua definição da situação dos outros participantes da interação, porquanto:

> Nos dois primeiros casos, haverá o reagrupamento de certos componentes singulares da situação, isto é, uma mudança de figura: o suposto fato de que o quiosque próximo está aberto transforma-se numa opinião subjetiva, que foi falsificada; o suposto desejo de conseguir cerveja no lanche transforma-se numa norma de comportamento reconhecida coletivamente. Nos outros dois casos, a interpretação da situação será complementada em relação a componentes do mundo social, ou seja, deve buscar cerveja aquele que detém o *status* mais baixo; às nove horas aqui se toma o segundo lanche. Por trás dessas REDEFINIÇÕES se encontram os pressupostos comuns de um mundo objetivo, de um mundo social e de um mundo subjetivo próprio de cada um.[240] (destaques no original)

---

(240) HABERMAS, Jürgen. *Teoria do agir comunicativo.* 2: sobre a crítica da razão funcionalista. Tradução Flávio Beno Siebeneichler. São Paulo: Editora WMF Martins Fontes, 2012, p. 222/224.

A ilustração, segundo o autor, demonstra que a situação da ação constitui o recorte de um: "CONTEXTO DE REFERÊNCIAS DO MUNDO DA VIDA, enfatizado por temas e articulado por objetivos e planos de ação"(241) (destaques no original). Nesta linha, o canteiro de obras, a data (segunda-feira, um pouco antes do lanche) e o grupo de referência, formado pelos colegas que estão na construção, formam o ponto zero de um sistema de sociais referências que se situa no tempo e no espaço, portanto, em um mundo atualmente atingível.

O tema do intervalo para o lanche e o plano da busca de cerveja, que geram a abordagem, produzem um recorte no mundo da vida dos envolvidos, extraindo uma situação que se apresenta como: "[...] uma esfera de necessidades atuais de entendimento e de possibilidades de ação"(242). A expectativa quanto à pausa para o lanche, o status de um colega recentemente admitido, a distância entre o canteiro de obras e o quiosque e a disponibilidade de um carro são componentes da situação.

Esta constitui um horizonte móvel pois aponta para a complicação do mundo da vida, no qual se inserem os integrantes da comunicação, estando sempre presente, na condição de um pano de fundo para uma cena atual, porque quando as referências entram numa situação, que forma o centro de seu mundo da vida, convolam-se numa parte dela, despojando-se de sua simplicidade e inquestionável solidez.

Entretanto, antes de se tornar relevante na situação, a mesma circunstância não passa de uma auto-evidência do mundo da vida, com o qual o afetado está acostumado, isto é, sem cogitar da possibilidade de uma problematização.

Num enfoque voltado para a situação, o mundo da vida surge como um reservatório que se mostra nas inabaláveis convicções, do qual os participantes da comunicação se valem quando estão em processos cooperativos de interpretação, lembrando que determinados elementos singulares e certas auto-evidências só podem ser mobilizadas: "na forma de um saber consentido e, ao mesmo tempo, problematizável quando se tornam relevantes para a situação"(243).

---

(241) HABERMAS, Jürgen. *Teoria do agir comunicativo.* 2: sobre a crítica da razão funcionalista. Tradução Flávio Beno Siebeneichler. São Paulo: Editora WMF Martins Fontes, 2012, vol. 2 p. 224.

(242) *Ibid.*, vol. 2. p. 225/226.

(243) HABERMAS, Jürgen. *Teoria do agir comunicativo.* 2: sobre a crítica da razão funcionalista. Tradução Flávio Beno Siebeneichler. São Paulo: Editora WMF Martins Fontes, 2012, p. 228.

Em linhas gerais, o horizonte de processos de entendimento por meio dos quais os integrantes se embatem ou se harmonizam sobre algo que está nos âmbitos objetivo, social ou subjetivo, em particular, constitui o mundo da vida, entendido, em derradeira análise, "como pano de fundo linguístico do agir comunicativo"(244). Portanto, para Habermas, representa:

> a realidade contextual no qual se dá a ação comunicativa, isto é, os procedimentos comunicativos através dos quais se obtém o consenso. Assim, o mundo da vida é o horizonte no qual se entendem os comunicantes; ele se constitui por algumas convicções fundamentais; por isso ele assume a forma de um *a priori* do entendimento intersubjetivo comunicacional. É uma noção apriorística porque deve ser pressuposta para que o diálogo se estabeleça e representa, em si mesma, o arcabouço cultural anterior à própria fala.

Pelo que se acha concebido, consiste na ideia de que o mundo da vida encontra-se na linguagem, valores, estoque de crenças e sentidos, enfim, em tudo que serve de símbolo para o ser humano, constituindo o local da sensibilidade, da opinião, ou seja, a experiência originária que se encontra nos mundos objetivo, social ou subjetivo em particular.(245)

5.3. O entendimento fundamentado na racionalidade

Contextualizado no mundo da vida, o agir comunicativo sustenta-se na racionalidade concebida como: "uma disposição de sujeitos capazes de falar e agir. Ela se exterioriza nos modos de comportamento para os quais, a cada caso, subsistem boas razões"(246). Esta compreensão quer dizer que a racionalidade encontra-se numa manifestação passível de crítica e na sua capacidade de se fundamentar.

Para a implementação, Habermas explicita que são consideradas racionais as pessoas capazes de agir e falar e que, tanto quanto possível, não se deixam enganar sobre fatos e relações entre meio e fim, bem

---

(244) HABERMAS, Jürgen. *Teoria do agir comunicativo.* 2: sobre a crítica da razão funcionalista. Tradução Flávio Beno Siebeneichler. São Paulo: Editora WMF Martins Fontes, 2012, p. 228.

(245) HABERMAS, Jürgen. *Teoria do agir comunicativo.* 1: racionalidade da ação e racionalização social. Tradução Paulo Astor Soethe, São Paulo: Editora WMF Martins Fontes, 2016, p. 551.

(246) HABERMAS, Jürgen. *Teoria do agir comunicativo.* 1: racionalidade da ação e racionalização social. São Paulo: Editora WMF Martins Fontes, 2012, p. 56.

como outros tipos de exteriorizações fundadas em boas razões, ainda que desvinculadas de pretensões de êxito ou verdade.

Também podem ser assim denominados os que seguem uma norma vigente e se mostram com capacidade de justificar o agir, perante um crítico, esclarecendo uma conduta praticada sob legítimas expectativas comportamentais. Insere-se nesta classificação, igualmente, quem manifesta de forma verdadeira um desejo, um sentimento, um estado de espírito ou aquele que revela um segredo e admite a prática de qualquer ato porque se apresentam capacitados, pela demonstrada vivência, a extrair consequências que tornam o comportamento subsistente.

Em tal direcionamento, a qualidade de racional transparece quando se apresenta a capacidade de: "[...] orientar o seu agir segundo pretensões de validade intersubjetivamente reconhecidas"(247). Nesta premissa, assevera que: "denominamos de racional uma pessoa que se comporta com disposição positiva diante do entendimento e, diante de problemas de comunicação, reage de modo que reflita sobre as regras de linguagem"(248).

Para fins de distinção, afirma que pela grande quantidade de conceitos de ação, utilizados em teorias sociais, não raras vezes implicitamente, pode-se considerar, além do agir comunicativo, mais três conceitos básicos, passíveis de distinção pela via analítica.

Especificando sustenta que o agir teleológico configura-se pela conduta do ator que efetiva um propósito ou inicia uma almejada pretensão, podendo escolher, numa determinada situação, o meio mais conveniente e que a essência do conceito encontra-se na possibilidade de decisão entre várias alternativas, que se voltam à concretização de uma intenção, decorrente de máximas e guiada pela interpretação da situação.

Destaca que o agir teleológico eleva-se a modelo estratégico quando pelo menos um ator, que atua orientado a determinados fins, mostra-se capaz de: "[...] integrar ao cálculo de êxito a expectativa de decisões"(249), dizendo que esta modalidade de ação é constantemente considerada

---

(247) HABERMAS, Jürgen. *Teoria do agir comunicativo.* 1: racionalidade da ação e racionalização social. São Paulo: Editora WMF Martins Fontes, 2012, p. 43.

(248) *Ibid.*, p. 55.

(249) HABERMAS, Jürgen. *Teoria do agir comunicativo.* 1: racionalidade da ação e racionalização social. Tradução Paulo Astor Soethe. São Paulo: Editora WMF Martins Fontes, 2012, p. 164.

utilitarista, pela suposição de que o ator escolhe e calcula os meios e fins, conforme a possibilidade de ampliação da vantagem.

Tratando do agir regulado por normas, diz que o mesmo abrange membros de um grupo social que se orientam seguindo valores em comum, porquanto as regras regem a convivência, já que: "[...] o cumprimento da norma significa a satisfação de uma expectativa de comportamento generalizada"[(250)]. Neste sentido, a linguagem transmite valores culturais e suporta um consenso que se reproduz com simples ato adicional de entendimento, porque a sujeição ao preceito deve ser por todos observada.

Versando sobre o agir dramatúrgico, fala que alberga os participantes de uma interação que: "[...] constituem uns para os outros um público a cujos olhos eles se apresentam"[(251)]. Em tal circunstância, o ator cria uma imagem perante o seu público e passa a impressão de si mesmo ao expor a subjetividade em maior ou menor intensidade, tendo a autorrepresentação o propósito de expressar vivências próprias, destinadas a espectadores.

Definindo o atuar como uma forma de conseguir domínio sobre situações, registra que desse processo o agir comunicativo delimita dois aspectos: "o teleológico, relacionado à concretização de fins (ou à realização de um plano de ação), e o comunicativo, que abrange os aspectos da interpretação da situação e da obtenção de um acordo"[(252)].

Nesta modalidade de ação, os integrantes procuram viabilizar, consensualmente, suas intenções, apoiando-se numa comum definição da situação e quando isso precisa ser negociado ou ocorrendo a frustração das tentativas de entendimento, mesmo no quadro em que há propensão para tanto, o atingimento do consenso passa a ser o propósito, podendo convolar-se num fim. Em função dessa configuração, constitui um processo de entendimento ao longo do qual os integrantes, valendo-se da linguagem como instrumento, quando se reportam a um mundo, exteriorizam recíprocas pretensões de validade que podem ser acolhidas ou refutadas.

---

(250) HABERMAS, Jürgen. *Teoria do agir comunicativo.* 1: racionalidade da ação e racionalização social. Tradução Paulo Astor Soethe. São Paulo: Editora WMF Martins Fontes, 2012, p. 164.

(251) *Ibid.*, p. 165.

(252) *Ibid.*, p. 233.

5.4. A pretensão de validade na condição de mecanismo legitimador da conciliação

Na linguagem voltada para o entendimento, compreender[253] um enunciado consiste em entender as razões que o tornam aceitável, podendo estar de acordo com elas. Como os atos discursivos são apoiados em pretensões à validade, estas constituem valioso mecanismo de legitimação, que se materializa pela manifestação do falante diante de um ouvinte, acontecendo, quase sempre, de maneira implícita, mas ao exteriorizar o ponto de vista o orador expressa o propósito que poderia assumir se a externação fosse explícita.

Segundo Habermas, em todo ato de fala, ou seja, manifestação, cuja natureza varia de acordo com a finalidade, direcionada à mútua compreensão, há o anseio de que a afirmação seja considerada autêntica e isso somente acontece se houver o assentimento do ouvinte.

Suscitada a divergência, a fala fica problematizada, portanto, sem ser reconhecida pois a validade pressupõe que a proposição seja verdadeira, a descrição da ação apresente-se correta e a palavra retrate o pensamento, quando se refere ao fato reportado. Como fenômeno complexo e derivado, a origem está na satisfação das condições[254], isto é, na confirmação de que as exigências de validação de uma exteriorização foram cumpridas.

Assim, significa que o ouvinte aquiesce com uma externação criticável ou discorda dela, mas embasa o posicionamento nas razões que expressam o discernimento[255], pois: "contém em si a asserção de que algo seja digno de reconhecimento"[256]. Desta maneira, a pretensão de validade acha-se regida pelos seguintes postulados:

---

(253) "Compreender" significa efetivamente "entender-se sobre" (*verstehen=sich verständigen*). Compreender implica sempre ao mesmo tempo uma "metacompreensão", uma compreensão implícita, simultânea da situação de interlocução em que o diálogo é encetado. DUPEYRIX, Alexandre. *Compreender Habermas*. São Paulo: Edições Loyola, 2012, p. 47.

(254) HABERMAS, Jürgen. *Teoria do agir comunicativo*. 1: racionalidade da ação e racionalização social. Tradução Paulo Astor Soethe. São Paulo: Editora WMF Martins Fontes, 2012, p. 546.

(255) HABERMAS, Jürgen. *Teoria do agir comunicativo*. 1: racionalidade da ação e racionalização social. São Paulo: Editora WMF Martins Fontes, 2012, p. 83.

(256) *Ibid*., p. 253.

> a pretensão de que o enunciado feito seja verdadeiro (ou de que os pressupostos existenciais de um teor proposicional mencionado sejam realmente cumpridos); a pretensão de que a ação de fala esteja correta com referência a um contexto normativo vigente (ou de que o contexto normativo que ela deve cumprir seja legítimo); e a pretensão de que a intenção expressa do falante corresponda ao que ele pensa. O falante, portanto, reivindica: verdade para enunciados ou pressuposições existenciais, correção para ações reguladas de maneira legitima e para seu contexto normativo, e veracidade para a manifestação de vivências subjetivas.(257)

Fazendo alusão a tais condicionantes, fundamenta-se no pressuposto de que a pretensão apresenta-se: inteligível, quer dizer, compreendida pelas partes, podendo, desta forma, o ouvinte entender o que o falante afirma. Verdadeira, como consenso entre os interlocutores, que estão inseridos em uma situação ideal de fala, porque esta condição permite a checagem com base em argumentos, voltados ao bom senso, portanto, à noção de perfeição.

Nesse caso, cabe ao falante comprovar, por suas ações seguintes, se realmente tinha em mente o que disse, já que, pela teórica orientação, a veracidade da expressão não se deixa fundamentar, precisando ser demonstrada(258), podendo, ainda, delatar-se pela incongruência entre a manifestação e as ações que a ela se vinculam.

Sincera porquanto a manifestação deve corresponder ao que realmente pensa o orador, para que o ouvinte possa acreditar no que foi afirmado e com correção normativa, correta em termos de valores e normas existentes, para que ocorra a aceitação da pessoa que escuta, de tal maneira que haja coincidência no que diz respeito à substância normativa em questão.

Dentre as pretensões de validade destaca-se o postulado da verdade, pois: "entender uma asserção equivale a saber em que momento um falante tem boas razões para responsabilizar-se pela garantia de que

---

(257) HABERMAS, Jürgen. *Teoria do agir comunicativo.* 1: racionalidade da ação e racionalização social. São Paulo: Editora WMF Martins Fontes, 2012, p. 192.

(258) *Ibid.*, p. 89.

estão cumpridas as condições favoráveis à verdade do enunciado que se assevera"[259].

Para Habermas, a verdade significa que um estado de coisas que se afirmou existe no mundo objetivo e que a constatação das condições desta está assentada sobre a assunção imaginária de que, em todas as manifestações assertóricas, encontram-se procedimentos que possibilitam a verificação.[260]

Pela dificuldade que se apresenta, revendo a posição anterior, considera a verdade como "a aceitabilidade racional nas condições mais ideais possíveis como uma prova suficiente de verdade"[261]. Essa concepção desvincula-se do discutível conceito e atrela-se ao discurso em que a verdade pode ser demonstrada por meio da argumentação.

Na incidência prática da pretensão de validade, a hipótese em que o devedor vale-se do engodo para afirmar que pagou certa importância e propõe um valor insignificante para se livrar da pendência seria anulada se o conciliador, percebendo que o credor, pela necessidade, está propenso a aceitar, pedisse a demonstração do pagamento porque, se não houver a comprovação, evidencia-se que o que está sendo proposto não é verdadeiro, a descrição da ação não se apresenta correta e a palavra não retrata o pensamento.

As pretensões de validade correspondem aos atos de linguagem constatativa quando se refere a acontecimentos, fatos objetivos e para fazer a constatação, podendo, também, precisar e provar objetivamente. Avaliativo/normativo caracteriza-se pelo julgamento ou a avaliação que

---

(259) HABERMAS, Jürgen. *Teoria do agir comunicativo.* 1: racionalidade da ação e racionalização social. São Paulo: Editora WMF Martins Fontes, 2012, p. 550.

(260) *Ibid.*, p. 547.

(261) REESE-SCHAFER, Walter. *Compreender Habermas.* Tradução de Vilmar Schneider. 4. ed. Petrópolis, RJ. Vozes, 2012, p. 28 a 30. O livro mais recente de Habermas *Verdade e justificação* (1999), limita essa teoria não apenas política, mas também epistemologicamente. Refletiu mais uma vez que havia definido basicamente a verdade como assertividade racional em condições ideais. Porém, ela estaria então sob as condições pragmáticas da situação. [...] Inclui agora em sua definição de verdade aquela falibilidade, 'que experimentamos em nós mesmos no curso de muitas argumentações.' O conceito anterior de verdade em Habermas tinha algo de um conceito bem-sucedido em certas condições, ao passo que o atual se converteu num conceito elipticamente aberto da falibilidade permanente. [...] Entretanto, a verdade permanece, também, após essa revisão, um conceito de procedimento e, de modo algum, será reconvertido em um conceito de substância.

o falante faz e subjetivo/expressivo pelo qual se faz intervir a sinceridade de quem fala.[262]

Para que sejam efetivadas as diretrizes preconizadas, imprescindível se apresenta que isso ocorra de maneira condizente para neutralizar os motivos que não se voltam à procura cooperativa da verdade, porque, ante os interesses antagônicos, a relação e a comunicação apresentam-se desiguais, tornando-se propício o ambiente para a manipulação.

A desativação de diversa intenção encontra-se no fato de que o comum acordo que se almeja precisa ser sustentado pelas razões. Dentro dessa inserção, o entendimento constitui um processo de unificação entre sujeitos aptos a falar e agir[263], e como tal não pode ser induzido pela simples influência externa, porque precisa ser aceito pelos participantes como válido, dissociando-se, desta forma, da concordância que subsiste de maneira puramente aparente.

Buscando o comum acordo, os envolvidos fundamentam-se na crença de que as condições de um assentimento racionalmente motivado foram satisfeitas e isso faz com que seja repelida a imposição que se manifesta: "de modo instrumental, pela intervenção imediata na situação da ação e de modo estratégico, pela influência calculista sobre decisões de um oponente"[264].

Deixando de ser amparada nas convicções partilhadas, caracteriza-se a avença pela imposição. Essa condição afeta o que fica estabelecido, pela perceptível ingerência externa ou em razão da violência, de tal maneira que não pode ser considerado comum acordo, sob o ponto de vista subjetivo, porquanto o ato de fala de um somente tem o reconhecimento quando o outro assume uma posição, diante da pretensão de validade passível de crítica, pois: "[..] processos de entendimento visam a um consenso baseado no reconhecimento intersubjetivo de pretensões de validade. Estas, porém, podem ser reciprocamente manifestadas pelos participantes da comunicação e criticadas em seus fundamentos"[265].

---

(262) DUPEYRIX, Alexandre. *Compreender Habermas*. Tradução de Edson Bini. São Paulo: Edições Loyola, 2012, p. 48.

(263) HABERMAS, Jürgen. *Teoria do agir comunicativo*. 1: racionalidade da ação e racionalização social. São Paulo: Editora Martins Fontes, p. 497, 2012.

(264) *Ibid.*, p. 498.

(265) *Ibid.*, p. 253.

Assim, o entendimento, conforme Habermas, acontece pela união dos participantes da comunicação sobre a validade de uma exteriorização, enquanto o acordo ou o consenso tem a ver com o reconhecimento intersubjetivo da pretensão de validade que o falante une a uma exteriorização.[(266)] Por esta distinção, o entendimento tem a conotação de etapa antecedente indicando que a exteriorização apresenta-se incontroversa, o que não ocorre no consenso ou acordo, porque neste o reconhecimento está na pretensão de validade que foi apresentada em decorrência da insurgência manifestada.

5.5. A comunicação conciliatória na teoria do agir comunicativo

Levando a efeito as implicações, derivadas da adversidade e da expectativa do resultado, a legislação pertinente recomenda e estimula a conciliação, entendendo que o acordo constitui a melhor forma de solução do conflito. A obtenção de tal intenção, entretanto, mostra-se complexa, porque não basta somente considerar que o litígio foi resolvido já que se apresenta necessário, também, solucionar a demanda.

Apesar de constar nos dicionários os vocábulos resolver e solucionar como sinônimos, sabe-se que o apego ao resultado implica na extinção da demanda para fins estatísticos, mas não significa solução porque o efeito restringe-se ao sintoma da patologia social[(267)] e não à causa que fica latente na insatisfação de algum dos integrantes.

Em função dessa distinção, constata-se que o consenso tem diferentes sentidos, em termos filosóficos e jurídicos, e, mesmo fazendo a concessão para a sinonímia, a possível apresenta-se insuficiente porque deve ser a melhor solução. O atingimento desse objetivo constitui um desafio, pois num ambiente em que os interesses são divergentes pode haver a manipulação, deformando o debate, vez que, surgindo a inibição do obreiro, timidez típica em uma relação marcada pela subordinação, a discussão torna-se desigual. Esta condição resulta numa desequilibrada

---

(266) HABERMAS, Jürgen. *Teoria do agir comunicativo.* 1: racionalidade da ação e racionalização social. São Paulo: Editora WMF Martins Fontes, 2012, p. 221.

(267) COSTA, Maria Cristina Castilho. *Sociologia*: introdução à ciência da sociedade. 3. ed. São Paulo: Moderna, 2005, p. 388. Os conflitos sociais foram estudados sob diferentes perspectivas nas ciências sociais. A sociologia da Ordem, da qual Durkheim é um dos grandes representantes, via no conflito a expressão de uma anomia, ou seja, de um estado patológico da vida social.

avença que se apresenta não efetiva e sem validação, ficando maculada pela subjetiva insatisfação.

Neste sentido, apropriados procedimentos podem oferecer adequadas condições de fala e neutralizar o prejudicial comportamento, que caracteriza o retrocesso, por deixar de retratar a inquestionável vontade de um dos litigantes. Em razão disso, afora os conhecimentos sobre as maneiras de estimular e conduzir, o conciliador necessita ter a preocupação quanto ao aspecto intrínseco, porque a satisfação abrange a acessibilidade, atenção, empatia, interação e, principalmente, o resultado que deve emanar do livre consentimento de todos os interessados.

A proposição, aparentemente singela, reveste-se de complexidade porquanto o assentimento deve decorrer do entendimento, fundado no reconhecimento intersubjetivo de pretensões de validade que podem ser, reciprocamente, exteriorizadas pelos participantes e criticadas em seus fundamentos.

Caracterizando tal condição a linguagem racional, pressuposto fundamental para a compreensão da dinâmica social, faz Habermas pensar a comunicação como: "processo nos diversos campos do conhecimento e atribuir a ela uma dimensão crítica como componente de um processo de transformação visando a emancipação da sociedade [...]"[(268)].

Compreende, assim, a comunicação num cenário multifacetado, prestigiando o perceptível do discurso e das posturas discursivas, aduzindo que a mesma contribui para a consecução de adequados processos deliberativos. Para a implementação deste raciocínio, elabora a teoria do agir comunicativo, como uma atividade social, que se fundamenta na racionalidade, consistente na capacidade dos sujeitos de falar e agir em que adquirem e empregam o saber[(269)], formulando a seguinte definição:

> interação de pelo menos dois sujeitos capazes de falar e agir que estabeleçam uma relação interpessoal (seja com meios verbais ou extraverbais). Os atores buscam um entendimento sobre a situação da ação para, de maneira concordante, coordenar seus planos de ação e, com isso, suas ações. O

(268) *Clássicos da comunicação.* Os teóricos: de Peirce a Canclini. Leonel Aguiar; Adriana Barsotti (Orgs.). Petrópolis, RJ: Editora Vozes, 2017, p. 248.

(269) HABERMAS, Jürgen. *Teoria do agir comunicativo.* 1: racionalidade da ação e racionalização social. Tradução Paulo Astor Soethe. São Paulo: Editora WMF Martins Fontes, 2012, p. 31.

> conceito central de interpretação refere-se em primeira linha à negociação de definições situacionais passíveis de consenso. Nesse modelo de ação a linguagem assume [...] uma posição proeminente.[270]

Pela conceituação, delineia-se como certa modalidade de interação entre sujeitos, regulada pelo entendimento, no qual se almeja o consenso que não pode ser imposto, estabelecendo duas determinantes: a primeira, a cooperação dos envolvidos no horizonte do mundo da vida, em recíproca sintonia, para compartilhar a comum interpretação; a segunda, que seja gerado pelos participantes o sincero compromisso, em um processo de entendimento, porque desse consenso, alcançado comunicativamente, deriva a racionalidade comunicativa.

Dependendo o procedimento da livre comunicação, num meio democrático, em que se assegure a liberdade dos participantes e dos discursos, para a obtenção do consenso, advindo da argumentação, depreende-se que a razão comunicativa revela-se em um discurso, cuja estrutura encontra-se na intersubjetividade, ou seja, na interação entre os interlocutores que se encontram na mesma condição e estabelecem o diálogo.

Nestas circunstâncias, na ação comunicativa, um integrante traz em seu discurso[271] uma pretensão de validade, consistente num argumento que, se dissociado da verdade e justiça, pode ser questionado pelo outro participante, tornando-se, assim, a aspiração problematizada. Pela lógica procedimental, a busca do entendimento operacionaliza-se por meio da linguagem, a qual constitui o meio a serviço do consenso.

Dotada de tal finalidade e enquadrando-se nas racionalidades práticas, a teoria do agir comunicativo pode ser utilizada nas lides laborais, como forma de validação da conciliação, porque Habermas entende que

---

(270) HABERMAS, Jürgen. *Teoria do agir comunicativo.* 1: racionalidade da ação e racionalização social. Tradução Paulo Astor Soethe. São Paulo: Editora WMF Martins Fontes, 2012, p. 166.

(271) A ética do discurso busca dar à ética um fundamento racional através da ideia de que a reflexão sobre os pressupostos da comunicação interpessoal permite identificar os princípios morais realmente irrenunciáveis que devem ser a base de toda convivência humana: o reconhecimento do outro, a não coação da comunicação e a disposição para a solução de problemas e a fundamentação de normas através do discurso livre e igual. Desse modo, pode-se fundamentar uma ética secular, não metafísica, que é apropriada para uma situação de pensamento, na qual somente pessoas ainda muito ingênuas poderão recorrer a instituições ambíguas de valores ou à ancoragem diferente. REESE-SCHÄFER, Walter. *Compreender Habermas.* Petrópolis, RJ: Vozes, 2012, p. 64.

a mesma realiza-se no espaço público de poder, ao qual se amoldam as audiências[272] trabalhistas, ocasião em que o conciliador, como estudioso da realidade, consegue acessar os objetos sociais pelo caminho de um entendimento interpretativo do sentido, sendo para tanto: "[...] necessário adotar uma metodologia dual [...] que combina entre si a perspectiva internalista de um participante e a perspectiva externalista de um observador"[273].

Inserindo-se o magistrado no papel de observador, incumbe ao mesmo verificar se o agir comunicativo, cuja efetivação encontra-se na linguagem[274] como instrumento de processos de entendimento, ao longo dos quais os integrantes, quando se reportam a um mundo, exteriorizam recíprocas pretensões de validade, que podem ser aceitas ou contestadas[275], não está sendo desvirtuado.

Em decorrência disso, ocorrendo o diálogo, dentro de um conflito, torna-se conveniente considerar que a condição de dependência

---

(272) Audiência. Derivado do latim *audientia*, de *audire* (escutar, atender), exprime ou possui o sentido de escuta, atenção, audição. É, pois, o ato de receber alguém a fim de escutar ou de atender sobre o que fala ou sobre o que alega. E assim se diz que a pessoa, recebida em audiência por outra, foi admitida à presença dela para lhe falar acerca de assuntos de seu interesse. O escutante é quem dá audiência. O locutor é quem é recebido. Audiência. Na linguagem do Direito Processual, audiência é sessão, ou o momento em que o magistrado, instalado em sua sala de despachos, ou em outro local reservado a esse fim atende ou ouve as partes, determinando medidas acerca das questões trazidas a seu conhecimento, ou proferindo decisões acerca das mesmas questões. Por essa forma, todas as vezes que o juiz determina a realização de atos processuais, sob sua presidência, entende-se que está em audiência. Está a ouvir as partes, ou está em sessão para lhes decidir a pendência. [...]. SILVA, De Plácido e. *Vocabulário jurídico*. 7. ed. Rio de Janeiro: Forense, 1982, p. 243.

(273) HABERMAS, Jürgen. *Teoria do agir comunicativo*. 1: racionalidade da ação e racionalização social. Tradução Paulo Astor Soethe. São Paulo: Editora WMF Martins Fontes, 2012, p. 573.

(274) Concretamente, Habermas analisa como funciona a linguagem mais cotidiana [...] Parte da ideia muito simples de que, além das experiências de mal-entendido e de manipulação, além do uso instrumental que dela pode ser feito, a linguagem está, por essência, destinada a ser compreendida; ele procede assim a uma reconstrução das condições de intercompreensão, identifica os diferentes tipos de acordo que são buscados e eventualmente obtidos quando um locutor pronuncia um enunciado, inicia uma discussão; ele mostra que a atividade relativa à linguagem apoia-se no respeito a certas normas e numa permuta de boas razões. Encontra então no centro dessa atividade humana tão banal quanto essencial a razão prática em ato e o princípio da razão – e as razões de esperar que a prática social se calque nessa racionalidade comunicativa, pois, justamente Habermas transpõe em seguida essa gramática das permutas linguísticas para a vida social em geral. DEPEYRIX, Alexandre. *Compreender Habermas*. São Paulo: Edições Loyola, 2012, p. 16.

(275) HABERMAS, Jürgen. *Teoria do agir comunicativo*. 1: racionalidade da ação e racionalização social. São Paulo: Editora WMF Martins Fontes, 2012, p. 191.

econômica do trabalhador, durante o pacto laboral e as agruras do desemprego, pode gerar interferência na comunicação, por falta de condições ou pelo receio de debater, bem como pela confusão que se estabelece entre ações orientadas ao êxito e as guiadas pelo entendimento, condição que exige a reordenação pela argumentação, vez que:

> a comunicação designa um intercâmbio de linguagem ordinário desenvolvendo-se normalmente e orientado para a intercompreensão. Essa comunicação apoia-se em pretensões à validade, em razões implícitas, que são continuamente suscetíveis de ser recolocadas em questão. Assim, quando um ou muitos elementos não são compreendidos ou são contestados, é necessário fazer uma pausa no desdobramento da comunicação e passar ao nível da discussão. É nesse nível que os elementos problemáticos são examinados, que precisões são apresentadas, afirmações justificadas. É então que a argumentação entra em jogo e que se desvelam os elementos racionais necessários ao funcionamento da comunicação.(276)

Não se processando a dialética na forma concebida, em decorrência da dependência econômica, passível de persistir, mesmo após a cessação da vinculação empregatícia, o julgador deve estar atento ao que Habermas considera uma patologia, que denomina de "comunicação sistematicamente deturpada"(277).

Essa hipótese configura-se na forma de engano inconsciente, quando, em situações de um agir veladamente estratégico, um dos participantes adota a conduta norteada pelo êxito, enquanto os demais continuam acreditando que todos estão observando os pressupostos do agir comunicativo.

A modalidade de engano consciente, não raras vezes, acontece no cotidiano forense na situação em que o devedor manifesta o desejo de celebrar a conciliação, mas não quer adimplir o que realmente deve. Procurando obter a vantagem, diz que efetuou o pagamento e, mesmo sabendo que não tem a comprovação disso, acena com a possibilidade de

---

(276) DUPEYRIX, Alexandre. *Compreender Habermas*. Tradução de Edson Bini. São Paulo: Edições Loyola, 2012, p. 216.

(277) HABERMAS, Jürgen. *Teoria do agir comunicativo*. 1: racionalidade da ação e racionalização social. Tradução Paulo Astor Soethe. São Paulo: Editora WMF Martins Fontes, 2012, p. 573.

adimplir, o mais rápido possível, a importância irrisória que estabelece, achando que poderá ser objeto de aceitação porque o autor depende disso para sobreviver.

Nesta situação, uma das partes, embora tendo ciência de que não recebeu, acredita no propósito cooperativo, no entanto, a outra atua movida pela enganação e pelo êxito porque pretende solucionar a demanda segundo a sua conveniência, aproveitando-se da premente necessidade e da falsidade, valendo-se da manipulação. Numa terceira possibilidade pode ainda ser o agir abertamente estratégico quando não há o menor pudor em esconder a finalidade que se dissocia do consenso.

5.6. A adequação dos atos de fala ao consenso

A teoria dos atos de fala labora com a concepção da linguagem(278) partindo da possibilidade de ação das palavras, tendo isso o sentido de uma inversão, em grande parte, dos estudos linguísticos, que consideravam o significado da expressão pela sua relação com a realidade exterior. Não sendo mera descrição, mas um agir, adquire importância na situação específica da conciliação para identificar e especificar o efeito prático, quando o falante exterioriza uma genérica manifestação, que, no entanto, implicitamente, contém uma ação verbal, conforme consigna a seguinte asserção:

> Wittgenstein já havia proposto nas Investigações filosóficas que a linguagem não é apenas uma representação, mas pode igualmente ser um elemento de interferência na realidade. Trabalhando de maneira independente, Austin chegou a conclusões similares mais ou menos na mesma época. A

(278) Assim, somos frequentemente tomados pelo sentimento de que a racionalidade da linguagem é alguma coisa de frágil, de contestável, de que as experiências de fracasso, de mal-entendidos, de manipulações são, no mínimo, tão numerosas quanto os momentos de entendimento e de coordenação. Experimentamos também o sentimento de que a linguagem não é unicamente um suporte de lógica e de relações inteligíveis. A comunicação parece às vezes impossível, pois as palavras não são da exclusiva alçada do intelecto: estão carregadas de uma história pessoal, de uma experiência vivida carnal, de múltiplas conotações que não são forçosamente universais e que não são forçosamente as de nosso interlocutor. A própria argumentação não parece sempre de alçada exclusiva dos jogos de linguagem; entram em jogo muitos outros parâmetros: o interesse próprio, mesmo inconsciente, uma experiência ou uma visão do mundo diferente. No fundo, a argumentação parece funcionar e o acordo a se fazer quando a aposta ao jogo não é muito importante, quando ela é desapaixonada. DUPEYRIX, Alexandre. *Compreender Habermas*. São Paulo: Edições Loyola, 2012, p. 51/52.

> preocupação comum era uma inversão na direção das relações entre linguagem e realidade. Na Teoria dos Atos da fala, a questão 'como a linguagem REPRESENTA a realidade?' é substituída por outra: como a linguagem INTERFERE na realidade? Essa noção de 'interferência' não é apenas no sentido de estruturar a representação do mundo para as pessoas; Austin sai da esfera de representação e vai para a esfera da AÇÃO. A linguagem não serve apenas para representar: ela é, em si mesma, uma ação que movimenta a realidade. Existem certos atos da linguagem, expressos na fala, que não REPRESENTAM nada, mas, antes, são em si mesmos ações. A esse tipo de uso prático da fala a tradição de pesquisa deu o nome de 'atos da fala'. A linguagem existe como um agente na realidade – a postura é ativa, não apenas reflexiva.(279)

Podendo os atos de fala interferir na realidade ou fazer coisas, manifestam-se, segundo Habermas, de diferentes formas, variando consoante o objetivo pretendido, sustentando-se em três componentes estruturais: o proposicional, como forma normal de contar, prometer e confessar; o ilocucionário na condição de completa manifestação que ocorre quando há afirmação, sugestão, exigência ou promessa; e o expressivo, em que se demonstra sentimentos ou emoções, em função do conteúdo enunciado, os quais, pelas características, subordinam-se, respectivamente, a: cognições, obrigações e expressões.(280)

Subsidiando a concepção, reporta-se à Austin(281) para classificar os atos em: locucionários, quando o falante expressa estados de coisas, diz algo; ilocucionários, ocasião que o orador executa uma ação ao dizer algo, fixando o modo de uma exteriorização, empregada como afirmação, promessa, comando, confissão etc.; e perlocucionários, em que o detentor da palavra almeja desencadear um efeito no ouvinte e, ao executar a ação de fala, realiza algo no mundo. Sintetiza as manifestações nas seguintes

---

(279) MARTINO, Luís Mauro Sá. *Teoria da comunicação*: ideias, conceitos e métodos. 5. ed. Petrópolis, RJ: Vozes, 2014, p. 101.

(280) HABERMAS, Jürgen. *Teoria do agir comunicativo*. 2: sobre a crítica da razão funcionalista. Tradução Flávio Beno Siebeneichler. São Paulo: Editora WMF Martins Fontes, 2012, p. 117.

(281) *Ibid.*, p. 500.

palavras-chave: "dizer algo; agir enquanto se diz algo; realizar algo por meio de se estar agindo enquanto se diz algo"[282].

A linguagem sendo orientada para o entendimento parte do pressuposto de que a compreensão de um enunciado significa discernir as razões que o tornam aceitável, estando, assim, de acordo, pois:

> O fim ilocucionário que o falante persegue por meio de uma externação surge do próprio significado do que tenha dito, e tal significado é constitutivo para as ações de fala; nesse sentido, os atos de fala são autoidentificadores. Com ajuda do ato ilocucionário, o falante dá a conhecer sua vontade de que se compreenda o que ele diz, enquanto saudação, ordem, admoestação, explicação etc. Sua intenção comunicativa esgota-se no fato de que cabe ao ouvinte entender o teor manifesto da ação de fala. Ao contrário, o fim perlocucionário de um falante (assim como qualquer propósito que se procura obter com ações voltadas a um fim) não surge do teor manifesto da ação de fala; só se pode desvendar esse fim por meio da intenção de quem age. Da mesma forma que um observador não reconhece em uma pessoa apressada que vê passar pela rua as razões para que ela se apresse tanto assim, tampouco o ouvinte que entende uma exortação dirigida a ele tem condições de saber, baseado apenas nisso, o que MAIS o falante almeja ao externar essa exortação. Em todo o caso, o destinatário poderia descobrir a partir do contexto quais poderiam ser os fins perlocucionários do falante.[283] (destaque no original)

O desdobramento deriva da dupla natureza de todo ato de linguagem por ter as dimensões locutória e ilocutória. A função comunicativa encontra-se nos atos ilocucionários, pois estes são dotados de aspectos pragmáticos, significando que quando se fala não somente expressa-se um conteúdo proposicional, mas, também, executa-se uma ação, fazendo as coisas dizendo algo, porque o falante realiza uma intenção com a sua fala, tendo o propósito de que o ouvinte entenda e aceite o que diz. Nos enunciados perlocucionários, a atuação apresenta-se de forma distinta

---

(282) HABERMAS, Jürgen. *Teoria do agir comunicativo.* 2: sobre a crítica da razão funcionalista. São Paulo: Editora WMF Martins Fontes, 2012, p. 501.

(283) *Ibid.*, p. 503.

porque estes permitem que o falante obtenha o êxito desejado, sem, no entanto, dar a conhecer ao ouvinte o conteúdo da proposição.

Assim, na conciliação, quando um dos integrantes age sobre o ouvinte com a intenção de fazer valer a manipulação, acontece a alteração do ato ilocucionário que passa a atuar no contexto da ação teleológica, convolando-se em ato perlocucionário, porquanto se dirige a uma determinada finalidade, procurando causar efeito em alguém por meio da fala. Essa mudança do ato ilocucionário para o perlocucionário decorre do desvirtuamento dos atos de fala, rompendo o consenso de fundo, desestabilizando o reconhecimento das pretensões de validade, intersubjetivamente compartilhadas.

5.7. O entendimento configurado pelo agir comunicativo

Contendo os atos de fala pretensões de validade, tornam-se estruturantes para o atingimento do entendimento. Como enunciados linguisticamente funcionais adquirem consistência quando, pela intencionalidade, vinculam-se à argumentação, considerada um procedimento que tem a forma de interação especialmente regulamentada, vez que:

> o processo de entendimento discursivo passa a ser normatizado sob a forma cooperativa de uma divisão de trabalho entre os proponentes e oponentes. Isso ocorre, então, de maneira que os partícipes: tematizem uma pretensão de validade problemática; assumam um posicionamento hipotético, ao estarem desonerados da pressão acional e experiencial; e chequem mediante razões, tão somente mediante elas, se a pretensão defendida pelo proponente tem razão de subsistir ou não.[284]

Dentro desta noção, o entendimento significa que dois sujeitos com condições de falar e agir compreendem uma expressão linguística de forma idêntica. Procuram efetivar, consensualmente, seus propósitos, tendo por base uma definição comum da situação que constitui o recorte de um mundo da vida, delimitado em razão de um tema, o qual aparece em decorrência dos interesses e fins da ação de um dos participantes, já que: "o agir orientado pelo entendimento pressupõe que os participantes

---

(284) HABERMAS, Jürgen. *Teoria do agir comunicativo.* 2: sobre a crítica da razão funcionalista. Tradução Flávio Beno Siebeneichler. São Paulo: Editora WMF Martins Fontes, 2012, p. 61.

realizem seus planos de comum acordo, na situação de uma ação definida consensualmente"[285].

Por tais ponderações, percebe-se que o consenso, pelo prisma teórico, apresenta certa dificuldade. Depende, em função disso, da constatação da conduta dos envolvidos, porque o propósito cooperante para obtenção do senso comum e a validação passam a ser aferidos na exteriorização de uma ação de fala aceitável, pois para entender o que o orador quer dizer na asserção o ouvinte precisa ter conhecimento das condições em que o ato pode ser aceito, porque os processos de entendimento visam:

> a um comum acordo que satisfaça as condições de um assentimento racionalmente motivado quanto ao conteúdo de uma exteriorização. Um comum acordo almejado por via comunicativa tem um fundamento racional, pois nenhuma das partes jamais pode IMPÔ-LO: nem de modo instrumental, pela intervenção imediata na situação da ação, nem de modo estratégico, pela influência calculista sobre decisões de um oponente. É certo que se pode forçar um comum acordo, de maneira objetiva; mas o que se estabelece de maneira VISÍVEL por meio de ações efetivas vindas de fora ou mediante o uso da violência, nada disso pode ser considerado comum acordo, de um ponto de vista subjetivo. O comum acordo baseia-se em CONVICÇÕES partilhadas. O ato de fala de um só tem sucesso quando o outro aceita a oferta aí presente; ou seja, é preciso que ao manifestar 'sim' ou 'não', e de maneira mais, ou menos, implícita – o outro assuma a posição diante de uma pretensão de validade, quanto o *alter*, que reconhece ou contesta essa pretensão, embasam suas decisões sobre razões potenciais. Se não pudéssemos referir-nos ao modelo de fala, não teríamos condições de analisar, nem preliminarmente, o que significa o entendimento de dois sujeitos. É como *télos* que o entendimento faz parte da linguagem humana. E, embora linguagem e entendimento não se relacionem entre si como meio e fim, só podemos explicar os conceitos de fala e entendimento se indicamos o que significa empregar sentenças sob uma intenção comunicativa. Os conceitos de fala e entendimento interpretam-se

(285) HABERMAS, Jürgen. *Teoria do agir comunicativo.* 2: sobre a crítica da razão funcionalista. São Paulo: Editora WMF Martins Fontes, 2012, p. 233.

reciprocamente. É por essa razão que podemos analisar os traços formal-pragmáticos da postura orientada ao entendimento baseando-nos no modelo da postura assumida por participantes da comunicação; no caso mais simples, um desses participantes realiza um ato de fala, e o outro toma posição diante dele, dizendo 'sim' ou 'não' (ainda que com frequência as externações na prática comunicativa do cotidiano sequer apresentem uma forma verbal).(286)

A compreensão indica a transcendência da expressão entendimento, pois o acolhimento de uma oferta de ato de fala, pelo ouvinte, estabelece um comum acordo entre no mínimo duas pessoas aptas a falar e agir. Esse, entretanto, não se encontra somente no reconhecimento intersubjetivo de uma única pretensão de validade que desponta, porque depende, simultaneamente, das três, que podem ser reconhecidas, com facilidade, pela via intuitiva, quando se analisa que:

> no agir comunicativo um falante só escolhe uma expressão linguística para poder chegar a um entendimento SOBRE alguma coisa COM um ouvinte, e ao mesmo tempo para tornar A SI MESMO compreensível. Reside na intenção comunicativa do falante: (a) realizar uma ação de fala CORRETA tendo em vista o contexto normativo dado, a fim de que se estabeleça uma relação interpessoal entre ele e o ouvinte, enquanto relação reconhecida de modo legítimo; (b) fazer um enunciado VERDADEIRO (ou uma pressuposição ACERTADA de existência), a fim de que o ouvinte assuma e partilhe o saber do falante; e (c) expressar de maneira veraz opiniões, intenções, sentimentos, desejos etc. a fim de que o ouvinte acredite no que é dito.(287) (destaques no original)

Nesta linha de pensamento, para explanar que os delineamentos gerais intersubjetivos do comum acordo, almejado pela via comunicativa, têm subsistência na concordância normativa, no saber proposicional partilhado e na confiança mútua pela sinceridade subjetiva, necessário se faz recorrer: "ÀS FUNÇÕES DO ENTENDIMENTO PELA

---

(286) HABERMAS, Jürgen. *Teoria do agir comunicativo.* 1: racionalidade da ação e racionalização social. São Paulo: Editora WMF Martins Fontes, 2012, p. 498/499.

(287) HABERMAS, Jürgen. *Teoria do agir comunicativo.* 1: racionalidade da ação e racionalização social. São Paulo: Editora WMF Martins Fontes, 2012, p. 532.

LINGUAGEM"[288]. (destaques no original)Na condição de instrumento do entendimento, os atos de fala voltam-se: à produção e inovação de relações interpessoais, reportando-se o orador a algo no mundo das legítimas ordenações; à representação ou à pressuposição de estados e eventos, e o detentor da palavra alude a algo no mundo de estados de coisas; e quando dizem respeito à manifestação de vivências, autorrepresentação, o falante refere-se a algo no mundo subjetivo ao qual tem privilegiado acesso, pois:

> O comum acordo almejado por via comunicativa mede-se exatamente segundo três pretensões de validade criticáveis. E isso porque os atores – ao entenderem-se entre si sobre alguma coisa e, dessa maneira, ao se fazerem entender a si mesmos – não podem se eximir de alojar a respectiva ação de fala em exatamente três referências de mundo; e tampouco podem se eximir de reivindicar validade para a ação de fala, sob cada um desses três aspectos.[289]

Pela orientação doutrinária, havendo a recusa de uma oferta compreensível de ato de fala, isso implica na contestação de, no mínimo, uma das pretensões de validade.

Na refutação com a negativa expressa, por entender incorreto, não verdadeiro, ou veraz, o ouvinte indica que a enunciação descumpre a função que assegura uma relação interpessoal, a representação de estados e coisas e a manifestação de vivências, encontrando-se, assim, dissociada dos respectivos mundos. Estando as ações de fala orientadas pelo entendimento envolvidas numa rede de referências de mundo complexa, estruturada em seu papel ilocucionário, evidencia a faceta de validade prevalente, sob a qual o orador pretende ver compreendida sua enunciação.

Desta forma, o falante, ao fazer uma declaração, afirmar algo, narrar, explicar, predizer, discutir etc., busca o comum acordo com o ouvinte, embasado sobre o reconhecimento de uma pretensão de poder. Quando exterioriza a manifestação vivencial, revela, confessa, admite, manifesta algo, desmascara-se etc., apoia-se sobre o reconhecimento de uma pretensão de veracidade e, ao dar uma ordem, fazer promessa,

---

(288) HABERMAS, Jürgen. *Teoria do agir comunicativo.* 1: racionalidade da ação e racionalização social. São Paulo: Editora WMF Martins Fontes, 2012, p. 532.

(289) *Ibid.*, p. 533.

nomear ou admoestar alguém etc., o comum acordo fica na dependência dos participantes porque estes precisam considerar correta a ação.

Em decorrência disso, a pureza da compleição desses modos fundamentais intensifica o entendimento que se orienta de maneira clara conforme uma só pretensão de validade dominante e isso enseja os casos puros de atos de fala, ou idealizados, pensados por Habermas, que se desdobram em:

> ações de fala constatativas em que se empregam SENTENÇAS ENUNCIATIVAS ELEMENTARES; ações de fala expressivas em que aparecem SENTENÇAS VIVENCIAIS ELEMENTARES (da primeira pessoa do singular); e ações de fala reguladoras em que aparecem ou SENTENÇAS EXORTATIVAS elementares (como ordens) ou SENTENÇAS INTENCIONAIS elementares (como em promessas).[290] (destaques no original)

Neste seguimento, o falante refere-se a algo no mundo objetivo e pretende somente dar a conhecer um estado de coisas, de forma explícita, para possibilitar a conversação e poder ser criticado, pelo aspecto da verdade, utiliza as ações de fala constatativas[291].

Quando se reporta a alguma coisa no mundo subjetivo, procurando desvelar, para determinado público, uma vivência à qual tem acesso privilegiado, manifesta-se pela fala expressiva. Fazendo alusão ao que ocorre no mundo social em comum, pretendendo estabelecer uma relação interpessoal, legitimamente reconhecida, pronuncia-se pela fala reguladora.

A distinção dos tipos de interação, mediados pela linguagem, revela-se importante, já que: "os planos de ação dos participantes individuais

---

(290) HABERMAS, Jürgen. *Teoria do agir comunicativo*. 1: racionalidade da ação e racionalização social. São Paulo: Editora WMF Martins Fontes, 2012, p. 534.

(291) Eis os exemplos que correspondem a cada um desses casos: 1) ato de linguagem constatativo: "O Olympique Lyonnais ganhou sete vezes consecutivas o campeonato da França". O locutor se refere aqui a acontecimentos, fatos objetivos (faz uma constatação) no mundo – que ele pode eventualmente precisar, provar objetivamente. 2) ato de linguagem avaliativo/normativo: "O Olympique Lyonnais não está no nível de qualidade para ganhar a Liga dos Campeões este ano". O locutor faz um julgamento, avalia as performances e as capacidades do clube OL. 3) ato de linguagem subjetivo/expressivo: "Eu queria mesmo era ter sido jogador de futebol". Esse enunciado faz intervir a sinceridade do locutor. DUPEYRIX, Alexandre. *Compreender Habermas*. São Paulo: Edições Loyola, 2012, p. 48.

são coordenados pelas ações de fala"[292]. Sendo os atos de fala ações linguisticamente realizadas, torna-se importante conhecer a descrição tipológica correspondente para identificar a categorização, constatando, assim, se estão condizentes com o objetivo almejado, em função do grau de complexidade, pois expressam ao mesmo tempo o teor proposicional, a oferta de uma relação interpessoal e a intenção do falante.[293]

5.8. A conciliação juslaboral legitimada pela metodologia do agir comunicativo

Celebrar a composição, que compatibiliza a indisponibilidade dos direitos laborais com a solução consensual e possibilita o deslocamento da carga democrática que se encontra no coração dos cidadãos para os procedimentos de deliberação e decisão, constitui a idealizada[294] conciliação. A efetivação dessa proposição, além da conformação, reveste de pragmatismo a teórica concepção no sentido de que a transformação social[295] materializa-se pela aptidão de realizar entendimentos embasados na fundamentada argumentação.

Como esse propósito acha-se vinculado à livre comunicação e, concomitantemente, ao objetivo de alcançar o consenso, encontra-se na dependência do apropriado comportamento do magistrado que, compreendendo o relacionamento intersubjetivo, proporciona as condições

---

(292) HABERMAS, Jürgen. *Teoria do agir comunicativo.* 1: racionalidade de ação e racionalização social. Tradução Paulo Astor Soethe. São Paulo: Editora WMF Martins Fontes, p. 564.

(293) *Ibid.*, p. 185, volume I.

(294) A prevalência, na prática da Justiça Trabalhista, da celebração de acordos em prejuízo da aplicação do princípio da indisponibilidade é considerada por Elaine Noronha Nassif um verdadeiro paradoxo: [...] São exatamente essas distorções entre o real (celebração de acordos a qualquer custo) e o ideal (harmonização entre a conciliação e o princípio da indisponibilidade) que devem motivar o jurista a criticar a ordem vigente, a reinterpretar os institutos jurídicos e a encontrar alternativas que contribuam para o aumento da efetividade do Direito do Trabalho. CASPAR, Rafael Chiari. *Conciliação trabalhista*: quando o "sim" ao acordo é o "não" à justiça. Belo Horizonte: Conhecimento Editora, 2021, p. 151.

(295) De qual modernidade se trata? Num momento de transição da História, segundo Habermas, a passagem das sociedades ditas tradicionais, fundadas numa hierarquia de natureza divina, sobrenatural, às sociedades ditas modernas, nas quais o vínculo social não decorre de uma ordem preestabelecida e subtraindo-se a toda recolocação em questão, mas nas quais esse vínculo é um vínculo consentido, aceito em razão, fundado racionalmente; nas quais a discussão argumentada torna-se a garantia das ordens sociais. DUPEYRIX, Alexandre. *Compreender Habermas.* São Paulo: Edições Loyola, 2012, p. 35.

para a plena participação dos intervenientes na conversação. Desenvolvendo-se na interação, a ação comunicativa[(296)] firma-se na cooperação em que são compartilhadas interpretações comuns, respaldadas no engajamento e sincero compromisso dos participantes em equacionar a questão.

Deste modo, os envolvidos procuram realizar, consensualmente, seus planos tomando como parâmetro uma definição convergente da situação. Quando se torna necessário negociar isso ou fracassam as tentativas de entendimento, a obtenção do consenso, que normalmente é condição para a persecução de um objetivo, pode se transformar num fim.[(297)]

A despeito de não constar na enunciação a distinção entre os objetivos pretendidos, a mesma, inicialmente, parte da presunção de que todos os integrantes estão movidos pelo mesmo propósito e, com suporte na conduta convergente, procuram voluntariamente solucionar o litígio que, nesta situação, fica facilitado pela propensão da vontade porque os participantes da comunicação estão unidos sobre a validade da exteriorização.

Tal hipótese ocorre no cotidiano forense quando as partes chegam à conclusão de que determinada pendência apresenta-se devida e, por iniciativa própria, de forma cooperativa, procuram a composição. Desta maneira, o autor, quantificando a importância, afirma que as verbas rescisórias deixaram de ser adimplidas, por ocasião da cessação do vínculo empregatício, sendo a pretensão integralmente acolhida pelo demandado que, sem qualquer ressalva, prontifica-se a quitar o valor apurado e a resolver a dissensão.

---

(296) A teoria do agir comunicativo é efetivamente uma teoria da ação cuja meta é analisar e reconstruir os diferentes tipos de atividade humana. Entre estes, Habermas se interessa particularmente (mas não unicamente) pela atividade comunicativa, ação mediatizada pela linguagem e orientada para a intercompreensão (isto é, com o objetivo de estabelecer um acordo com alguém a respeito de alguma coisa no mundo). Essa atividade comunicativa inscreve-se numa relação de intersubjetividade, põe em ação uma racionalidade de tipo sujeito-sujeito e somente pode ser descrita do ponto de vista da primeira pessoa, isto é, daquele ou daquela que participa da ação. Habermas distingue outros tipos de atividade, por exemplo a atividade estratégica e a atividade teleológica, que empreendem, no que lhes diz respeito, uma relação com o mundo de tipo sujeito-objeto e que não visam tanto a criar um entendimento, mas a produzir um efeito no mundo e sobre ele. DUPEYRIX, Alexandre. *Compreender Habermas*. São Paulo: Edições Loyola, 2012, p. 216.

(297) HABERMAS, Jürgen. *Teoria do agir comunicativo.* 1: racionalidade de ação e racionalização social. Tradução Paulo Astor Soethe. São Paulo: Editora WMF Martins Fontes, p. 233.

Nesta reivindicação, a alegação de que havia a dívida não se apresentou controvertida, pois o devedor aquiescendo com o aduzido fez com que fosse atingido o acordo, ficando o conciliador somente com a responsabilidade de homologar o ato, já que os litigantes mostraram-se satisfeitos com o deslinde do conflito, tanto que, espontaneamente, estabeleceram a pactuação.

Obviamente que isso nem sempre acontece, já que a maioria dos casos depara-se com a hipótese prevista na segunda parte do enunciado, em que se apresenta necessário negociar uma definição comum da situação ou superar o fracasso das tentativas de entendimento.

Por tais circunstâncias, o agir comunicativo[(298)], em linhas gerais, por meio das indicações, traça a metodologia que valida as conciliações pois, teoricamente, "uma decisão é legítima não porque exprime a vontade de todos, mas porque resulta da deliberação de todos"[(299)]. A consecução desta configuração, mostrando-se complexa, impõe a observância das seguintes pressuposições:

a) condição da situação de fala ideal[(300)], especialmente imunizada contra a repressão e desigualdade;

b) possibilidade de mensuração da racionalidade, consoante a maior ou menor capacidade de fundamentar as exteriorizações, sob circunstâncias apropriadas;[(301)]

---

(298) Nesse trabalho Habermas já mostra o papel central da comunicação em sua pesquisa, elaborando o conceito de ação comunicativa – uma interação simbolicamente mediada. Habermas identifica dois tipos de razão na cultura humana: a razão instrumental, voltada para o domínio da natureza e a superação dos limites humanos; e a razão comunicativa, voltada para a realização e a libertação humanas. A primeira é característica da indústria e das ciências exatas, a outra, das ciências hermenêuticas. A grande crítica que ele tece em relação à sociedade contemporânea é a prevalência da razão instrumental sobre a razão comunicativa, fazendo com que ela se transforme em razão de estado. A ação comunicativa estabelecida pela rede de relacionamentos humanos e pela reflexão perde sua dialogicidade e seu poder de estabelecer o consenso entre os indivíduos em interação. COSTA, Maria Cristina Castilho. *Sociologia*: introdução à ciência da sociedade. 3. ed. São Paulo: Moderna, 2005, p. 271/272.

(299) DUPEYRIX, Alexandre. *Compreender Habermas*. São Paulo: Edições Loyola, 2012, p. 158.

(300) HABERMAS, Jürgen. *Teoria do agir comunicativo*. 1: racionalidade de ação e racionalização social. Tradução Paulo Astor Soethe. São Paulo: Editora WMF Martins Fontes, p. 63.

(301) HABERMAS, Jürgen. *Teoria do agir comunicativo*. 1: racionalidade de ação e racionalização social. São Paulo: Editora WMF Martins Fontes, 2012, p. 47.

c) a lógica da argumentação consistente na utilização da coação do melhor argumento e não coativa no sentido peculiar;[302]

d) destinação de tempo suficientemente longo[303] para que a argumentação possa ser conduzida de maneira aberta.

A primeira premissa do sistema doutrinário tem destacada importância porque a condição da situação de fala ideal e especialmente imunizada contra a repressão e desigualdade, segundo Habermas, possibilita o equacionamento do conflito, pela mediação linguística ética entre os sujeitos, que prospera em um ambiente intersubjetivamente compartilhado, constituído pelo:

> conjunto de pressupostos gerais e inevitáveis da comunicação que um sujeito, capaz de linguagem e ação, precisa realizar toda vez que pretende participar seriamente de uma argumentação. Trata-se, pois, de um tipo intuitivo de conhecimento dos pressupostos da argumentação a nível universal, um conhecimento prévio da própria verdade, revelando o caráter circular da noção de verdade consensual harbemasiana. Assim, a situação ideal da fala não é nem um dado empiricamente verificável, nem tão pouco uma completa abstração, mas uma espécie de pré-compreensão da validade das teses oferecidas dentro de um procedimento argumentativo. Faz-se importante ressaltar que Habermas não entende seu conceito de situação ideal da fala como sucedâneo de uma Sociedade utópica: 'Eu não considero como um ideal a sociedade totalmente transparente... ou mesmo uma sociedade homogeneizada e unificada'. É apenas um modelo no qual seus problemas podem ser resolvidos pela atuação discursiva. O mundo da vida possibilita, enfim, que a ação comunicativa se desenvolva em um ambiente intersubjetivamente compartilhado, em que estão disponíveis 'uma sólida reserva de verdades culturalmente auto-evidentes, assumidas em princípio'. O processo de crescente diferenciação pelo qual passam as sociedades modernas não exclui a possibilidade de uma ação voltada para o entendimento: 'obviamente a necessidade de entendimento,

(302) HABERMAS, Jürgen. *Teoria do agir comunicativo.* 1: racionalidade de ação e racionalização social. São Paulo: Editora WMF Martins Fontes, 2012, p. 67.

(303) *Ibid.*, p. 91.

> que cresce paralelamente a este processo, precisa ser suprida em níveis de abstração sempre superiores. Por isto, as normas e princípios do consenso se tornam sempre mais gerais'. A situação ideal da fala é uma 'comunidade argumentativa ideal' porque ela representa o somatório de todos os seres racionais. O modelo universalista harbemasiano prolonga a tradição iluminista da ideia de universalismo cosmopolita adaptada pela teoria linguística. O que importa, para Habermas, é a intersubjetividade comunicacional, a mediação linguística ética entre sujeitos.[304]

Por este pensamento, sob o ponto de vista doutrinário, consiste num critério de argumentação discursiva vez que se refere à igual distribuição da prerrogativa de utilizar e escolher os atos de fala, abrangendo o uso da palavra a comunicação em sentido amplo.

Portanto, inclui as asserções, explicações, justificativas e a problematização das pretensões de validade, que podem ser facilmente deterioradas quando um participante da interlocução, movido pela manipulação, atua sobre o ouvinte com a intenção de atingir um determinado fim e com tal intenção passa a utilizar o ato ilocucionário voltado para a teleológica ação.

Essa transformação do ato ilocucionário para perlocucionário procura causar um efeito em alguém por meio da oralidade. Isso faz com que se instaure o processo de perturbação dos atos de fala, gerando, como consequência, o rompimento do consenso de fundo que provoca a desestabilização do reconhecimento das pretensões de validade, cuja problematização resolve-se pela adoção de uma atitude hipotética, instalando-se o discurso com a intenção de verificar, racionalmente, a aceitação ou a rejeição das pretensões da linguística interação.

Contextualizada essa questão na demanda laboral, a expressão ideal adquire maior proporção porque, além do aspecto argumentativo, vincula-se à conduta do conciliador que, antes de chegar às tratativas de consenso, precisa proporcionar um adequado atendimento para que os envolvidos sintam-se respeitados e, pelo tratamento recebido, propensos a exercitar o propósito cooperativo na conciliação.

---

(304) MONTEIRO, Cláudia Servilha. *Teoria da argumentação jurídica e nova retórica*. 2. ed. Rio de Janeiro: Editora Lumen Juris, 2003, p. 173 e 174.

Deste modo, deve ser assegurada a mesma oportunidade para o emprego dos atos de fala comunicativos em que se permite iniciar o discurso, por qualquer dos participantes, com intervenções, réplicas, perguntas e respostas, sem a inibição de posições, sentimentos e desejos, que podem ser objeto de contrariedade ou concordância, mediante promessas e prestação de contas.

A permissão para a externação dessa condição ideal de fala encontra-se na habilidade do magistrado que identifica e compreende a lógica dos conflitos sociais por levar em conta a origem e as causas, valorando, igualmente, as emoções, sem olvidar que a noção comum de justiça dos envolvidos encontra-se na sensação de que foram igualmente tratados e na empática conversa, em que a especial atenção precisa ser dedicada à escuta, na qual se procura entender e não responder, utilizando-se do adequado modelo comunicacional.

Neste propósito, a linguagem volta-se ao aspecto consensual, pelas apropriadas modalidades de discurso, com a avaliação dos efeitos da retórica e da argumentação, constituindo valioso subsídio observar a comunicação não verbal, o gesto, a postura e a expressão facial, resguardando, para tanto, a plena liberdade, que de forma alguma pode ser cerceada.

A livre atuação acentua-se nas pretensões de validade, porquanto consistindo estas na aquiescência ou divergência do ouvinte, com a criticável exteriorização, embasam-se em razões que são a expressão de discernimento, cujo sentido perceber e distinguir, com clareza, não se coaduna com a opressão e o desequilíbrio.

Em tais circunstâncias, a estruturação de uma situação ideal de fala adstrita às condutas que foram mencionadas e, especificamente, analisadas nos transatos tópicos, mostra-se imprescindível porque qualquer tipo de restrição, até mesmo sutil, por parte do conciliador, inibe a atuação dos litigantes, gerando a falta de espontaneidade.

Essa coibição obsta a perfectibilização da teórica proposição, razão pela qual a desembaraçada conversação deve ser regida pela seguinte conformação:

> 1) Todos os participantes potenciais em um discurso devem ter igual oportunidade de empregar atos de fala comunicativos de modo que a qualquer momento possam tanto iniciar um discurso, como perpetuá-lo mediante intervenções

e réplicas, perguntas e respostas. 2) Todos os participantes no discurso devem ter igual oportunidade de formular interpretações, afirmações, recomendações, dar explicações e justificativas, e de problematizar, fundamentar ou refutar sua pretensão de validade, de modo que nenhum prejulgamento se subtraia a longo prazo da tematização e da crítica. [...] 3) Para o discurso admitem-se apenas falantes que, como agentes, tenham oportunidades iguais de empregar atos de fala representativos, isto é, de expressar suas posições, sentimentos e desejos. 4) Para o discurso só se admitem falantes que, como agentes, tenham a mesma oportunidade de empregar atos de fala reguladores, isto é, de mandar e opor-se, de permitir e proibir, de fazer e retirar promessas, de prestar e pedir contas. Pois somente a reciprocidade plena das expectativas de comportamento, que excluem privilégios no sentido de normas de ação e valoração que só obriguem unilateralmente, podem garantir que a distribuição formal uniforme das oportunidades de iniciar e continuar uma discussão, seja empregada também faticamente para deixar em suspenso as coações da realidade e passar para a dimensão comunicativa do discurso, dimensão livre da experiência e desobrigada da ação.[(305)]

Sintetizado o que foi versado, "[...] esfera pública, distribuição equitativa dos direitos de comunicação, não violência e autenticidade são as precondições para uma compreensão procedimental da verdade"[(306)], que se operacionalizam, pela interlocução, na sala de audiências.

Neste espaço público, por haver o controle e a supervisão do conciliador, há a possibilidade de ser assegurada igual oportunidade de manifestação, com o impedimento de atitudes mais exaltadas ou sinais verbais incompatíveis, pois a violência inibe a autenticidade, elemento de maior importância da força ilocucionária dos atos de fala, no contexto do agir comunicativo, fazendo com que, sob a coação, o discurso seja aparente.

Em tal situação, não expressa um sincero conteúdo proposicional e, simultaneamente, deixa de executar uma ação inserida num "conjunto de

---

(305) REESE-SCHÄFER, Walter. *Compreender Habermas*. Tradução de Vilmar Schneider. 4. ed. Petrópolis, RJ: Vozes, 2012, p. 24/25.

(306) REESE-SCHÄFER, Walter. *Compreender Habermas*. Petrópolis, RJ: Vozes, 2012, p. 25.

pressupostos gerais e inevitáveis da comunicação que um sujeito, capaz de linguagem e ação, precisa realizar toda vez que pretende participar seriamente de uma argumentação"[307].

A segunda proposição, possibilidade de mensuração da racionalidade, consoante a maior ou menor capacidade de fundamentar as exteriorizações, sob circunstâncias apropriadas, encontra-se na prática argumentativa que transparece em um sujeito capaz de falar e agir. Procedendo de tal forma, o participante da argumentação, em que são exteriorizadas pretensões de validade que podem ser aceitas ou criticadas, mostra boa capacidade de percepção das razões e da perspicácia de argumentar em sentido contrário.

Na fala argumentativa, Habermas distingue três aspectos: processo, procedimento e produção de argumentos. Considerando como processo, sustenta que se trata de uma forma de comunicação muito próxima de adequadas condições, pois:

> a comunicação designa um intercâmbio de linguagem ordinário desenvolvendo-se normalmente e orientado para a intercompreensão. Essa comunicação apoia-se em pretensões à validade, em razões implícitas, que são continuamente suscetíveis de ser recolocadas em questão. Assim, quando um ou muitos elementos não são compreendidos ou são contestados, é necessário fazer uma pausa no desdobramento da comunicação e passar ao nível de discussão. É nesse nível que os elementos problemáticos são examinados, que precisões são apresentadas, afirmações justificadas. É então que a argumentação entra em jogo e que se desvelam os elementos racionais necessários ao funcionamento da comunicação. A comunicação é uma atividade tão elementar quanto essencial à estabilidade da vida social.[308]

Em função disso, procura apresentar as hipóteses comunicativas gerais da argumentação como determinações de uma situação ideal de

---

(307) HABERMAS, Jürgen. "Um perfil filosófico político: entrevista com Jürgen Habermas". *In: Revista Novos Estudos - Dossiê Habermas*, p. 86.

(308) DUPEYRIX, Alexandre. *Compreender Habermas*. São Paulo: Edições Loyola, 2012, p. 216.

fala[309]. Reputa essa indicação, nos detalhes, insuficiente por entender que antes devem ser reconstruídas as pressuposições da simetria que o falante capacitado acredita satisfatoriamente atendidas, quando pensa em participar de uma argumentação.

Desta maneira, os integrantes devem supor que a base da comunicação, em razão da descrição de características formais, admite somente a coação do melhor argumento, por meio da procura cooperante pela verdade[310], como assertividade racional em condições ideais, acrescida do elemento adicional, pois "afirmamos fatos sobre

---

(309) Toda relação comunicativa se insere em um contexto de normas sociais, interage com a vontade do indivíduo e refere-se a um terceiro elemento externo. A racionalidade da comunicação está na prática que, por sua vez, tem efeitos. Comunicar não é apenas trocar informações. É a possibilidade de agir, interferir na ação e modificar atitudes em diferentes escalas na busca pelo entendimento. [...] A preocupação de Habermas com a linguagem está no uso que se faz dela. Seu interesse está voltado para as utilizações da linguagem pelos falantes como um processo concreto e não como uma abstração. [...] Uma ação social é uma interação entre duas pessoas que, em determinado momento, compartilham entre si significados de acordo com uma série de regras tacitamente aceitas por ambos como garantia de uma comunicação desprovida de qualquer outro significado que não o exposto. Essa situação de comunicação é considerada "ideal" por Habermas, e fruto de uma racionalização dos usos da linguagem em uma perspectiva intersubjetiva. Falar é um ato que se refere a um objeto ou situação para outra pessoa. A validade dessa fala é garantida pelo reconhecimento recíproco: os dois sabem que o outro está adotando as mesmas regras. MARTINO, Luís Mauro Sá. *Teoria da comunicação*: ideias, conceitos e métodos. 5. ed. Petrópolis, Rio de Janeiro: Vozes, 2014, p. 61/64/65.

(310) A teoria harbemasiana do consenso da verdade, apoiada em Peirce e Apel, pertence às tentativas de resposta mais importantes na discussão sobre esse tema em nosso século. A pergunta pela verdade é provavelmente uma das mais antigas da tradição filosófica, porém, até o século 19, predominou basicamente uma doutrina, a teoria da verdade como correspondência, para a qual Tomás de Aquino encontrou a fórmula clássica: *Veritas est adaequatio intellectus et rei* – Verdade é a adequação entre o intelecto e a coisa. Reconhecer é um retratar. Problemáticos aqui são os critérios de decisão, se algo confere ou não. A figura do retratar parece, além disso, permitir graduações, o que está em conflito com a estrutura de sim/não do conceito de verdade. A discussão sobre a verdade no século 20 foi desencadeada pelo ensaio de Nietzsche "*Über Wahrheit und Lüge im aussermoralischen Sinne*" [Sobre a verdade e a mentira em um sentido 'extramoral'] (1873). Nietzsche empregou a ideia tanto pragmática quanto provocativa de que verdades possivelmente seriam apenas o tipo de equívocos de que necessitamos para sobreviver. A corporação filosófica respondeu com uma variedade de modelos. [...] Os fenomenólogos defendiam uma teoria da evidencia: verdadeiro é aquilo que é evidente. Heidegger desenvolveu a partir daí um conceito de verdade como *aletheia*, como desocultamento. Segundo a teoria da *coerência*, proposições estão corretas quando podem ser inseridas sem contradições no contexto da teoria já aceita. A famosa teoria semântica da verdade, de Alfred Tarski, no final das contas, é uma reformulação da teoria clássica da *correspondência*, entretanto, abrindo mão de seus conteúdos metafísicos. Verdade, segundo Tarski, é a correspondência entre uma proposição da linguagem dos objetos com uma proposição da metalinguagem. REESE-SCHÄFER, Walter. *Compreender Habermas*. Petrópolis, RJ: Vozes, 2012, p. 26/27.

os objetos mesmos"[311]. Isso não torna o discurso da verdade falso, mas insuficiente, já que: "[...] o objetivo do esforço argumentativo é precisamente descobrir algo que é verdadeiro além de toda argumentação e justificação"[312].

Em segundo lugar, qualificando a argumentação como procedimento, atribui à mesma a forma de interação especialmente regulamentada, sendo o processo de entendimento discursivo normatizado pela forma cooperativa de divisão do trabalho entre proponentes e oponentes, fazendo com que os integrantes: "tematizem uma pretensão de validade problemática; assumam um posicionamento hipotético, ao estarem desonerados da pressão acional e experiencial; e chequem mediante razões, e tão somente mediante elas, se a pretensão defendida pelo proponente tem razão de subsistir ou não"[313].

Em terceiro lugar, sustenta que a argumentação volta-se a produzir argumentos procedentes e convincentes, em decorrência de intrínsecas propriedades passíveis de refutar ou resolver pretensões de validade, porque: "Argumentos são meios com os quais é possível obter o reconhecimento intersubjetivo de uma pretensão de validade levantada pelo proponente de forma hipotética; com eles pode-se transformar opinião em saber"[314].

Caracteriza-se, assim, pela capacidade dos participantes de fazer asserções fundamentadas, diante de um crítico e na apresentação das devidas evidências, traduzindo-se em ações eficientes, pois, ao falar e agir, na medida do possível, não se deixam enganar quanto a fatos e relações entre meio e fim. A concretização da postura reflexiva infere a ausência de qualquer tipo de ingerência interna ou externa, de violência ou de qualquer tipo de conduta que afete a livre manifestação e o pensamento.

O autor faz expressa referência que isso deve ser levado a efeito em apropriadas condições. Assim, entende indispensável a igualdade e a liberdade entre os envolvidos na utilização dos atos de fala, para iniciar o discurso, fazer intervenções, réplicas, perguntas e respostas, com a

---

(311) REESE-SCHÄFER, Walter. Compreender Habermas. Petrópolis, RJ: Vozes, 2012, p. 29

(312) *Ibid.*, p. 29.

(313) HABERMAS, Jürgen. *Teoria do agir comunicativo.* 1: racionalidade da ação e racionalização social. São Paulo: Editora WMF Martins Fontes, 2012, p. 61.

(314) *Ibid.*, p. 61-62.

mesma oportunidade de apresentar interpretações, afirmações, recomendações, explicações e justificativas, podendo, ainda, problematizar, fundamentar ou refutar uma exteriorização, sem dificuldade, também, para a demonstração das posições que se apresentam pertinentes com a demanda.

A terceira prognose encontra-se na lógica da argumentação fundada na circunstância conceitual que permite fazer jus ao fenômeno da coação do melhor argumento. Essa proposta instala, dentro do agir comunicativo, a modalidade de discurso no qual "os participantes tematizam pretensões de validade controversas e procuram resolvê-las ou criticá-las com argumentos"[(315)].

Nesta referência, os meios utilizados para o convencimento são providos de razões que se vinculam, sistematicamente, à pretensão de validade de uma problemática manifestação, sendo a eficácia deles medida pela consistência da motivação.

Isso significa sem qualquer tipo de constrangimento, embasando-se somente no convencimento que se alicerça nos conceitos básicos da teoria da argumentação, tais como: "concordância de um auditório universal, anseio do comum acordo racionalmente motivado ou solução discursiva de uma pretensão de validade"[(316)]. Valendo-se da racionalidade como sistema de pretensões de validade, Habermas labora com a teoria da argumentação que, sucintamente, consiste na conversação e no debate em que se almeja alcançar conclusões reciprocamente aceitáveis.

Amoldando os preceitos às lides laborais, a concordância fica facilitada por ser menos ampla, pois dirigindo-se, basicamente, ao oponente faz com que a interferência do conciliador torne-se necessária somente no caso de desvirtuamento da comunicação. Esse tipo de conduta precisa ser imediatamente inibido porque se dissocia da suposição de que os litigantes estão movidos pela intenção comum de solucionar o conflito por meio do consenso, o qual se ampara no discurso que, quando não se mostra, argumentativamente, consistente, pode ser objeto de crítica, pelo prisma da racionalidade.

---

(315) HABERMAS, Jürgen. *Teoria do agir comunicativo*. 1: racionalidade da ação e racionalização social. São Paulo: Editora WMF Martins Fontes, 2012, p. 48.

(316) *Ibid.*, p. 63.

A quarta diretiva estabelecendo a destinação de tempo suficientemente longo, para que a argumentação possa ser conduzida de maneira aberta, indica que a audiência deve ter a duração necessária para o processamento dos pressupostos do agir comunicativo. Isso quer dizer que a agilização redunda numa espécie de coerção, fazendo com que os atos de fala sejam abreviados e os argumentos não exteriorizados, na sua plenitude, impedindo, por consequência, a adequada apreciação das pretensões de validade porque estas demandam certos procedimentos para a verificação.

Neste sentido, mesmo sem ser problematizada a exteriorização, quando o ouvinte não contesta o que está sendo apresentado, deve ser objeto de análise porque o silêncio, ao contrário do que indica, pode derivar, dentre outras coisas, da dificuldade do ouvinte em saber o que está acontecendo. A não compreensão constitui indicativo, também, de inimputabilidade que necessita ser, de alguma forma, contornada e esclarecida pelo conciliador, com indagações e explicações de fácil assimilação porquanto somente: "pessoas imputáveis podem comportar-se de maneira racional"[(317)].

Como a condição de imputável revela-se, primeiramente, pela capacidade de compreender, ou seja, do audiente entender o que o falante afirma, a boa avaliação da inteligibilidade apresenta-se indispensável, por dotar de subsistência as demais premissas, pois não se pode conceber que quem não sabe o que se discute tenha condições de identificar se o que está sendo proposto é verdadeiro, se a descrição da ação apresenta-se correta e se a palavra retrata o pensamento.

Detectada a capacidade de falar e agir, portanto, constatada a racionalidade[(318)] no desenvolver das atividades, o postulado da verdade pode ser questionado, o mesmo acontecendo com a veracidade das expressões que: "não se deixa fundamentar; ela só pode ser demonstrada"[(319)]. Essa

(317) HABERMAS, Jürgen. *Teoria do agir comunicativo.* 1: racionalidade da ação e racionalização social. Tradução Paulo Astor Soethe. São Paulo: Editora WMF Martins Fontes, 2012, p. 42.

(318) Racionalidade é uma disposição de sujeitos aptos ao diálogo e à ação, cujas asserções e comportamentos estão abertos a uma avaliação de outros. Uma asserção pode ser denominada racional só se preencher as condições necessárias ao entendimento com outros sobre algo no mundo. Ela tem que apresentar uma pretensão de verdade, ser adequada à situação e ainda por cima ser autêntica. REESE-SCHÄFER, Walter. *Compreender Habermas.* Petrópolis, RJ: Vozes, 2012, p. 177.

(319) HABERMAS, Jürgen. *Teoria do agir comunicativo.* 1: racionalidade de ação e racionalização social. São Paulo: Editora WMF Martins Fontes, 2012, p. 89.

situação torna exigível a produção de provas que tem vários desdobramentos. Igualmente, a coerência da narrativa pode ensejar o debate e a sinceridade, se colocada em dúvida, necessita ser confirmada pelas ações posteriores que se mostram coerentes com o que o falante tinha em mente e o que disse.[320]

Em tais circunstâncias, a multiplicidade de atos, praticados dentro de um procedimento, impõe o tempo adequado, já que a obtenção do consenso, segundo Habermas, depende da seguinte estruturação:

> caracterizamos a estrutura interna racional dos processos de entendimento: (a) com as três referências de mundo dos atores e com os três respectivos conceitos de mundo objetivo, social e subjetivo; (b) com as pretensões de validade – verdade proposicional, correção normativa e veracidade ou autenticidade; (c) com o conceito de um comum acordo racionalmente motivado, ou seja, apoiado no reconhecimento intersubjetivo de pretensões de validade criticáveis; e (d) com a concepção do entendimento enquanto negociação cooperativa de definições situacionais comuns.[321]

Pela teórica metodologia, constata-se que os processos de entendimento desdobram-se em várias fases que não podem ser aceleradas ou abstraídas porque um assentimento racionalmente motivado, quanto ao conteúdo de uma exteriorização, precisa ser objeto de entendimento e reflexão, o que não se compatibiliza com a forma rápida de atuação.

Realizar a conciliação seguindo os direcionamentos do agir comunicativo revela a preocupação do conciliador, desde o primeiro contato, com a dignidade da pessoa que carece ser mostrada no respeito e consideração. Para tanto, indispensável se faz a adoção de igual tratamento, já que pelo senso comum esta é a noção de justiça. A forma de acolhimento passa a ser importante porque a espontaneidade deve ser estimulada para facilitar a comunicação, pelo paradigma interacional.

Constata-se, assim, que a viabilização teórica fica condicionada ao comportamento humano, voltado para o processo de interpretação cooperativo, em que os envolvidos reportam-se, concomitantemente,

(320) ΙHABERMAS, Jürgen. *Teoria do agir comunicativo.* 1: racionalidade de ação e racionalização social. São Paulo: Editora WMF Martins Fontes, 2012, p. 89.

(321) *Ibid.*, p. 255.

a algo no mundo da vida como uma rede de pressupostos intuitivos, transparentes e familiares[322], constituindo: "o solo não questionado de todos os dados e a moldura no âmbito da qual aparecem os problemas que tenho que resolver"[323].

Assim, devem ser propiciadas as condições para que a procura da definição comum de uma situação seja o objetivo principal dos que agem comunicativamente, a fim de se entender sobre temas e planos nessa moldura de interpretação, valendo-se de um estoque de saber transmitido, num espaço de vivência e de experiências compartilhadas.

Atuando como pano de fundo linguístico, o mundo da vida forma o horizonte de processos de entendimento, por meio dos quais os participantes se embatem ou se põem de acordo sobre algo que está nos mundos objetivo, social ou subjetivo[324], já que:

> o conceito 'agir comunicativo' fornece não apenas um ponto de referência para a análise das contribuições fornecidas pela cultura, pela sociedade e pela personalidade, quando surgem orientações para a ação; ele permite, além disso, esclarecer o modo como a cultura, a sociedade e a personalidade se relacionam entre si enquanto componentes do mundo da vida estruturado simbolicamente. Para entender corretamente tal problema de construção, é necessário ter presente que as três ordens, a saber, a cultura, a sociedade e a personalidade, são introduzidas inicialmente como 'sistemas', porém, num sentido extremamente amplo. [...] A ideia de que as estruturas simbólicas do mundo da vida se reproduzem por meio do agir comunicativo pode servir como indicador para uma análise promissora do NEXO ENTRE CULTURA, SOCIEDADE E PERSONALIDADE. Quando perguntamos sobre o modo como a reprodução cultural, a integração social e a socialização lançam mão do mesmo mecanismo de entendimento, utilizando-o de modo diferente, surgem as

(322) HABERMAS, Jürgen. *Teoria do agir comunicativo.* 2: sobre a crítica da razão funcionalista. Tradução Flavio Beno Siebeneichler. São Paulo: Editora WMF Martins Fontes, 2012, p. 240.

(323) *Ibid.*, p. 240.

(324) *Ibid.*, p. 245.

> três interdependências dos três componentes do mundo da vida.[325] (destaques no original)

A segmentação em três basilares componentes: cultura, sociedade e pessoa decorre da correlação direta porquanto a ação comunicativa reproduz as estruturas simbólicas do mundo da vida.[326] Correspondendo este ao saber implícito, serve como supedâneo para a pessoa que age comunicativamente poder encontrar a si mesma e à sua manifestação em espaços sociais e históricas épocas.

Comumente o participante não fica restrito somente a essa condição, vez que também representa narrativamente acontecimentos que ocorreram no seu horizonte formador de contextos para processos de entendimento, porque "a narrativa constitui uma forma especializada de fala constatativa, que serve à descrição de eventos socioculturais e objetos"[327].

Dessa forma, na perspectiva do mútuo entendimento, a ação comunicativa transmite e renova o saber cultural; no enfoque de coordenar a ação, propicia a integração social e, sob o prisma da socialização, contribui para a formação da personalidade individual, tanto que Habermas labora com as seguintes conotações:

> A cultura, constitui o estoque ou reserva de saber, do qual os participantes da comunicação extraem interpretações no momento em que tentam se entender sobre algo no mundo. Defino a sociedade por meio de ordens legítimas pelas

(325) HABERMAS, Jürgen. *Teoria do agir comunicativo.* 2: sobre a crítica da razão funcionalista. Tradução Flavio Beno Siebeneichler. São Paulo: Editora WMF Martins Fontes, 2012, p. 403/404.

(326) O mundo vivido (*Lebenswelt*) remete ao saber implícito em cujo fundo levamos nossa vida, um saber de segundo plano, ao mesmo tempo cognitivo, normativo, ético, estético, que acompanha todas as nossas ações. Coincide com os hábitos, as certezas, as tradições, as crenças compartilhadas, tudo que parece evidente e sem o que nossas mais cotidianas ações não poderiam ocorrer. Habermas decompõe o mundo vivido em três dimensões para as quais um saber está espontaneamente em ação: a personalidade, a cultura, a sociedade. O fato de que esse saber seja pressuposto e não questionado no momento da ação confere uma estabilidade à vida social: recolocar em questão perpetuamente nossos hábitos seria pura e simplesmente insuportável. O mundo vivido possui, desse modo, por assim dizer uma virtude conservadora. Entretanto, e é aí que aparece a problemática comunicativa, uma vez que esse saber implícito é fundamentalmente simbólico, ele é suscetível de crítica, de redefinição, de reformulação. DUPEYRIX, Alexandre. *Compreender Habermas.* São Paulo: Edições Loyola, 2012, p. 220/221.

(327) HABERMAS, Jürgen. *Teoria do agir comunicativo.* 2: sobre a crítica da razão funcionalista. São Paulo: Editora WMF Martins Fontes, 2012, p. 249.

quais os participantes da comunicação regulam sua pertença a grupos sociais, assegurando a solidariedade. Interpreto a personalidade, como o conjunto de competências que tornam um sujeito capaz de fala e de ação portanto, que o colocam em condições de participar de processos de entendimento, permitindo-lhe afirmar sua identidade.[328]

Naturalmente, esta condição numa situação de conflito fica propensa, conforme destaca o enunciado, ao sistema que se acha regido pela lógica instrumental com a adequação dos meios aos fins, porquanto os mecanismos deixam de lado a consciência e a vivência imediata dos envolvidos em uma interação. No cotidiano forense isso deve ser adequadamente compreendido, considerado e analisado para neutralizar essa tendência, pois não pode haver propósito cooperativo para o consenso, quando um dos participantes encontra-se movido por diversa intenção.

Assim, numa reivindicação de reconhecimento do vínculo empregatício, o empregador pode alegar que permitiu a prestação de serviços para a subsistência do trabalhador e que no meio em que vivem isso significa dívida de gratidão e não reclamação de pendência de direitos não reconhecidos. Em tal caso, independente do aspecto legal, procura-se impor a cultura de que dar trabalho significa ajuda, portanto, um favor que precisa ser objeto de agradecimento, enquanto o obreiro acha-se credor daquilo que legalmente apresenta-se devido. A compatibilização desse antagonismo está condicionada aos esclarecimentos que somente podem ser prestados na situação de fala ideal, sem repressão e desigualdade.

Desta maneira, antes de ser recriminado, necessário se faz demonstrar ao demandado que a geração de emprego foi importante e que deve ser reconhecido por isso, mas que essa conduta precisa ser complementada por outras medidas que são objeto de cobrança, explicando ao mesmo a motivação, utilizando-se do convencimento, sem coação e destinando um tempo suficiente para que a deliberação possa ser conduzida de maneira aberta para permitir o embasamento na racionalidade, nos atos de fala, nas pretensões de validade e na argumentação.

Observadas as premissas especificadas, o consenso fica chancelado porque pela teórica legitimação[329] foi assegurado um espaço

---

(328) HABERMAS, Jürgen. *Teoria do agir comunicativo.* 2: sobre a crítica da razão funcionalista. São Paulo: Editora WMF Martins Fontes, 2012, p. 252/253.

(329) Democracia deliberativa – Deliberação (lat. *deliberatio* para consideração, reflexão, deliberação, apreciação, mas também: decisão após consideração feita eventualmente também: período de

de deliberação em que a opinião e a vontade dos cidadãos puderam se formar sem constrangimento, mediante a ampla possibilidade de buscar a verdade, ou seja, concretizou-se pelo discurso argumentativo que pressupõe uma situação de fala ideal, como critério de verdade.

Tal modalidade de solvimento, levada a efeito dentro do espaço público de poder, no caso as audiências trabalhistas, contribui para a modernização social, com repercussão na cidadania, vez que o consenso gerado adveio da democrática deliberação. Dessa maneira, os próprios demandantes, sentindo-se respeitados, integrados e com plena possibilidade de manifestação, portanto, com efetiva participação na discussão, externam sua vontade fazendo com que o conflito seja equacionado sem a decisiva intervenção de terceiros, consubstanciando-se na seguinte caracterização:

> O paradigma procedimental defendido por Habermas propõe, portanto, deslocar a carga de legitimação democrática dos corações dos cidadãos para os procedimentos de deliberação e decisão. A moral que Rousseau exigia dos homens-cidadãos e que se supunha apoiar-se em suas virtudes deve estar ancorada nos próprios processos de comunicação pública. Há aí uma mudança de perspectiva relativamente às teorias liberais e republicanas: a fonte da legitimidade não reside na vontade já determinada dos indivíduos, mas no seu processo de formação: a deliberação. Uma decisão é legítima não porque exprime a VONTADE de todos, mas porque resulta da DELIBERAÇÃO de todos. Esse princípio é ao mesmo tempo individualista e democrático. Individualista porque o indivíduo está inteiramente livre para raciocinar por si mesmo, pesar os argumentos e exprimir sua vontade pessoal. Democrático porque é graças à deliberação coletiva que ele pode aprender,

---

reflexão) significa a decisão tomada por meio de discussão, ao invés de ordem. A decisão não está situada no nada normativo, como em Carl Schmitt, mas muito mais ela exige a deliberação a fim de que no processo de tomada de decisão, se mencionem também os respectivos argumentos. [...] O ponto forte da teoria de Habermas reside no fato de que ela não analisa o conteúdo ou o resultado da deliberação, mas a realização procedimental é especialmente decisiva para definir se as formas de formação de vontade são democráticas ou autoritárias. REESE-SCHÄFER, Walter. *Compreender Habermas*. 4. ed. Petrópolis, RJ: Vozes, 2012, p. 92.

instruir-se, aprimorar suas preferências e determinar-se com conhecimento de causa.[330] (sem destaques no original)

A vontade manifestada pela participação no debate, além da validação, serve para revestir de justiça a conciliação porque o diálogo e o processo argumentativo evidenciam se o que está sendo almejado refere-se a questões duvidosas[331] e correspondem a concessões recíprocas. Esses preceitos devem ser observados, já que, além da regra geral de indisponibilidade, não se apresenta razoável chancelar uma avença que subtrai parcelas incontroversas ou que descarta direitos reconhecidos.

Isso, pela ausência de incerteza a respeito do direito, gera prejuízo ao trabalhador, bem como fomenta a permanente violação, pelos devedores, porque descumprindo a legislação diminui o custo operacional e, perante o órgão jurisdicional, pagam menos do que o efetivamente devido e de forma parcelada.

---

(330) DUPEYRIX, Alexandre. *Compreender Habermas*. São Paulo: Edições Loyola, 2012, p. 158.

(331) CASPAR, Rafael Chiari. *Conciliação trabalhista*: quando o "sim" é o "não" à justiça. Belo Horizonte: Conhecimento Editora, 2021, p. 152 a 154. A literatura especializada expõe dois critérios limitadores dos acordos trabalhistas: o da *res dubia* e o da *res litigiosa*. A expressão *res dubia* 'deve ser entendida num sentido subjetivo, isto é, incerteza razoável sobre a situação jurídica objeto do precitado acordo. E a incerteza deve concernir às duas partes que realizam a transação'. Já a *res litigiosa* se relaciona à existência de dúvida sobre o direito, sendo o único elemento de incerteza o risco inerente ao processo (embora o direito seja claro, as testemunhas podem se enganar ou mentir, o advogado pode perder o prazo e o juiz pode equivocar-se). Há autores que entendem que a *res litigiosa* basta para justificar a conciliação. É o posicionamento de Vólia Bomfim Cassar, que afirma que 'o que se concilia em Juízo, na verdade, é o risco de uma demanda, pois mesmo que tenha razão em sua pretensão, mas não pode prová-la, dificilmente terá êxito em sua demanda'. Outros, como é o caso de Arnaldo Süssekind, consideram que o pressuposto da conciliação seria constituído pela *res dubia* e não pela *res litigiosa*. Reforça o posicionamento dessa segunda corrente de pensamento o fato de a doutrina demonstrar decisiva repugnância à transação no caso de má-fé de uma das partes. [...] Márcio Túlio Viana igualmente entende que somente a *res dubia* permite que o magistrado aceite a conciliação, sob pena de se admitirem, em audiência, transações em prejuízo dos obreiros e renúncias de direitos fundamentais trabalhistas, práticas violadoras do princípio da indisponibilidade.[...] Wagner Drdla Giglio considera que a transação judicial só pode ser permitida quando houver dúvidas e incertezas sobre os fatos que constituem o objeto do litígio ou ainda nas raras hipóteses não protegidas pela inderrogabilidade. [...] Adota-se a lição de Márcio Túlio Viana, que afirma '[...] que havendo dúvida real a respeito de um direito – não se sabendo de sua existência ou de seus limites – é sempre possível ceder algo em troca de algo. Na verdade, um acordo assim não envolveria o direito em si mas uma simples possibilidade de direito'. De acordo com Elaine Noronha Nassif, a 'conciliação deve ser aplicada até o ponto em que não se volte contra a efetivação do próprio direito material'. A autora sustenta que a celebração de acordos precisa sofrer limitações em prol da preservação dos interesses consagrados pelo Direito do Trabalho. [...] Dessarte, a *res dubia* deve ser encarada como pressuposto insuperável para a celebração do acordo.

Sem descuidar do aspecto jurídico no sentido de compatibilizar a indisponibilidade dos direitos com o consenso, permite ainda verificar se o mesmo levou em conta os aspectos circunstanciais que gravitam em torno do exercício do direito público subjetivo porque este pode emanar de questões psicológicas desvinculadas do objetivo financeiro, sendo:

> [...] a simples busca da Justiça lhe dá a satisfação confusa de se ver autor em vez de réu; a sensação inédita de poder falar, e ser ouvido; a percepção clara que está sendo tratado com respeito, mesmo por uma pessoa – o juiz – que lhe parece ainda mais alta que o patrão. Esses pequenos orgulhos ou alegrias podem resgatar um sentimento enfraquecido de cidadania; e transformar o empregado numa pessoa mais consciente e exigente. [...][(332)]

Nesta conjuntura, proporcionadas as condições para a plena exteriorização da vontade[(333)], o órgão público não somente resolve a pendência, dando a resposta ao que se apresenta monetariamente necessário, lado objetivo, mas também respeita o que se encontra no íntimo das pessoas, no sentimento de dignidade e satisfação, prisma intrínseco.

Pelo adequado tratamento, além de contemplar a cidadania em seus dois aspectos, assegura a não tendenciosa interlocução, plena inclusão da objeção, racional interação, livre opinião, fácil inserção, sem coação e devida consideração do posicionamento de cada integrante, gerando igual benefício a todos os envolvidos.

A atenção voltada ao subjetivismo, afora a repercussão na cidadania, transcende o visível do discurso indo além da ação comunicativa nesta

---

(332) VIANA, Márcio Túlio. Os paradoxos da conciliação: quando a ilusão da igualdade formal esconde mais uma vez a desigualdade real. *Revista do Tribunal Regional do Trabalho da 3ª Região*, Belo Horizonte, v. 45, número 75, p. 192 e 193.

(333) A teoria do direito de Dworkin sustenta que argumentos jurídicos adequados repousam na melhor interpretação moral possível das práticas em vigor em uma determinada comunidade. A essa teoria da argumentação jurídica agrega-se uma teoria da justiça, segundo a qual todos os juízos a respeito de direitos e políticas públicas devem basear-se na ideia de que todos os membros de uma comunidade são iguais enquanto seres humanos, independentemente das suas condições sociais e econômicas, ou de suas crenças e estilos de vida, e devem ser tratados, em todos os aspectos relevantes para seu desenvolvimento humano, com igual consideração e apreço. DWORKIN, Ronald. *Levando os direitos a sério*. São Paulo: Martins Fontes, 2002.

percepção, recepcionando o que Ângela Cristina Salgueiro Marques(334) fala sobre a tensão que se estabeleceu entre Habermas e Rancière.

A crítica encontra-se no sentido de que Habermas, induzido pelos pragmáticos Peirce, Dewey e Mead, elabora a compreensão das interações linguisticamente mediadas assinalada pela tentativa de articular noções como intersubjetividade, comunicação, racionalidade, universalidade, discurso e ética.

Com isso pretende evidenciar como o mundo comum surge na condição de fruto de interações voltadas para a recíproca compreensão e cooperação, concebendo a linguagem como: "um meio argumentativo de coordenar as ações dos sujeitos que, engajados em discursos práticos, buscam alcançar entendimento sobre algo no mundo"(335).

Rancière, no entanto, guiado por Marx e Althusser, toma o desentendimento como centro de sua teoria, criticando o modelo harbemasiano que preconiza como dadas e não problemáticas as situações de diálogo, vez que não se pode sustentar que os participantes, dessa interlocução, são sujeitos previamente reconhecidos por todos como parceiros moralmente válidos, porque o real objeto do conflito é a existência de uma situação de fala e o status de validade da identidade dos envolvidos nessa condição, destacando:

> É por isso que Rancière chama essas situações de diálogo de 'cenas polêmicas' e torna o desentendimento, o conflito sobre o entendimento acerca da situação de fala como um todo, o evento fundador de uma comunidade política [...] Contra a noção pouco problematizada de entendimento em Habermas, e contra a sua visão idealizada do entendimento e do diálogo que se dão em um nível transcendental. Rancière insiste que o objeto do diálogo é a verdadeira possibilidade de diálogo, uma vez que alguns parceiros de interação não são reconhecidos como interlocutores válidos pelos outros (Deranty, 2003:147 e 151).(336)

---

(334) MARQUES, Ângela Cristina Salgueiro. Relações entre a comunicação, estética e política: tensões entre as abordagens de Habermas e Rancière. *Revista Compolítica*, número 2, vol. 1, ed. set-out 2011, p. 110 a 130.

(335) *Ibid.*, p. 123.

(336) *Ibid.*, p. 123/124.

A amplitude leva em conta o afetivo, o implícito, o subentendido e a conotação. Suplantando os princípios normativos da pragmática argumentativa, considera os elementos estratégicos como a manipulação, o preconceito e outras características oblíquas não declaradas.

Atribui, assim, destaque à estética, em razão das ocultas intencionalidades, vez que se apresenta mais importante do que o próprio entendimento a discussão das práticas valorizadas pela vida cotidiana. Nesta vivência encontra-se o dissenso ou desentendimento, consoante a autora, concebido por Rancière como:

> um conflito estruturado em torno do que significa 'falar' e sobre a distribuição do sensível que delimita o horizonte do dizível e que determina as relações entre ver, ouvir, fazer e pensar. O dissenso é menos um atrito entre diferentes argumentos ou gêneros de discurso e mais um conflito entre uma dada distribuição do sensível e o que permanece fora dela, confrontando o quadro de percepção estabelecido[(337)].

Pela afirmação, as partes interagem não para alcançar o consenso, mas para tornar evidente um desacordo sobre a partilha de tempo, espaços e vozes. Nesse sentido, estando os litigantes no espaço público de poder, as questões subjetivas podem ser exteriorizadas, porque se possibilita a busca pelo reconhecimento e isso supera a aventada debilidade da harbemasiana teoria, no sentido de que contempla apenas o visível do conflito.

Por este contorno e pela inserção de um sujeito numa comunidade linguística ideal, em que se apresenta a capacidade de se colocar num entendimento preliminar com os parceiros de interlocução, há a possibilidade de usar racionalmente a linguagem para compreender um tema ou o problema.

Sendo a questão levada a efeito abrangendo pessoas, pensamentos e sentimentos, efetiva-se a compreensão de que todas são reputadas responsáveis para orientar suas ações, voltadas à produção de demandas de validade, intersubjetivamente reconhecidas, pois são dotadas de capacidade de fala.

---

(337) MARQUES, Ângela Cristina Salgueiro. Relações entre a comunicação, estética e política: tensões entre as abordagens de Habermas e Rancière. *Revista Compolítica*, número 2, vol. 1, ed. set-out 2011, p. 110 a 130.

Em tal circunstância, o mundo da vida deixa de ser obstáculo para tanto e igualmente não há o temor de que as formas emotivas de expressão desestabilizem a ação comunicativa porque existe no objeto do diálogo a verdadeira possibilidade de diálogo, já que os demandantes são ouvidos e considerados como parceiros iguais no debate.

Essa condição, ou seja, a incidência prática do agir comunicativo na conciliação trabalhista desvincula-se da política e acomoda-se, de certa forma, à seguinte afirmação:

> Ao refletir sobre essa mesma questão, Slavoj Zizek (2004:79) menciona que, para Rancière, não importam apenas as demandas e argumentos formulados pelos sujeitos, mas o modo como são ouvidos e reconhecidos como parceiros iguais no debate (e como eles mesmos se reconhecem como tais). E, nesse sentido, Rancière não só se aproxima da teoria do reconhecimento social de Axel Honneth (1995), como nos oferece conceitualizações consistentes de como devemos continuar a resistir.(338)

Por esta abordagem, o pragmatismo da ação comunicativa na solução das demandas laborais perfectibiliza-se, mas fica incompleto por deixar de lado a experiência estética. Como houve a consideração dos interlocutores enquanto tais, sensação subjetiva que mostra diferentes perspectivas no conflito, os fundamentos do tensionamento entre Habermas e Rancière foram incorporados, ficando, dessa maneira, observado o que foi suscitado pela autora.

Pela relevante ponderação, ao contemplar o invisível, transcende o perceptível do discurso e isso faz com que seja sanada a debilidade apontada na mencionada crítica, complementando o que foi objeto de reflexão que se estruturou nas referências que ensejaram a transição da subjetividade para a intersubjetividade(339).

---

(338) MARQUES, Ângela Cristina Salgueiro. Relações entre a comunicação, estética e política: tensões entre as abordagens de Habermas e Rancière. *Revista Compolítica*, número 2, vol. 1, ed. set-out 2011, p. 124.

(339) O monólogo interior não permite sair de uma posição autocentrada. Na experiência do diálogo, em contrapartida, a troca dinâmica de perspectivas, a necessidade de pôr à prova nossas opiniões, nossas crenças, nossas certezas, o enriquecimento mútuo de nossos pontos de vista possibilitam uma forma de descentramento e de recuo crítico. DUPEYRIX, Alexandre. *Compreender Habermas*. São Paulo: Edições Loyola, 2012, p. 44.

Constituindo essa modificação o balizamento, foram especificamente analisados os pressupostos para, pela adequada compreensão, viabilizar a aplicação prática da ação comunicativa nas demandas trabalhistas. Consistindo isso num procedimento, vincula-se à apropriada postura do conciliador que, pela metodologia do agir comunicativo, deve possibilitar o pleno exercício da racionalidade, que se revela na capacidade das pessoas de agir e falar e nas pretensões de validade, como recíproca manifestação, cujos fundamentos devem ser livremente exteriorizados e adequadamente compreendidos para que possam ser aceitos ou contestados.

Diante do que foi explanado, fica patenteado que a comunicação, direcionada à pactuação, configura um multifacetado processo de transformação, em que se objetiva a modernização da sociedade pela "[...] liberação de recursos comunicativos, da capacidade de criticar, de recolocar em questão as ordens tradicionais e as hierarquias"[(340)].

Consolida-se, portanto, no discurso argumentativo[(341)], estabelecido numa exitosa interlocução, isenta das patologias[(342)] que são detectadas na afasia, como falta de compreensão; assimetria das posições dos locutores, revelada no uso da fala de forma desequilibrada e utilização instrumental, ou seja, manipulador da linguagem com a intenção de resguardar interesses egoístas e desconsiderar a mútua responsabilidade.

A identificação dessas anomalias compõe o ato prévio indispensável para estabelecer um autêntico diálogo que serve como fixação do domínio formal da interlocução, cuja supervisão, acompanhamento, participação e interferência, se necessário for, ficam sob a responsabilidade do conciliador para que a conversação efetivamente ocorra.

A legitimação[(343)], pela teoria do agir comunicativo, aprimora o consenso laboral, como a melhor maneira de solvimento dos litígios,

---

(340) DUPEYRIX, Alexandre. *Compreender Habermas.* São Paulo: Edições Loyola, 2012, p. 88.

(341) HABERMAS, Jürgen. *Teoria de la accion comunicativa, I.* Taurus: Madri, 1999, p. 500.

(342) Comparando o ideal de uma comunicação bem-sucedida (locutores responsáveis e identificáveis, simetria de sua posição, comunicação voltada para o entendimento) e a realidade de uma comunicação perturbada, podem-se pôr em evidência diversas patologias que afetam hoje nosso mundo. DUPEYRIX, Alexandre. *Compreender Habermas.* São Paulo: Edições Loyola, 2012, p. 182/183.

(343) A legitimidade do direito não se apoia, portanto, nem exclusivamente no direito do indivíduo (como sugere a variante liberal), nem no estado dos virtuosos do povo soberano (essa seria a variante rousseauniana), mas na mediação comunicativa, no princípio do discurso do direito, que

embasando-se na premissa de que o equacionamento encontra-se na comunicação, convenientemente conduzida para proporcionar critérios que permitem detectar a interrupção, paralisação, disparidade, não respeito ao outro e a impossibilidade de recorrer ao melhor argumento.

Fundamenta-se, portanto, em regras próprias para que possa ser desenvolvida de maneira equilibrada e não violenta, seguindo uma lógica argumentativa, cooperativa, que depende da condizente conduta procedimental do magistrado, guiada pelo conhecimento e adoção da ampla dimensão de inclusão, assinalada pela disposição de integrar potencialmente os litigantes que desejam participar da discussão, inserindo todos os pontos de vista e avaliação geral dos argumentos.

Por conseguinte, a implementação da ação comunicativa, além da legitimação, por levar a efeito a cidadania em termos participativos[(344)] e volitivos, transcende o visível do discurso para detectar, também, a inconsciente irrenunciabilidade dos preceitos trabalhistas, porquanto captando a influência do desequilíbrio entre os demandantes, causado pela dependência econômica e subordinação, permite que sejam neutralizadas e afastadas as distorções entre o real, celebração de acordos a qualquer custo, e o ideal[(345)], em que se compatibiliza a conciliação com a indisponibilidade dos direitos laborais.

---

tem o seguinte teor: "são válidas as normas de ação às quais todos os possíveis atingidos poderiam dar o seu assentimento, na qualidade de participantes de discursos racionais." (destaque no original). REESE-SCHÄFER, Walter. *Compreender Habermas*. Petrópolis, Rio de Janeiro: Vozes, 2012, p. 86.

(344) DUPEYRIX, Alexandre. *Compreender Habermas*. São Paulo: Edições Loyola, 2012, p. 132.

(345) CASPAR, Rafael Chiari. *Conciliação trabalhista*: quando o "sim" ao acordo é o "não" à justiça. Belo Horizonte: Conhecimento Editora, 2021, p. 151.

6 – CONCLUSÃO

Pelo que foi objeto de reflexiva análise, colige-se que os doutrinadores recomendam a conciliação, em qualquer fase processual, por entender que consiste na melhor forma de solução dos litígios. Sendo esta aspiração dotada de presunção no sentido de que retrata o desejo da coletividade, a modalidade consensual foi recepcionada e distinguida pela ordem jurídica por constituir valioso instrumento para a pacificação social[(346)].

A despeito dessa destacada relevância e do efeito que causa na cidadania, o mandamento legal mostra-se insuficiente porque não estabelece o regramento, vez que se limita a estatuir somente que o juiz deverá empregar a persuasão.[(347)] Contendo o teor do dispositivo apenas

---

(346) A Teoria dos Interesses Sociais na Lei, segundo Nathan Rascoe Pound, conforme a qual a Lei deve reconhecer as necessidades da humanidade, levando em conta as circunstâncias contemporâneas, e ainda em seu entendimento de que uma imutável e inflexível Lei Natural compõe a base para a Lei Comum, e que os juízes têm o dever especial de considerar os efeitos práticos de suas decisões e se esforçar para garanti-los, em vez de julgar causando entraves ao crescimento da sociedade. Bem como na sua famosa "jurisprudência sociológica" [disciplina fundada por Pound], a qual, segundo ele, deveria ser aplicada em lugar desse formalismo desacreditado que encobre preconceitos políticos conservadores do sistema jurídico tradicional, haja vista que uma verdadeira visão judicial seria reconhecer que a lei não é uma coleção autônoma de regras autossuficiente e autorreferencial, e, sendo, assim, o juiz também deveria buscar sua fundamentação para solucionar os casos em disciplinas fora da lei, incluindo ciências políticas e sociais. Dessa forma os magistrados tornar-se-iam mais sensíveis ao impacto real da doutrina jurídica. Enfim, trata-se de uma abordagem filosófica que tem por objetivo tornar a lei mais sensível às mudanças sociais, sem perder seu caráter moral e coercitivo tradicional, em oposição ao que ele chamou de "jurisprudência mecânica", a qual caracterizou como sendo uma prática comum, mas odiosa, pela qual os juízes rigidamente aplicam aos fatos, precedentes de outros casos, sem levar em conta as consequências daí advindas, ou seja, sem considerar as peculiaridades de cada caso. Por isso, para Rascoe Pound, a lógica do precedente anterior por si só não resolveria os problemas jurisprudenciais, assim como a aplicação "seca" da Lei igualmente não seria a solução. MORAES, Monica Rodrigues Campos. *Jurisdição da paz*: a nova justiça humanizada do século XXI. São Paulo: LTr, 2012, p. 18/19.

(347) Artigo 764 da CLT – Os dissídios individuais ou coletivos submetidos à apreciação da Justiça do Trabalho serão sempre sujeitos à conciliação. Parágrafo 1º Para os efeitos deste artigo, os juízes e Tribunais do Trabalho empregarão sempre os seus bons ofícios e persuasão no sentido de uma solução conciliatória dos conflitos. [...] Parágrafo 3º É lícito às partes celebrar acordo que ponha termo ao processo, ainda mesmo depois de encerrado o juízo conciliatório. Fonte: Vade Mecum Trabalhista

a mera recomendação, não orienta como deve ser feito o induzimento e essa debilidade permite a adoção de variados comportamentos que podem redundar na desequilibrada avença, pela manipulação ou obstaculização da interlocução.

Pelas implicações dessas vulnerabilidades, que dissipam o anseio coletivo, busca-se uma forma de neutralizar os desvirtuamentos apontados e essa preocupação com o aprimoramento do convencionado encontra o direcionamento no ensinamento de Habermas, o qual, em linhas gerais, sustenta que a emancipação da sociedade está na capacidade de atingir consensos racionais pelo processo de argumentação.

A elaborada asserção doutrinária, substanciada na enunciação, clarifica a insuficiência da orientação legislativa que se ampara, basicamente, no convencimento. Essa fragilidade normativa permite que se estabeleça a composição até mesmo pela simples aquiescência presumida, induzida em decorrência do ambiente ou pelo temor que se instala para não desagradar o conciliador.

Nesta linha de equacionamento, a não superação dos entraves para o engajamento na discussão faz com que permaneça a subjetiva insatisfação que frustra a desejada emancipação. A decepção causada pela dificuldade de participação e assimétrica comunicação, além de afetar a cidadania, provoca a indagação de como deve ser chancelada a avença porquanto a validação mostra-se indispensável para a almejada pacificação, já que a inquietação permanece se o descontentamento continua palpitando no íntimo dos que supostamente avençaram.

Dentro dessa contextualização, pondera-se sobre a conciliação celebrada sob o implemento do padrão comportamental estabelecido pela ação comunicativa, que se sustenta nas virtudes dos envolvidos e ancora-se nos processos de comunicação pública, porque o envolvimento no procedimento argumentativo, em que se forma a deliberação, valida o combinado, extinguindo o dissentimento.

Deduzindo-se do preceito doutrinário a inafastável envoltura dialógica, evidencia-se que apenas a exteriorização da concordância não se mostra suficiente para autenticar o concertado, motivo pelo qual a

---

e Previdenciário – Temático. Obra coletiva de autoria da Saraiva Educação com a colaboração de Lívia Céspedes e Fabiana Dias da Rocha. 6. ed. São Paulo: Editora SaraivaJur, 2022.

obtenção do chancelamento apresenta certa complexidade, já que o agir comunicativo, qualificado pela racionalidade e liberdade argumentativa, traz na essência o exercício da plena participação e livre manifestação dos litigantes, valendo-se da comunicação como procedimento nos diversos campos de conhecimento com a atribuição de uma dimensão crítica, por ser componente de transformação social.

Essa modalidade de interlocução, como um conjunto de atividades desenvolvidas na linguagem direcionada ao entendimento, operacionaliza-se no espaço público de poder[(348)], pela dual[(349)] sistematização que combina entre si a perspectiva internalista do participante e a expectativa externa do observador, vez que se apresentam necessários o acompanhamento, a supervisão das formas de expressão e as adequadas posturas para que a conversação possa cumprir a sua indelegável missão.

Desenvolvendo-se em dicotômica atuação, a consecução depende da conduta comportamental qualificada pela sensibilidade, humanismo e dedicação do magistrado, porquanto a condição ideal de fala, a mensuração da racionalidade e a coação do melhor argumento demandam a destinação de tempo suficientemente longo para permitir que a conversação possa ser conduzida de maneira aberta, num ambiente necessariamente assinalado pela atenção, receptividade, acolhimento, empatia, imparcialidade e paciência.

As teóricas pressuposições e as adequadas formas posturais, compondo um procedimento, estruturam-se na plena comunicabilidade

---

(348) O conceito de espaço público (*öffentlichkeit*) atravessa toda obra de Habermas, desde seu trabalho de habilitação publicado em 1962 até seus últimos textos acerca da integração europeia. É para Habermas um componente indispensável de toda sociedade democrática. Designa concretamente a esfera de discussões a um tempo formais (no interior dos parlamentos, tribunais, universidades) e informais (no seio das mídias, clubes, associações), situada segundo uma topografia móvel entre a sociedade civil e o Estado. Concebido como um espaço de debate social e político, concorre para a formação da opinião e da vontade dos cidadãos [...]. DUPEYRIX, Alexandre. *Compreender Habermas*. Tradução de Edson Bini. São Paulo: Editora Loyola, 2012, p. 217

(349) A teoria do agir do agir comunicativo generaliza tal dualismo ao propor que o acesso à realidade se dá por dois caminhos, que possuem seu próprio vocabulário e sua gramática: de um lado, o caminho empírico, que privilegia a perspectiva de um observador imparcial ou terceira pessoa gramatical. [...] De outro lado, está a via simbólica delineada na perspectiva performativa de um sujeito participante, que envolve práticas sociais, culturais, comunicativas e argumentativas. HABERMAS, Jürgen. *Teoria do agir comunicativo*. 1: racionalidade da ação e racionalização social. Tradução de Paulo Astor Soethe, revisão da tradução Flávio Beno Siebeneichler. São Paulo: Editora WMF Martins Fontes, 2012, p. XVI.

para detectar a racionalidade que se revela na capacidade dos sujeitos de falar e agir, sem se enganar quanto a fatos e relações entre meio e fim.

Assim, a ação comunicativa viabiliza-se pela liberdade dos litigantes para fazer a sustentação e, concomitantemente, na intenção de se atingir o consenso por intermédio da argumentação, que se encontra no discurso, fundado na intersubjetividade, ou seja, na interação entre os envolvidos que estão em igualdade de condições no debate, tracejado pela busca da verdade e justiça.

Desta maneira, a plausibilidade pragmática centra-se na comunicação que prospera na suscetibilidade do conciliador, para entender a sociabilidade e captar as causas ensejadoras das demandas, já que a lógica doutrinária embasa-se no discernimento das multifacetadas formas de linguagem, que podem ser manifestadas numa deliberação e no paradigma comunicacional que se apresenta apropriado ao entendimento.

A compreensão gerada na dialética oportuniza o discurso e implementa a ação comunicativa porque permite a exteriorização da racionalidade e o exercício das pretensões de validade que se consubstanciam numa metodologia própria, fazendo com que a conciliação seja revestida de teórica validação.

Com este aporte doutrinário, a conciliação referenciada no tópico conceito e importância da autocomposição, como: ato processual consistente na harmonização formal dos interesses conflitantes na ação trabalhista, mediante proposta do juiz espontaneamente aceita pelas partes, denota objetividade e direcionamento à determinada finalidade, pela exclusiva proposta do magistrado sem qualquer tipo de deliberação.

Delineada a conceituação de maneira restrita à formalização da sugestão do magistrado e aceitação das partes, fundamenta-se em parâmetros simplistas que acusam a ausência de uma conduta procedimental e da apropriada sistematização, indicando a falta de discussão e reflexão para a tomada de decisão.

Em função dessa forma de configuração, deixa de retratar a efetiva vontade das partes, fazendo com que o conflito seja resolvido, mas não solucionado, já que permanece repercutindo na coletividade a insatisfação.

A sensação de descontentamento, provocando subjetivas repercussões, convola-se em modernização, amoldando-se aos novos tempos, quando a conciliação perfectibiliza-se pela seguinte sistematização: consenso celebrado mediante o reconhecimento intersubjetivo das pretensões de validade do discurso, instaurado pelo exercício racional de argumentação, sem qualquer tipo de coerção, que se desenvolve no processo comunicativo, pautado pela compreensão, verdade, sinceridade e justiça.

O comparativo das formas demonstra o aprimoramento proporcionado pela ação comunicativa porque se desenvolve na argumentação como procedimento marcado pela interação especialmente regulamentada, num processo de entendimento discursivo, cooperativamente normatizado, em que os litigantes abordam uma pretensão de validade problemática, assumem um hipotético posicionamento, liberto de qualquer tipo de pressão e checam unicamente pelas razões se a afirmação defendida pelo proponente tem ou não condições de subsistir.

A conciliação formalizada dentro de um procedimento deliberativo vinculado ao consentimento, que se atrela à racionalidade da linguagem, em que a vontade dos litigantes foi formada e externada sem qualquer tipo de constrangimento, reveste de sustentáculo teórico a pactuação referendando a mesma por emanar do discurso argumentativo, que sempre pressupõe uma condição de fala ideal, como parâmetro de verdade.

A implementação desta modalidade de procedimento nas audiências trabalhistas, em que são dirimidos os conflitos entre empregado e empregador, contribui, consoante Habermas, para a transformação da sociedade, cuja dinâmica reclama o incessante aperfeiçoamento, com ressonância na dignidade, que vem sendo objeto de redefinição, o que torna a obra um pequeno contributo para melhor solver os litígios de forma consensual, legitimada não apenas pela vontade, mas sobretudo pela incondicional participação na deliberação, condição, também, da humanizada justiça, que se fundamenta na exercitada cidadania.

REFERÊNCIAS

ABREU, Antônio Suárez. *A arte de argumentar*: gerenciando razão e emoção. 13. ed. Cotia: Ateliê Editorial, 2009.

AGUIAR, Carla Zamith Boin. *Mediação e justiça restaurativa*: a humanização do sistema processual como forma de realização dos princípios constitucionais. São Paulo: Quartier Latin, 2009.

ALMEIDA, Cleber Lúcio de. Princípios de direito processual do trabalho e o exame dos reflexos das recentes alterações do Código de Processo Civil no direito processual do trabalho. *In*: CHAVES, Luciano Athayde (Org.). *Direito processual do trabalho*: reforma e efetividade. São Paulo: LTr, 2007.

AMOSSY, Ruth. *A argumentação no discurso*. Coordenação da tradução: Eduardo Lopes Piris e Moisés Olimpio-Ferreira; tradução de Angela M. S. Corrêa *et al*. São Paulo: Contexto, 2018.

AMOSSY, Ruth (org.). *Imagens de si no discurso*: a construção do *ethos*. 2. ed. São Paulo: Contexto, 2019.

AQUINO, Sto. Tomás de. *O ente e a essência*. Tradução de Luiz João Baraúna. São Paulo: Editora Nova Cultural Ltda, 2004.

ARISTÓTELES [384-322 a.C.]. *Política*. Coleção: os pensadores. Tradução de Therezinha Monteiro Deutsch e Baby Abrão. São Paulo: Nova Cultural, 2000.

AZEVEDO, Walmor Oliveira de. Ética em diálogo. São Paulo: Paulinas, 2012.

AZEVEDO, André Gomma (Org.) *Manual da mediação judicial*. 2. ed. Brasília: Artecor, 2010.

BARBOSA, Marialva. *Escravos e o mundo da comunicação*: oralidade, leitura e escrita no século XX. 1. ed. Rio de Janeiro: Maud X, 2016.

BATALHA, Wilson de Souza Campos. *Tratado de direito judiciário do trabalho*. 3. ed. São Paulo: LTr, 1995.

BERGSON, Henri. *O riso*: ensaio sobre o significado do cômico. Tradução e notas de Maria Adriana Camargo Cappello. Introdução de Débora Cristina Morato Pinto. São Paulo: Edipro, 2018.

BÍBLIA sagrada. *Nova tradução na linguagem de hoje*. São Paulo: Sociedade Bíblica do Brasil, 2000, v. 4.

BOBBIO, Norberto. *A era dos direitos*. Tradução de Carlos Nelson Coutinho. Rio de Janeiro: Campus, 1992.

BOTTINI, Pierpaolo Cruz. A justiça do trabalho e a reforma do judiciário. *In*: CHAVES, Luciano Athayde (Org.). *Direito processual do trabalho*: reforma e efetividade. São Paulo: LTr, 2007.

BRAGA, José Luiz. Constituição do campo da comunicação. *Revista Verso e Reverso*, XXV, 2011.

BRASIL. *Consolidação das Leis do Trabalho*. CLT. Comparada e atualizada com a reforma trabalhista. Comentários de Vólia Bomfim Cassar. 4. ed. São Paulo: Método, 2019.

CARNEGIE, Dale. *Como fazer amigos e influenciar pessoas*. Tradução de Fernando Tude de Souza; revista por José Antonio Arantes de acordo com a edição americana de 1981 aumentada por Dorothy Carnegie. 51. ed. São Paulo: Companhia Editora Nacional, 2003.

CARNEGIE, Dale. *Como superar-se e desafiar os outros a fazer o mesmo*. Tradução de Emirson Justino. São Paulo: Companhia Editora Nacional, 2019.

CARVALHAL, Eugênio do. *Negociação – fortalecendo o processo*: como construir relações de longo prazo. 2. ed. Rio de Janeiro: Vision, 2002.

CAPPELLETTI, Mauro. *Acesso à justiça*. Porto Alegre: Fabris, 1998.

CASPAR, Rafael Chiari. *Conciliação trabalhista*: quando o "sim" ao acordo é o "não" à justiça. Belo Horizonte: Conhecimento Editora, 2021.

CASTELLS, Manuel, 1942. *O poder da comunicação*. Tradução de Vera Lúcia Mello Joscelyne; revisão de tradução de Isabela Machado de Oliveira Fraga. 1. ed. São Paulo/Rio de Janeiro: Paz e Terra, 2015.

CASTILHO, Maria Cristina Costa. *Sociologia*: introdução à ciência da sociedade. 3. ed. São Paulo: Moderna, 2005.

CHARAUDEAU, Patrick. *Linguagem e discurso*: modos de organização. Coordenação da equipe de tradução Angela M. S. Corrêa & Ida Lúcia Machado. 2. ed. São Paulo: Contexto, 2016.

CHARBONNEAU, Paul-Eugéne. *Curso de filosofia. Lógica e metodologia.* São Paulo: Editora Pedagógica e Universitária – EPU, 1986.

CINTRA, Antonio Carlos de Araújo; GRINOVER, Ada Pellegrini; DINAMARCO, Cândido R. *Teoria geral do processo.* São Paulo: Revista dos Tribunais, 1981.

CLÁSSICOS da comunicação. Os teóricos: de Peirce a Canclini. Leonel Aguiar, Adriana Barsotti (organizadores). Petrópolis, Rio de Janeiro: Vozes, 2017.

CLOT, Yves. *A função* psicológica *do trabalho.* 2. ed. Petrópolis: Vozes, 2007.

CLT Comparada e Atualizada com a Reforma Trabalhista; com comentários de Vólia Bomfim Cassar. 4. ed. Rio de Janeiro: Forense; São Paulo: Método, 2019.

COMUNICAÇÃO e interações. Livro da COMPÓS 2008. Organizado res Alex Primo *et. al.* Porto Alegre: Sulinas, 2008.

COSTA, Maria Cristina Castilho. *Sociologia*: introdução à ciência da sociedade. São Paulo: Moderna, 2005.

DESCARTES. *Vida e obra.* Coleção os Pensadores. Rio de Janeiro: Editora Nova Cultural Ltda, 2000.

DICIONÁRIO escolar da língua portuguesa. Academia Brasileira de Letras. 2. ed. São Paulo: Companhia Editora Nacional, 2008.

DICIONÁRIO brasileiro da língua portuguesa. Encyclopaedia Britannica do Brasil. 13. ed. São Paulo: Companhia Melhoramentos, 1994, p. 613. Obra em três volumes.

DUPEYRIX, Alexandre. *Compreender Habermas.* Tradução Edson Bini. São Paulo: Edições Loyola, 2012.

DWORKIN, Ronald. *Levando os direitos a sério.* Tradução e notas Nelson Boeira. São Paulo: Martins Fontes, 2002.

FERRAZ DE ARRUDA, Augusto Francisco Mota. *In:* ALMEIDA, José Maurício Pinto de; LEARDINI, Márcia (Coord.). *Recrutamento e formação de magistrados no Brasil.* Curitiba: Juruá, 2007.

FERREIRA, Aurélio Buarque de Holanda. Novo dicionário da língua portuguesa. Rio de Janeiro: Editora Nova Fronteira, 1981, p. 22.

FRANÇA, Vera. *Paradigmas da comunicação*: conhecer o quê? Revista Ciberlegenda, número 5, 2001, Disponível em: <http://www.uff.br/ciberlegenda/ojs/index.php/revista/article/view/314/195>.

GASPARDO, Murilo. Globalização e os fundamentos da cidadania. Organização Murilo Gaspardo. São Paulo: Alameda, 2017.

GEETZ, Clifford. *A interpretação das culturas*. Rio de Janeiro: LTC, 2008.

GIDDENS, Anthony; SUTTON, Philip W. *Conceitos essenciais da sociologia*. Traduzido por Claudia Freire. 2. ed. São Paulo: Editora Unesp, 2017.

GIDDENS, Anthony e TURNER, Jonathan (organizadores). *Teoria social hoje*. Tradução de Gilson César Cardoso de Sousa. São Paulo: Editora UNESP, 1999.

GIGLIO, Wagner D. *Direito processual do trabalho*. 8. ed. São Paulo: LTr, 1993.

GIGLIO, Wagner Drdla. *A conciliação nos dissídios individuais do trabalho*. São Paulo: LTr, 1982,

GOLDSCHMIDT, Rodrigo. *Flexibilização dos direitos trabalhistas*: ações afirmativas da dignidade da pessoa humana como forma de resistência. São Paulo: LTr, 2009.

GOLEMAN, Daniel. Empatia. *Inteligência emocional*. Harvard Business Review. Tradução de Raquel Agavino. Rio de Janeiro: Sextante, 2019.

GOLEMAN, Daniel, Ph.D. *Inteligência emocional*: a teoria revolucionária que redefine o que é ser inteligente. 2. ed. Rio de Janeiro: Objetiva, 2012.

GOLEMAN, Daniel. *Foco*: a atenção e seu papel fundamental para o sucesso. Tradução Cássia Zanon. Rio de Janeiro: Objetiva, 2014.

GRINOVER, Ada Pelegrini. *Os fundamentos da justiça conciliativa*. Mediação e gerenciamento do processo. Ada Pelegrini Grinover, Kazuo Watanabe e Caetano Lagrasta Neto (Coord.). São Paulo: Atlas, 2007.

HABERMAS, Jürgen. *Teoria do agir comunicativo*. 1: racionalidade da ação e racionalização social. Tradução de Paulo Astor Soethe. Revisão da tradução Flávio Beno Siebeneichler. São Paulo: Editora WMF Martins Fontes, 2012, v. 1.

HABERMAS, Jürgen. *Teoria do agir comunicativo*. 2: sobre a crítica da razão funcionalista. Tradução de Flávio Beno Siebeneichler. São Paulo: Editora WMF Martins Fontes, 2012.

HABERMAS, Jürgen. *Direito e democracia*: entre facticidade e validade. 2. ed. Tradução de Flávio B. Siebeneichler. Rio de Janeiro: Tempo Brasileiro, 2003, volume II.

HILLESHEIM, Jaime. *Conciliação trabalhista*: ofensiva sobre os direitos dos trabalhadores na periferia do capitalismo. Rio de Janeiro: Editora Lumen Juris, 2016.

HOBBES, Thomas de Malmesbury. *Leviatã ou matéria, forma e poder de um estado eclesiástico e civil.* Tradução de João Paulo Monteiro e Maria Beatriz Nizza da Silva. São Paulo: Editora Nova Cultural Ltda, 2004.

HOHLFELDT, Antonio (Org.) *et al. Teorias da comunicação*: conceitos, escolas e tendências. 15. ed. Petrópolis, Rio de Janeiro: Vozes, 2015. 2ª reimpressão, 2017.

HONNET, Axel. *Luta por reconhecimento*: a gramática moral dos conflitos sociais. Tradução de Luiz Repa. Apresentação Marcos Nobre. São Paulo: Editora 34, 2009.

HUNTER, James C. *O monge e o executivo.* Tradução de Maria da Conceição Fornos de Magalhães. Rio de Janeiro: Sextante, 2004.

JACQUARD, Albert. *Filosofia para não-filósofos*. Tradução de Guilherme João de Freitas Teixeira. Rio de Janeiro: Campus, 1998.

KANT, Immanuel. *Crítica da razão pura.* Tradução de Valério Rohden e Udo Baldur Moosburger. São Paulo: Editora Nova Cultural Ltda, 2005.

KELSEN, Hans. *Teoria pura do direito.* Tradução João Baptista Machado. 6. ed. São Paulo: Martins Fontes, 1998.

KNAPP, Mark L. *Comunicação não-verbal na interação humana.* Mark L. Knapp, Judith A. Hall. Tradução Mary Amazonas Leite de Barros. São Paulo: JSN Editora, 1999.

LIMA, Miguel Luiz Santos de. *Conciliação prévia trabalhista*: obrigação da tentativa. 1. ed. 6ª tiragem. Curitiba: Juruá, 2009.

LOCKE, John. *Segundo tratado sobre o governo.* Tradução de Alex Martins. São Paulo: Martin Claret, 2002.

MAQUIAVEL, Nicolau. *O príncipe. Escritos políticos.* Tradução de Olívia Bauduh. São Paulo: Editora Nova Cultural Ltda, 2004.

MARQUES, Ângela Cristina Salgueiro. Relações entre comunicação, estética e política: tensões entre as abordagens de Habermas e Rancière. *Revista Compolítica*, número 2, vol. 1, ed. set-out 2011.

MARQUIONI, Carlos Eduardo. Quando a TV vai além da sala de estar: por uma análise cultural dos usos de novos dispositivos tecnológicos. *Revista Geminis*, ano 4 – número 1.

MARTINO, Luís Mauro Sá. *Teoria da comunicação*: ideias, conceitos e métodos. 5. ed. Petrópolis, Rio de Janeiro: Vozes, 2014, 3ª reimpressão, 2017.

MARTINS FILHO, Ives Gandra da Silva. *Manual esquemático de filosofia*. São Paulo: LTr, 2003.

MARTINS, Sérgio Pinto. *Comissões de conciliação prévia e procedimento sumaríssimo*. São Paulo: Atlas, 2000.

MARX, Karl. *O capital*: crítica da economia política. Tradução de Reginaldo Sant'Anna. 32. Ed. Civilização Brasileira, 2017.

MATURANA, Humberto. *O que se observa depende do observador*. Gaia – Uma teoria do conhecimento. Organizado por William Irvin Thompson. Tradução de Sílvio C. Leite. 3. ed. São Paulo: Gaia, 2001.

MELO, Milena Petters. Cidadania: subsídios teóricos para uma nova práxis. *In*: SILVA, Reinaldo Pereira e (Org.). *Direitos humanos como educação para a justiça*. São Paulo: LTr, 1998.

MONTEIRO, Cláudia Servilha. *Teoria da argumentação jurídica e nova retórica*. 2. ed. Rio de Janeiro: Editora Lumen Juris, 2003.

MORAES, Monica Rodrigues Campos. *Jurisdição da paz*: a nova justiça humanizada do século XXI. São Paulo: LTr, 2012.

MORAIS, Alexandre de. *Direito constitucional*. 16. ed. São Paulo: Atlas, 2004.

MORE, Thomas. *A utopia*. Diálogo sobre o conforto espiritual e a atribulação. São Paulo: Editora Nova Cultural Ltda, 2004.

NASSIF, Elaine Noronha. *Conciliação judicial e indisponibilidade de direitos*: paradoxos da "justiça menor" no processo civil e trabalhista. São Paulo: LTr, 2005.

NOVÍSSIMO Dicionário Jurídico, Acquaviva. Volume 3. Primeira Edição, 1991. São Paulo: Brasiliense, p. 1082-1083.

NOVÍSSIMO Dicionário Jurídico. São Paulo: Brasiliense, 1991, volume 3.

PENA, Felipe (Org.). *1000 perguntas sobre teoria da comunicação*. Aline Falcone *et al*. Rio de Janeiro: LTC, 2012.

PEREIRA, Caio Mário da Silva. *Instituições de direito civil; teoria geral de direito civil*. 5. ed. Rio de Janeiro: Forense, 1980

PERELMAN, Chaïm. Ética e direito. Tradução de Maria Ermantina Galvão. São Paulo: Martins Fontes, 1996.

PIGNATARI, Décio. *Informação, linguagem, comunicação*. 3. ed. Cotia, SP: Ateliê Editorial, 2008.

PLATÃO. *Apologia de Sócrates*. Xenofonte. Ditos e feitos memoráveis de Sócrates. Tradução de Enrico Corvisieri e Mirtes Coscodai. Seleção de textos: José Américo Motta Pessanha. São Paulo: Editora Nova Cultural Ltda, 2004.

REESE-SCHÄFER, Walter. *Compreender Habermas*. Tradução de Vilmar Schneider. 4. ed. Petrópolis, RJ: Vozes, 2012.

REIS, Daniela Muradas. *O princípio da vedação do retrocesso no direito do trabalho*. São Paulo: LTr, 2010.

REVISTA Jurídica. Diretório Acadêmico Clotário Portugal da Faculdade de Direito de Curitiba. Ano 4, número 3, 1984, p. 121.

ROSA, Eliézer. *A voz da toga*. 2. ed. Rio de Janeiro: Barrister's Editora Ltda.

RYAN, M. J. (Mary Jane), 1952. *O poder da paciência*. Tradução de Sonia Maria Moitrel Schwarts. Rio de Janeiro: Sextante, 2006.

RUMMEL, Rudolf J. Understanding conflict and war. New York: John Wiley and Sons, 1976, v. II, p 235-239, *apud* SERPA, Maria de Nazareth. *Mediação, uma solução judiciosa para conflitos*. Belo Horizonte: Del Rey, 1976.

RUSSOMANO, Mozart Victor. *Comentários à Consolidação das Leis do Trabalho*. 11. ed. Rio de Janeiro: Editora Forense, 1986.

SANTAELLA, Lúcia. *Semiótica aplicada*. São Paulo: Cengage Learning, 2016.

SANTOS, Altamiro J. dos. *Comissão de conciliação prévia*: conviviologia jurídica e harmonia social. São Paulo: LTr, 2001.

SANTOS, Alexandre Henrique. *O poder de uma boa conversa*: comunicação e empatia para líderes, coaches, educadores, pais e demais facilitadores. Petrópolis: Rio de Janeiro: Vozes, 2017.

SARLET, Ingo Wolfgang. *Dignidade da pessoa humana e direitos fundamentais na Constituição Federal de 1988*. Porto Alegre: Livraria do Advogado, 2004.

SCHIAVI, Mauro. *Princípios do processo do trabalho*. São Paulo: LTr, 2012.

SCALASSARA, Carlos Roberto. *Dos efeitos da valorização do acordo individual na justiça do trabalho*. São Paulo: LTr, 2007.

SENA, Adriana Goulart de. *Conciliação judicial*: solução de litígios na área trabalhista. Disponível em: <http://www.trt13.jus.br/download/artigos/pdf/16,conciliação judicial.pdf>. Acesso em: 14 jan. 2014.

SILVA, Benilda de Oliveira. Conciliação. *Revista do Curso de Direito da Universidade Federal de Uberlândia*, v. 16, n. 1 e 2, 1987.

SILVA, Plácido e. *Vocabulário jurídico*. 7. ed. Rio de Janeiro: Forense, 1982.

SPENGLER, Fabiana Marion. *Mediação de conflitos*: da teoria à prática. 2. ed. rev. e ampl. Porto Alegre: Livraria do Advogado, 2017.

TEIXEIRA FILHO, Manoel Antonio. *Manual da audiência na justiça do trabalho*. 2. ed. São Paulo: LTr, 2017.

TEODORO, Maria Cecília Máximo. *O juiz ativo e os direitos trabalhistas*. São Paulo: LTr, 2011.

URY, William. *Supere o não*. Negociando com pessoas difíceis. São Paulo: Best Seller, 2005.

VADE MECUM Trabalhista e Previdenciário – Temático. Obra coletiva de autoria da Saraiva Educação com a colaboração de Lívia Céspedes e Fabiana Dias da Rocha. 6. ed. São Paulo: SaraivaJur, 2022.

VASCONCELOS, Carlos Eduardo de. *Mediação de conflitos e práticas restaurativas*. 6. ed. Rio de Janeiro: Forense; São Paulo: Método, 2018.

VIANA, Márcio Túlio. Os paradoxos da conciliação: quando a ilusão da igualdade formal esconde mais uma vez a desigualdade real. *Revista do Tribunal Regional do Trabalho da 3ª Região*, Belo Horizonte, v. 45, número 75.

VIANA, Márcio Túlio; VIANA, Ana Maria Fernandes. Os processos da dança e as danças do processo. *Revista da Faculdade de Direito da Universidade Federal de Minas Gerais*, Belo Horizonte, número 60, p. 209-230, jan./jun. 2012, p. 216. Disponível em: <http://www.direito.ufmg.br/revista/index.php/revista/article/view/183/166>. Acesso em: 5 fev. 2013.

APÊNDICE

Fotografia 1 - Prêmio Excelência - Conciliação 2011, promovido pelo Conselho Superior da Justiça do Trabalho e pelo Tribunal Superior do Trabalho, como homenagem pelo terceiro lugar em desempenho nacional, na categoria conciliação, na titularidade da Unidade Judiciária de Canoinhas/SC.

Fonte: http://www.trt12.jus.br/portal/areas/ascom/extranet/noticias/2011/junho.jsp

Fotografia 2 - Prêmio Excelência - Conciliação 2012, promovido pelo Conselho Superior da Justiça do Trabalho e pelo Tribunal Superior do Trabalho, como homenagem pelo segundo lugar em desempenho nacional, entre 1.518 Varas do Trabalho, na categoria conciliação, na titularidade da Unidade Judiciária de Canoinhas/SC.

Fonte:https://portal.trt12.jus.br/noticias/premio-excelencia-vt-de-videira-ficou-em-primeiro-lugar-com-859-seguida-da-vara-de

Fotografia 3 - Título de Cidadão Honorário do Município de Canoinhas, recebido em 2013, pelos relevantes serviços prestados à comunidade, no exercício da judicatura da Vara do Trabalho do referido Município.

Fonte: http://www.trt12.jus.br/portal/areas/ascom/extranet/invigilando/2013/130913.jsp

Fotografia 4 - Juiz utiliza psicologia e até língua estrangeira para chegar a 89% de conciliações na VT de Canoinhas. [Descendente de poloneses, Stankiewicz (foto) percebeu que o sobrenome do réu poderia ter origem semelhante. Para descontrair, puxou assunto e perguntou se ele tinha a mesma descendência. "Não só tinha, como trocamos algumas palavras em polonês e ainda consegui convencê-lo a fazer o acordo. E até hoje, segundo a advogada, ele pergunta se pode aparecer na vara para exercitar o polonês", lembra o juiz].

Audiência conduzida por Lauro Stankiewicz (ao fundo): "Para um bom acordo, não se pode olhar para o relógio".

Fonte: https://portal.trt12.jus.br/noticias/acordo-em-polones